Édipo em Tebas

Coleção Estudos
Dirigida por J. Guinsburg

Equipe de realização – Tradução: Margarida Goldsztyn; Revisão de tradução: Trajano Vieira; Revisão de provas: Marilena Vizentin; Índice remissivo: Raquel Fernandes Abranches; Sobrecapa: Sérgio Kon; Produção: Ricardo W. Neves, Heda Maria Lopes e Raquel Fernandes Abranches.

Bernard Knox

ÉDIPO EM TEBAS
O HERÓI TRÁGICO DE SÓFOCLES E SEU TEMPO

EDITORA PERSPECTIVA

Título do original inglês
Oedipus at Thebes
Copyright © 1988 by Yale University

Direitos reservados em língua portuguesa à
EDITORA PERSPECTIVA S.A.
Av. Brigadeiro Luís Antônio, 3025
01401-000 – São Paulo – SP – Brasil
Telefax: (0--11) 3885-8388
www.editoraperspectiva.com.br
2002

A Rowena Walker Knox

Sumário

Prefácio à Nova Edição XI

Prefácio à Edição Original XV

Introdução XVII

1. HERÓI 1
2. ATENAS 43
3. O HOMEM 93
4. DEUS 141
5. HERÓI 165

Sugestões de Leitura 175

Bibliografia 177

Índice Remissivo 181

Prefácio à Nova Edição

Quando este livro foi publicado pela primeira vez pela Yale University Press em 1957, recebeu críticas favoráveis do *New Yorker* e do *New York Times*, mas apenas duas resenhas sérias em publicações eruditas, escritas por dois brilhantes estudiosos dos clássicos, Cedric Whitman e D. W. Lucas. Ambos foram generosos em elogiar o que viam como a originalidade do livro e em criticar aguçadamente o que consideravam suas extravagâncias. À parte estas duas avaliações sérias e substanciais, a imprensa erudita evitou comentários. Quando, mais tarde, em Viena, encontrei Albin Lesky, decano europeu de estudos de tragédia grega, ele me disse, com um sorriso paternal, que se tratava de "o livro de um jovem". Abstive-me de dizer-lhe que eu já tinha mais de quarenta anos quando o livro fora publicado porque, num certo sentido, ele tinha razão. Entre 1936, quando recebi meu bacharelado de Cambridge e 1947 quando, recém-liberado do exército americano, registrei-me em Yale para prosseguir meus estudos de pós-graduação, eu não tinha feito nenhum trabalho sério sobre os clássicos; meu único contato com eles fora ensinar latim elementar numa escola particular em Connecticut. Passei o restante da década lutando em duas guerras, trabalhando em empregos temporários, emigrando para os Estados Unidos e casando. E havia realmente algumas características do livro que evocavam a imagem de um jovem apressado e que pareciam calculadas para causar arrepios no *establishment* clássico.

O tom polêmico do prefácio original, por exemplo, parecia sugerir (ainda que esta não fosse minha intenção) que eu estava acusando meus companheiros classicistas de "tecnicidade exclusiva" (eu ficara consternado pelo aparecimento de um artigo, publicado em dois números seguidos de um periódico, intitulado "The Carrot in Classical Antiquity"). Ademais, minha decisão de transliterar as freqüentes citações do texto grego era um recurso desprezado pelos profissionais naquela época. Whitman, por exemplo, queixou-se de que algumas sentenças transliteradas tinham "a aparência profana de palavreado sem sentido". Isso era verdade, mas como o uso de caracteres gregos tornaria quase que impossível ao leitor que não domina o idioma seguir um argumento baseado numa demonstração da repetição de palavras-chave, era um defeito que eu estava disposto a aceitar.

Uma atenção tão minuciosa aos padrões verbais caracterizava, naturalmente, o que era então conhecido como a Nova Crítica. Estudando, e em seguida ensinando, na mesma universidade de Robert Penn Warren e Cleanth Brooks (se bem que eu ainda não tivesse conhecido nenhum deles), li com entusiasmo e absorvi os *insights* e técnicas de seu influente compêndio *Understanding Poetry* (ainda tenho o mesmo livro, quase que destruído e cheio de anotações feitas por seu entusiasmado proprietário nas margens, como *PATHETIC FALISI* e *FALIC SYMBALL*, que eu comprara de segunda-mão quando, aos 32 anos, comecei meus estudos de pós-graduação em Yale). Meu primeiro artigo, "The Serpent and the Flame", publicado em 1950, expressou seu reconhecimento à Nova Crítica, não só no seu título floreado como também em seu subtítulo: "The Imagery of the Second Book of the *Aeneid*". A isso seguiu-se, em 1952, um estudo sobre uma imagem em Ésquilo, "The Lion in the House", e posteriormente, um artigo sobre o *Hipólito* de Eurípides, que muito embora tivesse pouco a dizer sobre o imaginário, fundamentava seu argumento em padrões verbais repetidos. A gênese deste livro, contudo, foi uma conferência ministrada em Yale em 1951, na abertura de uma série denominada "Temas Trágicos na Literatura Ocidental", da qual eu era um dos sete participantes, todos do corpo docente de Yale. As conferências foram publicadas pela Yale University Press em 1955.

Minha conferência, que tratava das duas peças sobre Édipo, apresentou uma abordagem preliminar da tese principal deste livro: de que a linguagem do *Oedipus Tyrannus* caracteriza seu protagonista com todas as grandes qualidades e realizações, bem como com as falhas trágicas, da Atenas do século V e, além disso, de toda a humanidade, já que o orgulho da superioridade de seu intelecto faz com que fique tentado a esquecer sua inferioridade em comparação aos deuses. Fazia-se necessária, porém, uma evidência muito mais ampla para sustentar a alegação de que "a linguagem da peça sugere uma comparação entre o discurso e a ação de Édipo na peça e todo o âmbito de ciências e técnicas que levaram o homem à mestria, transformando-o no *tyrannos* do mundo".

PREFÁCIO À NOVA EDIÇÃO

Como aluno de graduação em Cambridge, eu ficara aterrorizado pela declaração de Walter Headlam, um brilhante erudito de Cambridge, cuja carreira fora abreviada por sua morte prematura aos quarenta e oito anos de idade, em 1908. Ele argumentara que, ao embarcar na elucidação de um texto poético grego, o estudioso deveria primeiro decorar o texto e depois ler toda a literatura grega, procurando passagens paralelas. Não posso alegar ter cumprido esta fórmula olimpiana (se bem que Headlam aparentemente fez isso, no que concerne à sua edição não concluída da *Oréstia*), mas li toda a literatura grega subsistente, anterior e posterior, que pudesse me ajudar a compreender as ressonâncias das palavras e frases de Sófocles. Procurei paralelos não só nas obras de poetas, historiadores e filósofos como também nos discursos dos oradores nos tribunais, nos textos médicos hipocráticos, nos escritos dos matemáticos, em Xenofonte sobre a caça, e em muitos tratados de Plutarco. Eu buscava evidência de que Sófocles tinha escolhido palavras para suas personagens míticas e para Édipo, acima de tudo, que chamavam atenção para o contexto político e legal da vida ateniense contemporânea e para as muitas facetas do fervor intelectual da época, bem como para os estágios do progresso da humanidade, desde a barbárie até a civilização da cidade-estado.

A sugestão de que Édipo, membro real de uma linhagem tebana mítica amaldiçoada, pudesse ser visto como uma figura simbólica da democracia ateniense não é tão estranha quanto parece à primeira vista. Tais anacronismos evidentes não são tão raros na tragédia ateniense e, em geral, são muito mais específicos do que a impressão causada pela escolha que Sófocles fez do vocabulário. Em 463 a.C., por exemplo, Ésquilo faz com que o anônimo rei de Argos diga às cinqüenta filhas de Dânao que não lhes dará asilo sem o consentimento de seu povo; a questão deve ser submetida à assembléia. Quando Dânao retorna de Argos, o líder do coro lhe pergunta, "Qual é a decisão final? De qual lado está a empossada mão da maioria do povo?" Dânao lhe dá as boas novas de que elas serão bem-vindas e o faz numa fórmula democrática ateniense reconhecida: *edoxen Argeioisin* (resolvido pelos argivos) e descreve "o ar agitado pelas mãos direitas erguidas quando a proposta foi ratificada". Não há, naturalmente, sugestão alguma na peça de Sófocles de que Tebas seja uma democracia. Édipo é um governante benevolente, mas tem controle total sobre a cidade. Ele é *tyrannos*, um governante autocrata, e o efeito da linguagem que utiliza sugere uma semelhança com Atenas, a *polis tyrannos*, conforme seus inimigos costumavam chamá-la; era uma designação aceita como exata por ambos, Péricles e Cleon, em discursos perante a assembléia democrática.

Essa insistência em alocar firmemente a peça em seu contexto histórico não foi, por certo, algo que tive de aprender da Nova Crítica que, num de seus muitos aspectos, constituía uma reação hostil à tendência comum de não ensinar poesia "como poesia", mas substituir o poema

XIV ÉDIPO EM TEBAS

como objeto de estudo por outras coisas, entre as quais "materiais biográficos e históricos". Eu tinha, entretanto, escolhido a História como área de especialização em meu último ano em Cambridge, e muito embora pudesse ver a peça como um constructo literário e tentasse prestar toda a atenção em seu tom, imaginário e tema, eu estava igualmente interessado em suas raízes e na sua atitude com relação ao seu tempo e espaço. A combinação resultante de métodos foi uma espécie de novo historicismo crítico. Todavia, enfaticamente, não o "novo historicismo" de anos recentes, que insiste em acreditar que as circunstâncias históricas do poema limitam a interpretação e que rejeita, com freqüência, alegações de significância duradoura ao longo dos séculos como meras ilusões, o material bruto da *Rezeptionstheorie*. Contudo, uma peça que sugere que a engenhosidade humana, malgrado todas as suas realizações, pode ser fatalmente falha, não parece irrelevante para uma era que vive no terror de uma guerra atômica e biológica, para não mencionar as possibilidades de pesadelo proporcionadas pelos últimos desenvolvimentos da genética.

Uma passagem neste livro foi totalmente rejeitada mesmo por autoridades que respeito: minha decisão (nas páginas 5-6) de rejeitar a correção de Brunk do verso 376. Ainda acredito que a leitura dos manuscritos (inclusive do mais antigo deles, um papiro do século V d.C.) faz sentido e que interpretar os versos precedentes de Édipo como uma rejeição desdenhosa de ação punitiva contra Tirésias é muito mais convincente do que interpretá-lo como uma alegação de que Tirésias não pode lhe causar dano, algo que Tirésias nunca disse que faria. Estou sozinho nesta postura, mas não totalmente *Athanasius contra mundum*; Gilbert Murray lê o grego desta forma (ainda que pela razão errada) e os escólios antigos declaram que os versos podem ser lidos de uma maneira ou de outra (*diploun to noema*).

Há, naturalmente, modificações que eu gostaria de fazer se esta fosse uma edição revista em vez de uma reimpressão: incorporar, por exemplo, referências e análises de passagens relevantes na enorme literatura que trata da peça e que apareceu nos últimos quarenta anos. Algumas notas seriam eliminadas, outras abreviadas, outras ainda ampliadas. Eu também faria questão de deixar claro, em algum lugar do livro, que Édipo não ouve as revelações do discurso final de Tirésias porque, desdenhosamente, sai do palco quando Tirésias começa a fazer sua terrível condenação e profecia; o profeta cego fala para o vazio (ver *Greek, Roman, and Byzantine Studies*, inverno de 1980). Eu também amenizaria o tom excessivamente polêmico do prefácio original. Mas, do modo como estão as coisas, este livro deve seguir seu caminho, como o pai de Hamlet, com todas as suas imperfeições sobre a cabeça.

Prefácio à Edição Original

Este livro é dirigido ao estudioso clássico e, ao mesmo tempo, ao "leitor que não domina o grego", uma categoria que anteriormente era tratada com desprezo pelos professores de épocas mais cultas e que agora inclui a grande maioria dos habitantes do planeta. Este livro está, pois, condenado, desde o início, a oscilar como um pêndulo entre dois lados. Mas, uma vez que esses dois lados se revelam, em geral, como o da tecnicidade exclusiva em contraste à generalidade incorpórea, eu talvez possa ser desculpado por me recusar a optar por qualquer um deles.

Sou otimista o suficiente para pensar que o leitor culto dos dias atuais possa acompanhar uma discussão de Sófocles que trata das palavras reais do poeta, em vez das de um tradutor, pois já ficou demonstrado que ele o faz quando se trata de um livro sobre Rimbaud, Goethe ou Dante, sem ter muito conhecimento de francês, alemão ou italiano. Acrescentar à barreira constituída por um idioma não familiar a carga extra, na forma dos caracteres gregos, é demais; o leitor que não lê grego sentirá, com certa justiça, que está sendo excluído, do mesmo modo como me senti quando confrontado com os ideogramas chineses do último *Cantos* de Ezra Pound. É verdade que a maior parte das pessoas conhece algumas letras gregas, porém minha experiência me diz que poucas delas podem, e menos ainda irão, decifrar as palavras do texto grego impresso. Por essa razão, em todo o corpo do livro transliterei as palavras de Sófocles para o nosso próprio alfabeto. Sei que muitos dos meus colegas eruditos acharão isso intolerável; tudo

XVI   ÉDIPO EM TEBAS

que posso fazer é a remetê-los às notas, onde caracteres gregos são usados em profusão e lembrar-lhes humildemente que o próprio Sófocles seria incapaz de ler o texto oxfordiano de suas peças. Este livro tem grande débito com todos aqueles que escreveram sobre Sófocles: um reconhecimento apropriado é impossível. Não reivindico completude bibliográfica; a literatura sobre o tema é ampla demais para que eu me permita tal luxo. Para contrabalançar quaisquer dívidas ou antecipações que porventura eu tenha deixado de reconhecer, posso apenas esperar que o livro contribua com material novo suficiente para ser tomado emprestado por outros.

Parte do capítulo 2 apareceu no *Classical Journal* em dezembro de 1954, e parte do capítulo 3 em *Tragic Themes in Western Literature* (Temas Trágicos na Literatura Ocidental), ed. Cleanth Brooks, New Haven, 1955; meus agradecimentos aos respectivos editores pela permissão obtida para reimprimi-los de forma diferente. Sou grato também ao Morse Fellowship, que me foi concedido em 1952-1953 e que tornou possível escrever este livro.

Universidade de Yale,
setembro de 1955

P. S.

Para esta reedição, a Press permitiu-me corrigir os muitos erros de impressão e equívocos que apareceram na edição original. Aproveitei amplamente essa oferta generosa. À parte essas correções, não fiz mudanças no texto.

Washington, D. C.
janeiro de 1965

Introdução*

Às vezes acontece de um grande poeta criar um personagem no qual a essência de uma era é destilada, uma figura representativa que, em sua ação e sofrimento, apresenta para seus contemporâneos a imagem de sua vitória e derrota. Para séculos posteriores, este personagem se torna um ponto de referência central para a compreensão da época de seu criador; trata-se, no entanto, de uma figura de tal potência simbólica que lhes parece não só um fenômeno histórico como também contemporâneo. O poeta que o criou penetrou nos elementos permanentes da situação humana de forma tão profunda que sua criação transcende o tempo. Uma dessas figuras é Hamlet, príncipe da Dinamarca, a outra é Édipo, rei de Tebas.

Mas essa existência dupla do herói, no tempo e fora dele, cria um problema crítico. "Celebração", diz o orador do dia do prêmio de Auden, "Celebração. O que significava isso para eles ali e então? O que significa para nós, aqui e agora?" Existe a possibilidade, se não a probabilidade, de que o estudo de Édipo como uma figura no tempo, uma criação do intelecto humano configurada e limitada pelas idéias e circunstâncias do século V a.C., possa produzir uma interpretação diferente daquela que surge do estudo de Édipo fora do contexto do seu

---

* As abreviações para autores e obras são as utilizadas na 9ª edição do *Lexicon* de Liddell e Scott; são deles os métodos de referência usados, exceto no caso da *Moralia*, de Plutarco, onde dou o título do ensaio bem como o número da página de Wyttenbach. As abreviações para periódicos são as empregadas no *L'année philologique*.

XVIII   ÉDIPO EM TEBAS

tempo, como uma figura simbólica do homem ocidental e, mais importante ainda para nós, do homem ocidental do século XX[1].

Este livro é essencialmente um estudo da peça de Sófocles, *Oedipus Tyrannus*, em termos da era que a produziu, uma tentativa de responder à questão "O que significava para eles, ali e então?", mas sugere também uma resposta à pergunta "O que significa para nós, aqui e agora?", e a resposta sugerida é: a mesma coisa que significava para eles, ali e então. Pois neste caso, a tentativa de compreender a peça como um fenômeno particular revela sua natureza universal; o método rigidamente histórico vê-se descobrindo a intemporalidade. Os materiais a partir dos quais o *Oedipus Tyrannus* é construído são fundamentais para a situação humana: não mudaram desde que a peça foi escrita e provavelmente nunca mudarão. A peça necessita apenas ser vista claramente pelo que era então, para ser compreendida pelo que é agora.

---

1. Outros séculos também o reivindicam. Sir Richard Jebb, em *Sophocles. Oedipus Tyrannus*, Cambridge, University Press, 1887, Introd., p. xxvii, observa: "No que concerne a Édipo, pode-se dizer que, neste aspecto particular [*i.e.*, no sentido em que ele é concebido como colocado em contraposição à religião] ele é uma personagem moderna, talvez mais especificamente do século XIX".

1. Herói

I

Um obstáculo inicial está na abordagem crítica ao *Oedipus Tyrannus*: a concepção amplamente aceita, e reiterada com freqüência de que a peça é uma "tragédia de destino". Esta apreciação baseia-se numa visão nebulosa da relação entre o destino vaticinado do herói e seu modo de agir na peça, mas, muito embora fundamente-se numa interpretação equivocada, sua influência serviu para classificar *Oedipus Tyrannus* como o exemplo clássico da "tragédia de destino", exemplo este que se supõe deva ilustrar a distinção essencial entre as tragédias antiga e moderna. O propósito de tal distinção, expresso ou implícito em graus variantes de sutileza, não é apenas o de reforçar que a tragédia antiga é menos significativa para a consciência moderna, por operar no contexto pré-cristão de destino, em vez de no sistema cristão moderno de livre-arbítrio individual, porém também o de que a tragédia antiga possui um potencial dramático inerente menor que o da moderna, uma vez que na tragédia antiga (por exemplo, em *Oedipus Tyrannus*), a vontade do herói é limitada pelo destino e não livre, como a de Hamlet. Esta leitura da tragédia de Sófocles conflitua com a experiência, já que todo leitor e espectador sente que a peça tem uma força dramática tão grande quanto *Hamlet*. E isso é difícil de explicar se a peça não é dramaticamente auto-suficiente – se a responsabilidade real pela catástrofe deve ser atribuída a um fator externo.

2 ÉDIPO EM TEBAS

Um bom exemplo dessa concepção básica equivocada (segundo a qual *Oedipus Tyrannus* é uma "tragédia de destino"), o problema por ela suscitado e uma tentativa brilhante, se bem que excêntrica, de resolver a questão, está nos comentários de Sigmund Freud, cujo nome, para ouvidos modernos, está tão associado a Édipo quanto o de Sófocles – para muitos, até mais[1].

Oedipus Rex é uma tragédia de destino: seu efeito trágico depende do conflito entre a vontade todo-poderosa dos deuses e os esforços vãos de seres humanos ameaçados pelo desastre; a resignação à vontade divina e a percepção da impotência pessoal é a lição que o espectador profundamente comovido deve aprender da tragédia. Autores modernos buscaram, por conseguinte, alcançar um efeito trágico similar expressando o mesmo conflito em histórias de sua própria invenção [...]. Apreciadores de teatro, contudo, pareceram não se comover [...] As tragédias de destino modernas não conseguiram causar efeito. Se *Oedipus Rex* é capaz de emocionar o leitor ou o espectador modernos tanto quanto comoveu os gregos, a única explicação possível é que o efeito da tragédia grega não depende do conflito entre o destino e a vontade humana, mas da natureza peculiar do material por meio do qual este conflito é revelado. Deve existir dentro de nós uma voz pronta para reconhecer a força convincente do destino em *Oedipus*, ao passo que somos capazes de condenar as situações que ocorrem em *Die Ahnfrau* ou outras tragédias de destino como invenções arbitrárias [...] este destino [de

1. Cito as observações de Freud meramente para ilustrar o ponto em discussão e não para colocá-lo como alvo de artilharia. Como ficará claro, tenho respeito considerável por seus pontos de vista. Sua análise do *Oedipus* não merece as críticas de muitos estudiosos clássicos, uma vez que ele não se preocupa tanto com a peça de Sófocles como com o material mítico básico. Ele o diz explicitamente: "A forma que ela [a lenda de Édipo] assumiu subseqüentemente [*i.e.*, o *Oedipus Tyrannus*], foi resultado de uma elaboração secundária incompreensível do material, que procurava fazer com que servisse a uma intenção teológica" (*The Interpretation of Dreams* [*A Interpretação dos Sonhos*], New York, Modern Library, 1938, p. 309 no original). O próprio Freud, obviamente, nunca pretendeu interpretar a peça de Sófocles: esta tarefa inevitável foi assumida por seus discípulos. Um produto recente desta escola é digno de ser citado sucintamente, como exemplo do que acontece quando o epígono se precipita onde seu predecessor teve medo de pôr os pés: *The Muse at Length*, de Arthur Wormhoudt, Ph. D., Boston, The Christopher Publishing House, 1953. Segundo esta obra (pp. 118-123), parece que Jocasta, "em vez de reforçar a coragem de Édipo, como deveríamos esperar que acontecesse no complexo de Édipo positivo [...] faz com que ele volte atrás, de acordo com o papel por ela desempenhado como símbolo do dedo no complexo do seio ou identidade feminina, e símbolo do anel no complexo de Édipo negativo". "O aguilhão de ponta dupla [...] de Laio representa os dois seios transferidos do nível pré-edipiano ao nível edipiano". "O monte Citero [...] Parnaso [...] e Hélicon [...] são símbolos de seios que representam a habilidade do poeta de substituir palavras ou símbolos pelo leite do qual ele quer, masoquisticamente, ser privado". O sr. Wormhoudt resolve, de modo ordenado, o problema amplamente discutido do êxodo do *Oedipus Tyrannus*: "O que Édipo consegue realizar na última cena da peça [...] é a substituição do exibicionismo pelo voyeurismo".

Quanto ao *Édipo em Colono*: "Polinices descreve os trajes imundos que Édipo veste e aceita ele próprio a culpa anal que estes sugerem. A razão, portanto, pela qual Édipo rejeita Polinices violentamente é que, deste modo, ele executa a punição de castração sobre si mesmo".

HERÓI 3

Édipo] nos emociona somente porque poderia ter sido o nosso, porque o oráculo colocou diante de nós, antes de nosso nascimento, a mesma maldição que pairava sobre ele. É possível que todos nós estivéssemos destinados a dirigir nossos primeiros impulsos sexuais às nossas mães e nossos primeiros impulsos de ódio e violência contra nossos pais; nossos sonhos nos convencem de que isso realmente é verdade[2].

Esta famosa passagem é, naturalmente, um marco na história do pensamento humano e um símbolo da vitalidade da literatura grega, uma vez que, nessas linhas, um dos conceitos mais influentes e amargamente contestados da mente moderna assume a forma de uma tentativa de resolver um problema crítico suscitado pela peça de Sófocles. À parte o valor (ou a falta dele) da teoria freudiana do complexo de Édipo (que ele formulou aqui pela primeira vez), a solução que propôs para o problema crítico levantado ao chamar a peça de uma "tragédia de destino" não pode ser aceita. Ao dizer que o destino de Édipo nos afeta porque "poderia ter sido o nosso próprio", Freud interferiu num aspecto essencial da tragédia, a universalidade do tema, que naturalmente se estende muito além do apelo particular que o próprio Freud aqui expõe. A atração universal do tema, porém, seja ele compreendido em termos psicanalíticos ou outros, não explica a excitação dramática gerada pela tragédia. Nenhuma quantidade de riqueza simbólica – consciente, subconsciente ou inconsciente – poderia criar excitação dramática numa peça que não possua os pré-requisitos essenciais de livre-arbítrio e responsabilidade humanos. A tragédia deve ser autosuficiente: isto é, a catástrofe deve ser resultado da livre decisão e da ação (ou inação) do protagonista trágico.

O problema, formulado em termos freudianos (e ele apenas declara de forma extrema o que muitos outros deixam implícito), é obviamente insolúvel. Se *Oedipus Tyrannus* é uma "tragédia de destino", a vontade do herói não é livre, e a eficiência dramática da peça é limitada por este fato. O problema é insolúvel mas, felizmente, inexiste já de início. Pois na peça escrita por Sófocles, a vontade do herói é inteiramente livre e ele é totalmente responsável pela catástrofe. Sófocles ordenou com cuidado o material do mito de modo a excluir da ação da tragédia o fator externo na vida de Édipo. Tal ação não é a concretização da profecia, mas a descoberta de que ela já se realizou. A catástrofe de Édipo é descobrir sua própria identidade; e ele é o primeiro e o último responsável por esta revelação. Os acontecimentos principais da peça, na realidade, nem fazem parte da profecia: Apolo não vaticinou a revelação da verdade, o suicídio de Jocasta ou a cegueira

O autor, para dar-lhe seu crédito, não espera que tais reinterpretações radicais sejam aceitas da noite para o dia: "a resistência ao estudo científico da literatura é muito maior que ao da astronomia, da química ou da biologia (por maiores que tenham sido), porque diz respeito a assuntos que estão mais próximos de casa" (pp. 9-10).

2. *Idem*, pp. 108-109.

4 ÉDIPO EM TEBAS

auto-infligida de Édipo[3]. O "destino" não desempenha nenhuma função nas ações de Édipo na peça.

Esta afirmativa pode soar radical e objeções são levantadas de imediato. Em primeiro lugar, tanto a descoberta como a cegueira (se bem que não sua auto-inflicção) são vaticinadas já de início por Tirésias, que também informa Édipo ser ele o assassino de Laio, o assassino de seu pai e o esposo de sua mãe. Esta profecia de Tirésias, entretanto, não pode ser considerada um fator externo operando na peça, já que ele a profere somente como resultado da ação de Édipo em primeiro lugar. Tirésias havia decidido não dizer uma só palavra (343); o faz porque Édipo o ataca de forma tão violenta e inesperada que Tirésias se esquece de sua resolução de manter-se em silêncio. A profecia é extraída dele por Édipo, em suas próprias palavras: "Forçaste-me a falar, contra a minha vontade" (358)*.

Não se trata de um fator externo, nem tampouco tem efeito algum. É pronunciada no decorrer de uma altercação violenta, por um homem do qual Édipo suspeita que conspire contra ele, e está relacionada à acusação de que Édipo é o assassino de Laio. Édipo está tão furioso com essa acusação aparentemente sem sentido e, ao mesmo tempo, terrível, que a profecia, em comparação, causa pouca impressão sobre ele que, de todo modo, não a compreende. "Tudo o que dizes é por demais enigmático e obscuro", diz ele ao profeta, ao final do encontro (439). Ao que parece, tampouco causa impressão sobre o coro que, no estásimo seguinte, discute a acusação de ser Édipo o assassino, sem mencionar a profecia ou qualquer outro aspecto das declarações de Tirésias. Mais tarde, depois de saber por Jocasta do detalhe significativo acerca do assassinato de Laio, expressando seu temor de que talvez o profeta cego possa ver (747), Édipo pensa apenas sobre a acusação de ser o assassino. Esqueceu-se, ao que parece, das outras coisas, mais terríveis ainda, que Tirésias disse; não se refere a elas ao saber que Pólibo de Corinto não é, na realidade, seu pai, nem tampouco mais tarde, ao aproximar-se da terrível verdade. A julgar pelo efeito da profecia de Tirésias sobre o comportamento de Édipo, ela bem poderia nunca ter sido feita. Esta predição é, portanto, produzida em primeiro lugar pela ação de Édipo e, depois, não tem nenhum efeito sobre seu comportamento subseqüente. Não pode ser considerada externa e nem tampouco causal.

---

3. Estas duas últimas ações são descritas pelo mensageiro como ἑκόντα κοὐκ ἄκοντα: "voluntárias, não contra a vontade" (1230); e αὐθαίρετοι: "auto-escolhidas" (1231). Acerca da primeira destas duas expressões, cf. a descrição de Macaria de seu auto-sacrifício em Eurípides, *Os Heráclidas* 531: ἑκοῦσα κοὐκ ἄκουσα.

* As traduções ao longo do livro são minhas e objetivam meramente uma equivalência aproximada. As mesmas palavras são, por vezes, traduzidas de forma diferente em lugares diferentes, para salientar a conotação particular, sugestão metafórica ou ênfase do texto original que são relevantes à nossa discussão.

HERÓI 5

Há, entretanto, um discurso de Tirésias de dois versos que parece suscitar uma objeção irrespondível a este argumento. "Não é teu destino cair em minhas mãos", diz ele a Édipo, em todos os textos e traduções modernos[4]. "Disso cuida Apolo. E basta" (376-377). Aqui, a "queda" de Édipo é especificamente atribuída a Apolo por seu profeta; os versos são inequivocamente formulados de modo a enfatizar a ação do fator externo no enredo da peça.

Os versos, porém, nesta forma, são uma criação comparativamente moderna; datam de 1786, quando Brunck corrigiu os manuscritos em sua edição da peça[5]. O que os manuscritos dizem (e são confirmados pelo único fragmento em papiro desta passagem encontrado até hoje)[6], é exatamente o oposto: "Não é meu destino cair em tuas mãos, disso cuida Apolo e basta"[7].

A correção de Brunck foi aceita universalmente pelos editores porque o discurso precedente de Édipo (374-375), do modo como o compreenderam, parecia exigir o sentido permitido pela reorganização de Brunck: "Tua existência é uma noite interminável. Jamais poderás me fazer mal ou a qualquer outro homem que contempla a luz". Se este é o significado dos versos de Édipo, a correção de Brunck é realmente "imperativa", conforme argumentam os editores do fragmento de papiro. As palavras, contudo, podem significar também: "Tua existência é uma noite interminável. Jamais eu, ou qualquer outro homem que contempla a luz poderá fazer-te mal". A leitura dos manuscritos é uma resposta adequada e convincente a esta declaração: "De todo modo, não poderias me fazer mal", responde Tirésias; "Se devo cair, disso cuida Apolo"[8].

4. οὐ γάρ σε μοῖρα πρός γ' ἐμοῦ πεσεῖν, ἐπεὶ ἱκανὸς 'Απόλλων, ᾧ τάδ' ἐκπρᾶξαι μέλει. Assim também todos os editores e tradutores modernos.

5. "Nempe Tiresias plane contrarium dicit illius quod dicere debuit [...] Facile, imperitis describentibus librariis, pronomina commutari potuerunt".

6. Este papiro (POxy. 22) data do século V d.C. sendo, portanto, nosso manuscrito mais antigo da passagem. Nele se lê [ ] ΜΕ ΜΟΙΡΑ ΠΡΟΣ ΓΕ ΣΟΥ ΠΕCΕΙΝ ΕΠΕΙ. Um MS recente (cod. Abbat. 41, século XIV, Δ de Jebb) lê σε, mas nenhum MS lê γ' ἐμοῦ.

7. οὐ γάρ με μοῖρα πρός γε σοῦ [...] Ver o aparato de Pearson.

8. Ela foi contestada pela primeira vez por Gilbert Murray, em seu livro The Rise of the Greek Epic, 3ª ed., Oxford, Clarendon Press, 1924, p. 87, nota 1. A essência da nota é: "Édipo: 'Tua existência é uma noite interminável. Jamais eu, ou qualquer outro homem que contempla a luz poderá (ἄν) fazer-te mal'. Tirésias: 'Não é meu destino cair por tuas mãos' etc. Assim Mss. e cf. 448 infra, onde Tirésias repete a mesma declaração". Pouco temos a acrescentar: sobre a omissão do objeto ("tu") na versão do MS, cf. 1045 infra, ὥστ' ἰδεῖν ἐμέ, que deve significar: "para que eu possa ver [ele]". Murray atribui a proclamação de Édipo, de que não causaria dano a Tirésias, a αἰδώς (e com base nisso é contestado corretamente por A. C. Pearson, "Sophoclea II", 374-375, em CQ 23 [1929], 94); o motivo de Édipo poupar Tirésias não é o respeito, mas o desprezo (cf. o desprezo acerbado de 348-349); Tirésias é indigno de sua atenção. A outra objeção de Pearson, de que "a ruína de Édipo, e não a de Tirésias, é a questão

Esta leitura e interpretação conferem à troca de palavras entre Édipo e Tirésias um desenvolvimento lógico: Édipo rejeita a idéia de uma ação punitiva contra um homem cego e prossegue para encontrar um culpado contra o qual *possa* retaliar. Sua resposta ao discurso desafiador de Tirésias é "São estas invenções de Creonte ou tuas?" (378)[9].

Seguramente, numa passagem tão importante, o ônus da prova é do corretor e dos editores que publicam a correção; a única justificativa possível para a correção de Brunck seria de que o texto do manuscrito não faz sentido, o que não é o caso. Não podemos rejeitar a suspeita de que a aceitação quase que universal da versão de Brunck se deva, em última análise, ao fato de ela confirmar a idéia preconcebida de que a peça é uma tragédia de destino, fundamentando solidamente a atuação do fator externo no desenvolvimento do enredo.

Pode-se também argumentar que o processo da autodescoberta de Édipo se inicia quando ele pede conselho ao oráculo de Delfos sobre o flagelo, sendo este, portanto, o fator causal; o flagelo é enviado por Apolo que, nesta peça, representa o fator externo, o "destino"[10]. De fato, Apolo é, tradicionalmente, o deus que envia a pestilência; qualquer espectador, já nas primeiras cenas, teria pensado na abertura da *Ilíada*, onde as flechas mortais de Apolo matam mulas, cães e homens, e "as piras dos mortos arderam numerosamente"[11]. O espectador ateniense também seria lembrado do flagelo em Atenas nos primeiros anos da Guerra do Peloponeso, e de sua atribuição corrente a Apolo, com base na promessa do deus, feita através do oráculo em Delfos no início do confronto, de que colaboraria com os espartanos[12].

A pressuposição de que o flagelo em *Oedipus Tyrannus* foi realmente enviado por Apolo seria uma objeção poderosa aos nossos argumentos, mas Sófocles, reiterada e enfaticamente indicou não ser este o caso. O sacerdote invoca Apolo para salvar Tebas do flagelo e

---

principal suscitada por 372 e ss." não leva em consideração as ameaças de punir Tirésias, que Édipo faz reiteradamente (cf. 355, 363, 368). A objeção de Sir John Sheppard (p. 125) não permite a possibilidade de que ταδ' possa se referir à queda hipotética de Tirésias, em vez de "este assunto atual".

9. Com a emenda de Brunck, esta questão parece denotar uma mudança total de direção; não de todo impossível, naturalmente, mas o desenvolvimento lógico indicado pela leitura do MS é muito mais típico de Édipo.

10. Assim, aparentemente, para W. C. Greene, *Moira*, Cambridge, Mass., Harvard University Press, 1948, p. 155: "Admitindo-se, entretanto, que Édipo já é culpado de parricídio e de incesto, não será uma tragédia se estes fatos não transpirarem. Mas, também aí, os antigos oráculos e Apolo, seu deus, ficarão desacreditados, conforme o coro argumentará em seu protesto. A coerência exige, pois, que os agentes do destino revelem os fatos que o próprio destino já causou; o flagelo que aflige Tebas é a força que dá início aos acontecimentos que levarão à descoberta".

11. *Ilíada* i. 52: πυραὶ νεκύων καίοντο θαμειαί.

12. Sobre a relação entre o flagelo e o oráculo nas mentes dos atenienses, ver Tucídides ii 54.

HERÓI

suas palavras não contêm nenhuma alusão de que Apolo, em primeiro lugar, seja o responsável por ele. "E possa Apolo salvar-nos e nos livrar deste flagelo!" (149-150). Diz ainda que o povo está rezando para outros deuses, especificamente para Palas, e no Oráculo de Ismênio. O coro invoca Apolo em termos igualmente neutros, orando pela salvação (162); associa-o a Atena e Ártemis como um dos três defensores contra a morte (163). Nessa passagem, o chama de "bomna-lança" (162), termo utilizado por Homero para descrevê-lo como o deus do flagelo, e ao final do estásimo, o coro menciona suas flechas (205). O coro, todavia, não pede a Apolo para que pare de atingi-lo, como se poderia esperar em Homero; exorta que suas flechas sejam ordenadas ao seu lado como aliadas contra a praga (206)[13]. Nada poderia deixar mais claro o fato de Apolo não ter nenhuma relação com o flagelo, exceto o que o coro havia dito alguns versos antes. Já identificara o flagelo com um deus, não Apolo mas Ares; esta é a identidade do deus que o sacerdote deixou anônima: a divindade portadora do fogo, da odiada pestilência (27-28). Apolo é invocado para ajudar com suas flechas, juntamente com Zeus, Ártemis e Dionísio, na luta contra Ares, o deus "que nem os deuses prezam" (215). O flagelo, tenha ou não o coro razão ao chamá-lo de Ares é, naturalmente, do ponto de vista religioso, a vontade dos deuses. Sófocles, no entanto, insiste claramente, por intermédio de suas imagens sem paralelos das flechas de Apolo como aliadas contra o flagelo e ao identificar este com Ares[14], que a peste não deve ser entendida como uma interferência apolínea, ou seja, que não é obra de um fator externo da peça.

Não se trata, pois, de uma interferência apolínea que tenha por intenção forçar a descoberta da verdade. Não é obra do "destino". É, entretanto, um imperativo da situação inicial: exige ação por parte de Édipo[15]. Como governante de Tebas, ele deve encontrar uma forma de pôr fim a este mal ou encarar a possibilidade de, como lhe diz o sacer-

---

13. Sobre Apolo como aquele que afasta o flagelo em tempos históricos, cf. Pausânias X.11.5 (Cleonas, *ca.* 429 a.C.); I. 3.4 (Atenas): τὴν λοιμώδη σφίσι νόσον ὁμοῦ τῷ Πελοποννησίων πολέμῳ πιέξουσαν κατὰ μάντευμα ἔπαυσε <ν ἐκ> Δελφῶν.

14. O hino de Homero a Ares, que apresenta uma relação de dezesseis epítetos do deus nos primeiros cinco versos, nada contém que faça, ainda que vagamente, alusão a um flagelo. O que mais se aproxima desta identificação extraordinária na passagem de Sófocles pode ser encontrada em *As Suplicantes*, de Ésquilo. Em duas passagens (659-666 e 678-685), o coro associa o flagelo a Ares: λοιμός [...] Ἄρης no primeiro caso e Ἄρης [...] νούσων no segundo. Ainda que associados, porém, não são identificados, como nos versos de Sófocles. Sobre o significado desta identificação no problema da datação da peça, ver Knox, "The Date of the *Oedipus Tyrannus*", *AJP*, 78, 1956, pp. 133 e ss.

15. É interessante comparar este imperativo inicial, a doença, que uma mente religiosa pode atribuir aos deuses mas que, entretanto, é um fato comum da experiência humana, com o imperativo inicial em *Hamlet*, que é uma exigência de vingança feita pelo fantasma do pai.

8 ÉDIPO EM TEBAS

dote, vir a ser o governante de uma cidade vazia[16]. Ainda assim, sua decisão de consultar o oráculo de Delfos é, clara e enfaticamente, apresentada por Sófocles como independente. A clareza e o cuidado com que esse ponto essencial é apresentado merecem atenção. O sacerdote, que veio implorar a Édipo para que aja em nome da cidade, é vago quanto ao que deseja que este faça: não o aconselha explicitamente a consultar o oráculo. Seu discurso consiste de uma série de alusões qualificadas para que Édipo considere recorrer à autoridade divina: "Consideramos-te o melhor dos homens nas questões da vida [...] e nas relações com os deuses" (33-34); "outrora devolveste-nos a vida [...] auxiliado por um deus" (38); "descobre uma forma de nos salvar, seja por meio da mensagem de um deus [phêmên]*, ou da ajuda de um simples mortal".

Esta fórmula, utilizada pelo sacerdote, é a que mais se aproxima da sugestão de uma consulta ao oráculo (pois phêmê é a palavra apropriada para expressão oracular), porém mesmo esta é descritiva ("algum deus") e oferecida como alternativa à consulta com um ser humano. Édipo responde já ter traduzido em ação o único remédio que sua reflexão cuidadosa lhe sugeriu: enviou Creonte a Delfos para consultar Apolo. Esta ação inicial (levada a cabo na íntegra antes da abertura da peça) foi definida por Sófocles, por intermédio de recursos dramáticos impressionantes, como a livre ação de um agente livre. Pois a hesitação do sacerdote em sugeri-la enfatiza, com vigor, que Édipo não tem de consultar Delfos. Ele é o tyrannos, sua palavra em Tebas é lei e, à parte o poder, sua experiência, prestígio e registro de magnífico sucesso lhe dão carta branca.

Essa mesma insistência na autonomia de ação de Édipo e a sugestão explícita de que ele pode fazer ou não o que de fato acaba fazendo, é vista na apresentação de Sófocles da ação do herói ao longo de toda a peça. Quando Creonte retorna e pergunta se Édipo deseja ouvir a resposta do oráculo em público ou em particular, este lhe diz para que fale diante de todos. Uma decisão importante, uma vez que torna mais difícil interromper a investigação ou suprimir posteriormente seu resultado no curso dos acontecimentos. A decisão é de Édipo e só dele e Creonte sugere explicitamente que seria melhor discutir a questão em particular. Em seguida, Édipo resolve assumir com determinação a busca pelo assassino de Laio – "Não deixarei nada por fazer" (145). A resolução é definida pelo sacerdote como livre: "Ele já se ofereceu

---

16. Cf. David Grene, *Three Greek Tragedies in Translation*, Chicago, 1942, p. 79.

* A transcrição do grego antigo num alfabeto moderno suscita alguns problemas. Na ausência de uma convenção geral, segui minhas próprias preferências, espero que consistentemente. Eta e omega são representadas por *ê* e *ô*, ipsilon por *y*, exceto em ditongos, onde utilizo *u* (*e.g.*, ou, au, eu). *Xi* aparece como *x*, e *rho* como um *r* simples (não rh); o gama nasal foi indicado por *n* e não por *g* (*ananke*, por exemplo). Iota subscrito escrevi como sobrescrito (*logôi* para λόγῳ) e acrescentei *h* para mostrar um som aspirado (*heurein*). Para o leitor clássico, indiquei crase (*taxerêmata*, por exemplo), porque eu mesmo fiquei por vezes perplexo com transcrições que a omitiam.

HERÓI 9

para cumprir o propósito para o qual nos reunimos aqui" (148)[17]. Édipo
põe sua decisão em prática na próxima cena, ao pronunciar uma maldição terrível sobre o assassino, caso este não se apresente de imediato
o que, naturalmente, aumenta ainda mais o horror da catástrofe, ao
descobrir quem é o assassino. A maldição é idéia do próprio Édipo;
nem o oráculo nem ninguém em Tebas lhe sugeriu tal passo. Quando
o coro lhe propõe que mande chamar Tirésias, o mesmo artifício anterior é empregado para enfatizar a independência da decisão – Édipo
responde ao coro que já o fez. Isso ocorre com todas as suas outras
ações; a busca enérgica pela verdade é impulsionada até a revelação
final pela vontade de Édipo e nada mais[18]. A autonomia de seu comportamento é acentuada por uma série de tentativas por parte de outros de interromper a investigação. Por quatro vezes ele é aconselhado
a abandonar a questão e contentar-se com a ignorância: uma vez, no
início, por Tirésias (320-321), duas vezes no meio, por Jocasta[19] (848,
1060 e ss.), e uma vez ao final, pelo pastor (1165). Édipo sempre rejeita
o conselho e prossegue à sua maneira. Na peça, sua vontade é livre.
Nada que faz é forçado pelo destino, em nenhum dos múltiplos sentidos desta palavra tão ambígua.

A forma de atuação de Édipo não é somente a de um agente livre,
constitui ainda a causa dos acontecimentos. O herói é inclusive totalmente responsável pelos eventos que formam o enredo. O enredo, isto
é, o processo por meio do qual a identidade de Édipo é revelada, estende-se para atender o requisito aristotélico ideal de desenvolvimento lógico. O reconhecimento e a reversão "surgem da estrutura interna
do enredo em si" de modo que, o que se segue é "o resultado necessário ou provável da ação precedente". Os eventos subseqüentes devem-
se aos precedentes, não os sucedem simplesmente – *dia tade* e não
meta tade. (Há somente uma exceção, a chegada do mensageiro coríntio.)[20] A seqüência dos acontecimentos é colocada em movimento, e
assim mantida, pelo comportamento de Édipo. Suas ações que causam
a catástrofe final têm início pouco antes da abertura da peça, quando
Creonte é enviado a Delfos. A seguir, Édipo insiste em tornar pública
a resposta oracular, assume a responsabilidade pela busca do assassino
de Laio, amaldiçoa o assassino desconhecido e manda buscar Tirésias.
Recusa-se, então, a aceitar a obstinada insistência de Tirésias para que

17. ἐξαγγέλλεται. Acerca deste significado da palavra, cf. Eurípides, *Os Heráclidas*,
531, onde Macaria se oferece para morrer por seus irmãos: κἀξγγέλλομαι θνήσκειν [...].
18. Cf. C. Robert, *Oidipus* (Berlin, 1915), p. 291: "Der aber, der den schweigenden
Zeugen die Zunge löst, der das längst Vergangene wieder aufleben lässt, der fast einzig
und allein die Entdeckung herbeiführt, das ist [...] Oidipus selbst".
19. Cf. o comentário do escoliasta sobre 1062: οἴεται [sc. Οἰδίπους] τὴν
Ἰοκάστην [...] κωλύειν τὴν ξήτησιν.
20. Acerca disso, ver o estimulante artigo de R. A. Pack, "Fate, Chance, and Tragic
Error", *AJP*, 60, 1939, pp. 350 e ss.

10 ÉDIPO EM TEBAS

abandone toda a questão e, com sua acusação furiosa, atormenta o profeta até que este, por sua vez, acaba por acusá-lo. O ataque posterior de Édipo contra Creonte introduz Jocasta como apaziguadora, e a tentativa que ela faz de confortá-lo faz surgir em sua mente a primeira dúvida. Ele não aceita a proposta de se contentar com a situação tal como é, e esta manda buscar o pastor que testemunhou o assassinato de Laio. Isso só já é suficiente para que Édipo se reconheça como o assassino, se é que o pastor pode ser persuadido a falar, e a falar a verdade.

A situação é modificada por um evento que simplesmente sucede a outros, mas não decorre deles: a chegada do mensageiro com as notícias da morte de Pólibo. A partir deste ponto, Édipo não está mais tão preocupado em encontrar o assassino de Laio como em estabelecer sua própria identidade. Não aceita a proposta de Jocasta de se contentar com a situação confusa que advém da revelação do mensageiro, mantendo a decisão de falar com o pastor, que agora é a testemunha tanto da sua identidade como do assassinato de Laio. Ao chegar, a testemunha não tem outra opção senão falar a verdade. Reluta um pouco e se pudesse, teria claramente mentido ou permanecido em silêncio, mas o mensageiro coríntio ali está para tornar as mentiras ou a evasão impossíveis. A verdade é extraída à força por Édipo e o *tyrannos* reconhece a si mesmo não só como o assassino e filho de Laio mas ainda como filho e esposo de Jocasta.

II

As decisões e ações de Édipo são o fator causal no enredo da tragédia e constituem a expressão do seu caráter. Édipo não é um homem comum, na verdade é extraordinário: começou com nada além de sua sagacidade e energia, tornando-se o despótico e amado governante da cidade à qual chegou como um exilado sem lar. Seu caráter multifacetado e sutilmente complexo, no entanto, tem uma consistência maravilhosa. Édipo é, certamente, o maior indivíduo particular na tragédia grega[21].

---

21. É difícil seguir o raciocínio por detrás da declaração de A. J. A. Waldock, *Sophocles the Dramatist*, Cambridge University Press, 1951, p. 144, de que o caráter de Édipo "não é definido muito claramente", bem como a afirmação de que ele "não possui [...] uma inteligência de rapidez aguda ou de alcance extraordinário", muito embora "tenha ao menos uma mente mediana". Alhures ele declara (p. 168): "Não há sentido no *Oedipus Tyrannus*", e expõe tentativas de "contrabandear significado" para a obra (p. 159).

HERÓI 11

Como se poderia esperar de um *tyrannos*, um governante que venceu por esforço próprio[22], Édipo é essencialmente um homem de ação. Não há nada de passivo em sua caracterização; sua tendência natural é sempre agir e ele desdenha a inatividade. "Não me despertastes agora do meu sono", diz ele ao sacerdote que fala pelos suplicantes da primeira cena (65). Ele se impõe sobre as pessoas e as circunstâncias: estas são a matéria-prima que sua vontade de agir modela, à força, num padrão. As palavras que denotam ação (*dran, prassein*) são típicas de seu próprio discurso e das opiniões a seu respeito expressas por outros[23].

É característica sua esperar que o oráculo de Delfos exija dele ação; aguarda, pois, com impaciência para ouvir "por qual ação ou pronunciamento solene posso salvar a cidade" (72)[24]. Esta fórmula, uma alternativa de discurso ou ação, é substituída poucas linhas depois por um estilo mais restrito, que admite apenas ação. "Eu seria um covarde se não fizesse tudo o que o deus claramente ditar" (77). Édipo anuncia sua decisão de executar a ordem oracular em palavras que demonstram sua concepção de si mesmo como a força ativa da comunidade – "Tudo farei" (145).

Sua confiança na ação baseia-se na experiência e é a Édipo como um homem experiente que o sacerdote apela no início da peça. "As decisões de homens experientes produzem resultados mais eficazes" (45). A ação vigorosa de Édipo justifica-se não só em seu espírito como também nas mentes do sacerdote e do coro, representantes de Tebas, por seu registro ininterrupto de realizações bem-sucedidas.

Sua vontade constante de agir baseia-se numa coragem extraordinária; um dos aspectos que mais o enfurece na suposta traição de Creonte é a reflexão de que este deve tê-lo considerado um covarde. "Que covardia viste em mim [...]?", pergunta ele indignado a Creonte (536). Esta alegação não é infundada; a coragem com a qual Édipo ataca o desconhecido ao longo da peça é característica do homem que arriscou sua vida ao resolver o enigma da Esfinge.

Sua ação é rápida como um raio: uma vez concebida, não é tolhida pelo medo ou pela hesitação; antecipa-se a conselho, aprovação ou dissentimento. A ação edipiana característica é o *fait accompli*. Quando o sacerdote sugere, hesitante, que seja feito um apelo ao oráculo,

---

22. Cf. W. Nestlé, "Hippocratica", *Hermes*, 73, 1938, p. 13: "das natürliche Genie des *self-made man* [...]" (sobre o retrato que Tucídides faz de Temístocles).

23. Sobre δρᾶν, cf. 72, 77, 145, 235, 640, 1327 e 1402. Acerca de πράσσειν, cf. 69, 287 e 1403.

24. ὃ τι δρῶν ἢ τί φωνῶν [...]. Sobre esta formulação, cf. Demóstenes, xliii, 66 (texto de uma consulta ateniense ao oráculo délfico): ἐπερωτᾷ ὁ δῆμος ὁ Ἀθηναίων περὶ τοῦ σημείου τοῦ ἐν τῷ οὐρανῷ γενομένου ὃ τι ἂν δρῶσιν Ἀθήναιοις ἢ ὅτῳ θεῷ θύουσιν ἢ εὐχομένοις εἴη ἐπὶ τὸ ἄμεινον ἀπὸ τοῦ σνμείου.

12 ÉDIPO EM TEBAS

Édipo já agira muitos dias antes[25]. "Coloquei a idéia em prática" (69). Quando o coro sugere recorrer a Tirésias, Édipo já havia mandado chamá-lo não uma, mas duas vezes: "Também não deixei isto para amanhã" (287). "Rápido", *takhys*, é a palavra que utiliza. Uma vez tomada a decisão de encontrar o assassino de Laio, Édipo não vê razão alguma para prolongar uma situação que não mais corresponde à realidade. Sua ordem aos suplicantes, para que abandonem o altar, é peremptória: "Depressa, meninos, levantai e abandonai os altares" (*hôs takhista*, 142). A presença deles é agora inadequada; para sua ação, que virá imediatamente a seguir, Édipo não necessita de suplicantes mas da assembléia do povo de Tebas, para que ouça sua proclamação: "Alguém reúna aqui o povo cádmo" (144). O coro, que entra logo depois, representa o povo de Tebas, convocado para ouvir a resolução de seu governante. Quando Édipo decide mandar buscar o pastor que testemunhou o assassinato de Laio, quer que isso seja feito depressa: "Traga-o para mim agora" (*en takhei*, 765), e Jocasta conhece seu marido muito bem para enfatizar a rapidez: "Mandarei buscá-lo sem demora" (*takhynas'*, 861). O exemplo mais brilhante da celeridade de sua ação encontra-se nos setenta e cinco versos nos quais escrutina o pastor e descobre a verdade plena. As perguntas inquisitivas seguem-se num ritmo veloz e terrível, só interrompido pela crescente relutância da testemunha, que provoca exigências iradas por parte de Édipo para que haja rapidez, bem como a aplicação de força para produzi-la: "Que alguém amarre suas mãos às costas – rápido!" (*hôs takhos*, 1154). As últimas perguntas e respostas, terríveis e conclusivas, são enquadradas no ritmo veloz das meias-linhas; as perguntas, agora formuladas somente para confirmar a terrível verdade que Édipo conhece, tornam-se mais curtas até culminar na palavra única *poiôn*: "Qual?" (1176).

A agilidade de uma de suas decisões, a condenação de Creonte, faz com que o coro proteste, apontando para o perigo de um deslize causado pelo pensamento precipitado: "Aqueles que pensam rápido não são infalíveis" (*hoi takheis*, 617). A resposta de Édipo revela o temperamento do homem, sua insistência na rapidez como a única garantia de sucesso, sua rejeição à passividade: "Quando o adversário se move célere [*takhys*, 618], conspirando em segredo, devo ser rápido [*takhyn*, 619] ao tomar decisões. Se espero por ele inativo, seus planos já se traduzirão em ação e os meus fracassarão".

Esta rapidez de ação associa-se, naturalmente, a uma impaciência com a lentidão dos outros: ele não pode admitir nenhum obstáculo externo à sua própria presteza em impor-se sobre o padrão dos eventos. Já na primeira cena, está irriquieto por Creonte ainda não ter retornado. Apresentou ao sacerdote uma decisão que antecipa as cau-

25. Isto é indicado em 73-75.

HERÓI 13

telosas insinuações para consultar Delfos e já está impaciente por não poder apresentar-lhe o resultado da ação. Conta os dias; o tempo está sendo desperdiçado. O atraso é, para ele, uma agonia: "Medir o dia de hoje com o metro do tempo dói[...]" (73-74). O mesmo acontece com suas repetidas intimações a Tirésias. Ele está contrariado pela lentidão do profeta. "Surpreende-me que ainda não tenha chegado" (289). Esta rapidez, contudo, não é impensada; é precedida por reflexão e deliberação cautelosas. A decisão inicial, de apelar a Delfos, por mais rápida que tenha sido sua execução, veio somente após uma extensa consideração mental das possibilidades: "Cheguei à decisão após meu pensamento muito vagar [...]" (67), ele diz, "considerando cuidadosamente, encontrei somente um remédio[...]" (68). A determinação de reabrir o caso do assassinato de Laio só é tomada após um interrogatório minucioso de Creonte, que elicita os poucos fatos conhecidos e de uma avaliação realista da enorme dificuldade da busca. "Onde estará a trilha deste delito antigo, difícil de encontrar por inferência?" (108-109). A decisão de excomungar o assassino, um ataque psicológico ao criminoso desconhecido, combinado com uma oferta de imunidade relativa em troca da confissão e recompensa pela traição, é anunciada ao povo após o canto de uma ode coral; a suspensão de tempo e ação dramáticos faz parecer que enquanto a ode era cantada, Édipo, no palácio, cogitou até decidir-se. Mesmo a acusação contra Creonte, lançada no clímax de uma tremenda fúria é apresentada, por meio do mesmo dispositivo dramático, como produto de reflexão e deliberação. Uma leve suspeita na cena de abertura[26], depois uma reação impulsiva na disputa com Tirésias, o ataque a Creonte surge, após a ode coral, como uma conclusão totalmente aceitável, baseada na lógica política. Édipo se vê como alvo de acusações baseadas em acontecimentos do passado em Tebas, aos quais se considera alheio (220), já que ocorreram antes de sua chegada. Sua fonte de informação é Creonte; foi ele quem o encorajou a mandar chamar Tirésias; o fracasso de Creonte em agir por ocasião da morte de Laio lhe pareceu suspeito desde o início. Tudo leva às marcas de um conluio e muito embora Édipo esteja errado, já refletiu sobre os fatos, chegando ao que é, para ele, a única conclusão possível.

A ação imediata baseia-se solidamente na reflexão, que é obra de uma grande inteligência. Sua mais amarga palavra de condenação é *môros*, "insensato"; ele a vocifera com veemência contra ambos,

---

26. Indicada na correção que Édipo faz dos "malfeitores" de Creonte (ληστὰς, 122) para "o malfeitor" (ὁ ληστής, 124). O propósito da correção é que se o assassino de Laio estava sozinho, ele deve ter sido o agente de uma conspiração poderosa, e o homem que se beneficiaria da morte de Laio era Creonte, seu sucessor imediato ao trono. A próxima pergunta de Édipo (128-129) é uma acusação velada de que Creonte não desejava uma investigação real da morte de Laio.

Tirésias (433) e Creonte (540) e o fato de Creonte ter pensado ser ele estúpido o suficiente para não perceber que era alvo de uma conspiração o atormenta com virulência. "Diga-me, por Deus, por que tipo de covarde ou tolo me tomaste [...]? Pensaste que eu não reconheceria tuas maquinações?" (536-538).

A obstinação por conhecimento e clareza totais é característica de sua inteligência. Édipo exige uma fundamentação racional para sua existência: não admite mistérios, meias-verdades, meias-medidas. Jamais se contentará com menos que a verdade plena; frente a este temperamento, as tentativas de Tirésias e Jocasta de detê-lo não têm a menor chance de sucesso. Um exemplo extraordinário de sua insistência na compreensão cabal é a última pergunta que faz ao pastor. Ele já conhece a verdade – que Jocasta é sua mãe e Laio seu pai – todavia existe ainda um detalhe que ele não entende. Não se trata de um pormenor que traga alguma esperança de que toda a história seja falsa, é meramente uma questão que diz respeito aos motivos do pastor. "Por que motivo deste a criança ao velho?" (1177). Mesmo no momento mais terrível de sua vida, ele deve ter em suas mãos a história completa, sem nenhum traço de obscuridade. Deve complementar o processo investigativo, remover até a última ambigüidade. Sua compreensão do que lhe ocorreu deve ser uma estrutura racional plena, antes que possa se entregar ao curso das emoções que o conduzirá à automutilação.

Édipo possui uma inteligência crítica aguçada: não é por acidente que conduz a inquirição de uma testemunha por três vezes ao longo da peça. Em seu interrogatório de Creonte, no prólogo, a sucessão lógica e rápida das perguntas revela a essência da situação em poucos minutos. A inquirição do mensageiro coríntio após este ter dito não ser Édipo filho de Pólibo nos dá um discernimento de como sua mente crítica opera. A probabilidade da história é primeiramente atacada a partir de dois ângulos distintos (1021 e 1023), a relação entre o mensageiro e Citero estabelecida, e então a veracidade do relato como um todo testada pela questão sobre o pé mutilado de Édipo. Contudo, no interrogatório final, o do pastor, a perspicácia incisiva de Édipo é melhor demonstrada. Nada é deixado ao acaso nas preliminares, mas não há movimentos supérfluos: em sua economia metódica, assemelha-se a procedimentos típicos de uma sala de audiência. Édipo identifica a testemunha como um dos homens de Laio por intermédio de uma pergunta feita ao coro (1115); como o pastor da história do mensageiro coríntio por uma pergunta feita ao mensageiro (1119-1120); corrobora, então, a relação com Laio por meio de uma pergunta direta ao próprio pastor. O próximo passo é fazer com que o pastor reconheça o mensageiro coríntio e confirme sua história e isso é feito após uma hesitação inicial significativa por parte do pastor, pela intervenção veemente do mensageiro coríntio. A testemunha, então, torna-se recalcitrante e Édipo, pela ameaça e pela força física, o domina (1161). Daí até a verdade são apenas alguns passos.

HERÓI 15

A inteligência de Édipo não é meramente crítica. É inclusive criativa. Não é só capaz de fazer perguntas: pode respondê-las. Sua fama e reputação baseiam-se, acima de tudo, em ter decifrado o enigma da Esfinge. Nisso, "ele foi sábio" (*sophos*, 509), canta o coro: solucionou o enigma que nenhum outro homem fora capaz de solucionar e salvou a cidade. *Gnômêi kyrêsas*, diz ele acerca de sua realização: "Obtive sucesso graças à inteligência" (398).

O relato que faz de sua própria realização intelectual revela um aspecto importante de caráter: ele é o homem que, apenas por meio da inteligência, derrota os profissionais em seu próprio jogo; é o amador inteligente que, sem nenhum treinamento especial, vê o essencial que os especialistas não puderam perceber. O enigma da Esfinge era um problema para profissionais, para Tirésias, na realidade; conforme Édipo diz, "exigia o dom profético" (*manteias*, 394), e o coro enfatiza isso mais tarde quando chama a Esfinge de "a virgem misteriosa de garras curvas" (*chrêsmôidon*, 1200). O sacerdote admite que Édipo fez o que deveria ter sido feito por um tebano, não por um forasteiro; que tudo foi feito sem nenhum auxílio tebano e sem treinamento (*oud' ekdidachtheis*, 138), mas acrescenta que Édipo teve a ajuda de um deus. O próprio Édipo vê as coisas de forma diferente. "E eu cheguei [de fora], sem nada conhecer. Terminei com a Esfinge, encontrando a resposta pela inteligência, não a aprendi dos pássaros" (396-398). Foi um triunfo da inteligência não profissional, que não tinha nenhuma habilidade especial ou mesmo conhecimento que a sustentasse: uma mostra da versatilidade do cérebro edipiano.

A versatilidade e a adaptabilidade de Édipo são enfatizadas pela posição a que se alçou em Tebas. Ele chegou como um estrangeiro, num exílio autoconstituído mas, ainda assim, um exílio. Agora, que é *tyrannos*, longe de ocultar este fato, vangloria-se dele[27]; a prova da superioridade de sua inteligência, onde quer que seja e em quaisquer circunstâncias que possa operar, é simbólica de sua capacidade de adaptabilidade. E a situação na peça é semelhante àquela com a qual teve de se confrontar então: Édipo deve solucionar outro enigma, uma vez mais ele é um forasteiro (*ksenos* [...] *tou logou*, 219), que nada sabe; e pretende solucioná-lo utilizando o mesmo instrumento, a inteligência, *gnômê*.

Esta combinação de decisão e ação rápidas, baseada numa deliberação igualmente imediata, se bem que ilimitada, provém de uma enorme autoconfiança, que aumenta com seu sucesso. Uma das facetas desta autoconfiança é a desconfiança das capacidades alheias; Édipo não é homem para deixar a ação ou a decisão para outros. "Por isso eu vim [...] pessoalmente" (7). Ele veio pessoalmente porque não achava cer-

27. Cf. ξένος, 219, 220; ὕστερος γὰρ ἀστὸς εἰς ἀστοὺς τελῶ, 222; τοὐπιόντος [...] ἀνδρός, 393; ἐλὼ μολών, 396.

16 ÉDIPO EM TEBAS

to ouvir as coisas por intermédio de mensageiros. "Eu" (*egô*) é uma palavra que, em geral, está em seus lábios: nos primeiros 150 versos de sua fala, há quatorze que terminam com alguma forma de "eu", ou "meu", e quinze que começam do mesmo modo[28]. Tal insistência em sua pessoa não é mera vaidade, justifica-se por sua experiência como um todo, que se apresenta diante dele como um registro ininterrupto de sucessos devidos inteiramente a si próprio; e não se trata de uma impressão subjetiva, é também a conclusão de outros. Quando se refere a si mesmo como "Édipo, o renomado" (8), expressa uma jactância que nada mais é que a declaração de um fato: as atitudes do sacerdote e do coro demonstram que a confiança de Édipo em si próprio não é maior que a confiança nele depositada por seus concidadãos[29]. "Julgamos-te o melhor dos homens nas questões da vida", lhe diz o sacerdote no início da peça (33).

O registro bem-sucedido do passado inspira em Édipo fé e esperança no futuro. Mesmo ao confrontar o flagelo, não perde sequer uma partícula de sua confiança. Trata-se de uma calamidade inesperada que ele não poderia ter previsto[30], e sua atitude é confiante. Ele expressa a expectativa de que Creonte retorne com boas novas e, por meio da sua inquirição acerca do enigma aparentemente insolúvel do assassinato de Laio, procura alguma base de esperança. Há uma única testemunha que disse só uma coisa. "O quê?" pergunta Édipo. "Um mínimo detalhe talvez nos leve a descobrir muitos, se tivermos mesmo um fio de esperança" (*arkhên bracheian* [...] *elpidos*, 121). Quando decide empreender a busca, tem total confiança no resultado: "Revelarei" (132); "Apagarei a mácula" (138). É uma promessa de sucesso. E isto é repetido posteriormente quando, após reflexão, anuncia as medidas que pretende tomar. "Se ouvires e aceitares o que tenho a dizer, poderás encontrar alguma proteção [...]" (217-218). Sua confiança revela-se novamente na repreensão a Tirésias, que lamenta seu próprio conhecimento. "Que desânimo é esse?", diz Édipo (*athymos*, 319); é

---

28. Finais de versos: ἄγνωτά μοι, 58; ὡς ἐγώ, 60; ἡ δ᾽ ἐμή, 63; μ᾽ ἐξεγείρετε, 65; ἐγὼ κακός, 76; ἐγὼ φανῶ, 132; κἀμὲ σύμμαχον, 135; ἐμαυτὸν ὠφελῶ, 141; σημαίνειν ἐμοί, 226; κλύειν ἐμοῦ, 235; ἀρτίως ἐμοί, 243; ἐμοῦ συνειδότος, 250; κυρῶ τ᾽ ἐγώ, 258; τοὐμοῦ πατρός, 264. Inícios de versos: ἀγώ, 6; ἐμοῦ, 12; καί μ᾽, 73; ἄναξ ἐμόν, 85; ἀλλ᾽ αὐτός, 138; κἄμ᾽ ἄν, 140; ὡς πᾶν ἐμοῦ, 145; ἀγώ, 219; ἴχνευον αὐτός, 221; τῆσδ᾽ ἧς ἐγώ, 237; ἐγώ, 244; ἐν τοῖς ἐμοῖς, 250; ὑπὲρ τ᾽ ἐμαυτοῦ, 253; ἀνθ᾽ ὧν ἐγώ, 264; ἤκουσα κἀγώ, 293.

29. Cf. a frase do coro: ἐπὶ τὰν ἐπίδαμον φάτιν [...] Οἰδιπόδα (495-496).

30. Sua atitude apresenta uma semelhança extraordinária com a de Péricles no último discurso relatado por Tucídides, depois do flagelo (ii. 61 em especial). Péricles chama o flagelo de "repentino, inesperado e completamente além do cálculo" (αἰφνίδιον καὶ ἀπροσδόκητον καὶ [...] πλείστῳ παραλόγῳ ξυμβᾶνον) e ordena aos atenienses a "suportar seus infortúnios" (ξυμφοραῖς [...] ὑφίστασθαι). Sua descrição da reação ateniense ao flagelo – "a dor domina os sentimentos de cada um de vós" (τὸ μὲν λυποῦν ἔχει [...] τὴν αἴσθησιν ἑκάστῳ) – assemelha-se a *Oedipus Tyrannus* 62 e ss.

HERÓI 17

um estado de espírito pelo qual ele não nutre nenhum respeito. Falta pouco, contudo, para que ele também se sinta assim. Abalado pela acusação de Tirésias, Édipo é lançado ao desalento (*athymô*, 747) e no desespero (815 e ss.) pelas revelações de Jocasta. Destarte, quando o coro o encoraja a que não se desespere (*ech' elpida*, 835), ele já encontrou uma forma de fuga do que começa a configurar-se como uma certeza terrível, estabelecendo novamente uma base para a esperança: "É a única esperança que me resta" (*tosouton esti moi tês elpidos*, 836). Esta irá fundamentar-se numa discrepância numérica entre o relato da morte de Laio feito por Jocasta e sua própria memória dos eventos que ocorreram no lugar onde os três caminhos se cruzam. Parece muito pouco, "um fio de esperança", mas é suficiente para permitir que ele ao menos encare o futuro imediato. E, em reação às revelações maiores que virão mais tarde, cresce até atingir dimensões enormes.

Quando Jocasta já conhece a terrível verdade e Édipo está a um passo dela, ele atinge o ápice da esperança e da confiança. "Considero-me filho da Sorte, a provedora do bem! [...]" (1080-1081). O coro, que celebra em canto seu nascimento divino a ser em breve revelado, torna explícito o que está implícito em sua própria declaração. É à beira do desastre que suas esperanças atingem seu nível maior e mais fantástico.

Esta combinação de ação imediata baseada em reflexão inteligente, que produz sucesso que, por sua vez, dá origem a uma autoconfiança justificada é, obviamente, a marca de um indivíduo superior. Todavia, tal indivíduo, numa sociedade, pode fazer o bem ou, como a Atenas do século V descobriria às suas próprias custas, causar grande dano. Um homem assim poderia ser tanto um Péricles como um Alcibíades. No caso de Édipo, estes grandes dons são controlados por um patriotismo profundo e um senso de responsabilidade para com a comunidade: ele é apresentado, nas cenas de abertura, como o governante ideal. Em seu primeiro discurso vemos claramente sua concepção elevada do dever para com os cidadãos de Tebas. Édipo vem pessoalmente ouvir os desejos de seu povo, e não da boca de seus mensageiros (6); ele é, pois, comparado à idéia do monarca do século V, que se mantém distante, como Dejoces em Heródoto, que estabeleceu as normas da monarquia, uma das quais era "que nenhum homem deveria vir à presença do rei, e sim tratar de seus negócios com ele por intermédio de mensageiros, e que o rei não deveria ser visto por nenhum homem"[31]. Édipo se apieda de seu povo sofrido (*katoikteirôn*, 13). E em seu segundo discurso, revela uma percepção plena das obrigações que o poder deposita nas mãos do governante. Cada um tem seu pesar individual; ele, entretanto, sofre

---

31. Heródoto i. 99: μήτε ἐσιέναι παρὰ βασιλέα μηδένα, δι' ἀγγέλων δέ πάντα χρᾶσθαί, ὁρᾶσθαί τε βασιλέα ὑπὸ μηδενός.

por si mesmo, pelo povo e pela cidade como um todo. O infortúnio coletivo aumenta o ônus de sua aflição individual. O povo está doente, mas o sofrimento dele não pode se igualar ao seu (59-64). Édipo sente profundamente sua responsabilidade e seu fracasso em aliviar-lhe o sofrimento. É com este espírito de devoção ao bem-estar dos cidadãos que ele se mostra à altura para enfrentar a situação e assume a difícil busca pelo assassino de Laio; haverá de vingar aquele assassinato em nome do país e do deus (136). E nas linhas de encerramento de seu apelo a Tirésias afirma, em termos gerais, sua concepção do dever para com a cidade, obrigação tanto pessoal como do governante. "A ação mais nobre de um homem é fazer o bem a seus semelhantes, com todos os seus recursos e capacidades" (ôphelein, 314). É em termos deste ideal de dever para com outrem que ele repreende Tirésias com irritação, quando este se recusa a falar. "Tua recusa é um ultraje às normas e um ato inamistoso para com o Estado" (322). Daí a uma acusação de traição é pequeno o passo: "Planejas nos trair e destruir a cidade?" (330-331). Durante toda a altercação com Tirésias, Édipo reafirma seu orgulho pelos serviços prestados à pólis no passado mesmo que, como Tirésias insinua veladamente, estes agora o conduzam à destruição. "Foi exatamente esta ventura que te destruiu", diz Tirésias, referindo-se à resposta ao enigma da Esfinge (442) e Édipo contesta com orgulho: "Pouco me importa, se eu salvei a cidade" (443). O alto valor que ele confere a seus serviços prestados ao Estado no passado não é uma ostentação subjetiva: ele é aceito pelo coro, pelo povo de Tebas. "E era amado pela cidade" (hadypolis, 510), "Jamais em minha mente será condenado como vil".

Esta dedicação ao bem-estar da cidade e o senso de responsabilidade para com seu povo fazem de Édipo um tyrannos bastante incomum. Ele não só dispensa o isolamento formal entre o governante e seus súditos como também insiste em divulgar amplamente informações importantes que possam afetá-los. Creonte retorna de Delfos para apresentar seu relatório a Édipo e encontra o tyrannos do lado de fora do palácio, rodeado por uma multidão de suplicantes. Quando Édipo solicita um relatório, responde-lhe em termos vagos, calculados para produzir uma sensação de alívio nas mentes da multidão, sem revelar a natureza da mensagem oracular[32]. Édipo, por sua vez, exige que sejam revelados os termos exatos da mensagem (toúpos, 89): o vocábulo utilizado por Édipo pode significar "palavra" ou "verso hexâmetro", o meio usual de resposta apolínea[33]. Creonte deve dei-

---

32. Trata-se de uma fórmula diplomática expressa com muito cuidado e que não revela nada a não ser para aqueles que podem relacioná-la aos fatos. Começa com ἐσθλήν· ("Boas notícias!"), continua com δύσφορ' ("pode não parecer tão boa") e termina com εὐτυχεῖν ("tudo ficará bem").

33. Acerca desta nuance exata de ἔπος, cf. Tucídides ii. 54.2.

HERÓI 19

xar de fazer alusões e falar com clareza: "Se desejas ouvi-lo na presença dessa gente, estou disposto a falar ou, se preferes, a entrar no palácio" (91-92). Há certamente um toque depreciativo em *tônde plêsiazontôn*, "na presença dessa gente"; Creonte não esperava encontrar Édipo fora do palácio, com uma multidão de suplicantes a seu redor, e as palavras sugerem explicitamente que ele preferia discutir a questão em particular[34]. Édipo, porém, rejeita a sugestão. "Fala diante de todos!" (*es pantas auda*, 93). A razão que apresenta para isso é que ele sofre mais por seu povo que por si mesmo: "É por essa gente" (ele repete claramente a designação um tanto desdenhosa de Creonte), "que sofro, mais do que por minha própria vida" (*tônde*, 93).

Mais tarde, no auge de sua ira, rende-se às súplicas do coro para que Creonte seja poupado, mesmo acreditando que essa rendição coloca em perigo sua própria vida ou, ao menos, o seu poder. "Deixa-o partir, mesmo que para isso eu tenha que perder minha vida, ou ser exilado [...]" (669-670). Ele se rende em respeito ao apelo patético do povo, para que não torne ainda pior uma situação já terrível.

Este é, na verdade, um temperamento democrático, como o escoliasta há muito observou: "o caráter de Édipo é o de um amante do povo, que adota medidas para o interesse comum"[35]. Há uma outra faceta, de características igualmente democráticas, deste estranho *tyrannos*: ele imediatamente suspeita de um complô. Sua reação à história do assassinato de Laio é suspeitar de uma intriga política. Ironicamente, à luz de desenvolvimentos posteriores, desconsidera o relato de que Laio fora assassinado por um grupo de bandoleiros, atribui o fato a um único malfeitor (*lêistês*, 124) afirmando que este nunca teria ousado assassinar um rei a não ser que fosse instigado e pago por alguém de Tebas. Tal comentário, conforme assinala o escoliasta, é um golpe desferido contra Creonte[36]; Édipo já desconfia que o assassinato de Laio possa vir a ser obra de conspiradores em Tebas e a única resposta à pergunta *cui bono?* é Creonte. A mente de Édipo já está preparada para a acusação que lançará mais tarde, contra Tirésias e Creonte. Sua chegada, há tempos, a Tebas, foi, portanto, um obstáculo inesperado aos projetos deles, que se aproveitam da ocasião do flagelo e da resposta oracular para se proteger e colocar o plano original em execução. Estas suspeitas, se bem que infundadas, não são descabidas; todo ateniense dentre os espectadores teria visto, a partir de sua pró-

---

34. A palavra final ἔσω pode ter sido acompanhada por um gesto ou mesmo por um movimento em direção à porta do palácio.
35. Σ sobre I: φιλόδημον καὶ προνοητικὸν τοῦ κοινῇ συμφέροντος τὸ τοῦ Οἰδίποδος ἦθος.
36. Cf. Σ sobre 124: τείνει δὲ τοῦτο εἰς Κρέοντα ὡς αὐτοῦ συνθεμένου τῷ τοῦ Λαΐου φονεῖ διὰ τὴν βασιλείαν.

20 ÉDIPO EM TEBAS

pria experiência política, sua lógica e pertinência[37]. No mesmo estado de espírito desconfiado, Édipo reage à recusa de Tirésias em falar, o que confirma sua crença de que Creonte estava por detrás do assassinato de Laio. Édipo está sempre cônscio da inveja que sua superioridade e seus dons despertam[38], e é rápido, quando as coisas malogram, em ver indícios de conspiração. No momento em que Creonte passa a defender-se Édipo, em sua mente, já o julgou, o condenou e o sentenciou à morte. Ele pode até suspeitar, muito mais tarde, que a morte de Pólibo não se deva a causas naturais; "Morreu ele por traição [...] ou por doença?", indaga ele ao mensageiro (doloisin, 960). Édipo pensa naturalmente em termos políticos: sua inteligência perscruta cada situação, para nela ver as causas políticas.

Tal homem, totalmente ciente de seu valor como governante, seguro de sua autoconfiança e da admiração de seus súditos, inteligente, capaz de deliberação e acostumado a pensar em termos políticos, não é levado à cólera com facilidade. Espera-se, contudo, que quando isso ocorra, sua fúria seja terrível. Édipo não frustra esta expectativa; sua cólera é mais terrível do que se poderia esperar. É ilimitada, uma força que nada pode interromper ou controlar até que se dissipe. Não é provocada facilmente, como a cena com Tirésias deixa claro, e surge, em primeiro lugar, da dedicação de Édipo à cidade: ele está abalado pelo fato de Tirésias recusar-se a dar conselho. A forma pela qual se dá esta recusa é deveras provocativa: Tirésias anuncia ter conhecimento mas se arrepende de ter vindo, pede que Édipo o mande de volta para casa, diz a Édipo que está falando sem propósito algum, que tanto ele como o povo são ignorantes, que ele jamais falará, que as perguntas de Édipo são uma perda de tempo, que ele nada descobrirá. E cada declaração sua contém uma insinuação de que algo está errado com Édipo, o que é suficiente, como diz este último, para deixar até uma pedra furiosa. Sua cólera, no entanto, desenvolve-se lentamente. Primeiro comenta a falta de coragem do profeta; depois o censura por sua impropriedade e falta de amor pela cidade. Em seguida, associa-se ao coro, numa súplica para que Tirésias os ajude, um apelo abjeto: "Prostramo-nos diante de ti", diz ele, proskynoumen (327), uma palavra dura demais para que Édipo a pronuncie[39]. A nova recusa provoca uma repreensão cortante, que tem por intuito fazer com que Tirésias recobre o juízo; seu silêncio

---

37. Cf. Capítulo 2, pp. 63-65 e C. H. Whitman, *Sophocles*, Cambridge, Mass., Harvard University Press, 1951, p. 268, nota 31: "Creio que os atenienses vivos teriam [...] aprovado sua argúcia em farejar uma conspiração".

38. Cf. 380-383.

39. Alhures, em Sófocles, esta palavra é usada para descrever a veneração de um deus (ou de um lugar), nunca de um homem. Cf. *Édipo em Colono* 1654, *Filoctetes* 657: προσκύσαι θ᾿ ὥσπερ θεόν (o arco de Héracles); *Electra* 1374; ἤδη θεῶν, *Filoctetes* 533, 776, 1408.

HERÓI 21

só pode ser interpretado como uma traição à cidade. E quando isso resulta numa recusa mais categórica ainda, ele finalmente apela para o insulto. "Seu miserável [...]" (334). Tirésias põe fim à discussão: "Nada mais direi" (343). Acrescenta, todavia, algumas palavras finais que são um erro; e nos dão uma dimensão da violência imprevisível da cólera de Édipo. Tirésias o desafia a fazer o pior: "Cede à mais cega fúria que puderes" (343-344). Ele está preparado para tudo; nada que Édipo possa dizer arrancará dele uma palavra a mais.

Muito embora profeta, Tirésias não previu as conseqüências. A resposta furiosa de Édipo é acusá-lo de responsabilidade pela morte de Laio. Isso é tão inesperado que Tirésias esquece de sua resolução e lança a acusação de volta na face de Édipo. Como dirá mais tarde, Édipo o fez falar contra a sua vontade (358). Esta ira de Édipo, uma vez despertada, arde numa intensidade que deixa atônitos até mesmo aqueles que estão preparados para o pior. Ela não se extingue facilmente. Torna-se cada vez mais violenta e, quando novamente provocada[40], associa Creonte a Tirésias como conspirador contra o governo de Édipo em Tebas.

Tirésias não é um alvo adequado para retaliação; Édipo o trata com desdém (445-446), mas descarta qualquer intenção de puni-lo (402). Creonte, no entanto, não possui a mesma imunidade; não é velho, cego, não é um profeta e na próxima cena, a ira de Édipo inflama-se contra ele. O tempo decorrido entre os acontecimentos (criado por um estásimo do coro) permitiu que Édipo tivesse tempo para refletir, rever o caso contra Creonte, julgá-lo culpado e decidir sobre sua punição. A raiva, em vez de arrefecer, encontra bases lógicas para sua existência e determina a ação. "Te revelas meu assassino" (534), é sua saudação a Creonte quando este vem se justificar. Édipo não aceitará nenhum argumento de Creonte, cuja longa defesa sofística em nada o afeta. Ele deve agir com mais rapidez que os conspiradores. E condena Creonte não ao exílio, mas à morte (623). Realmente uma ação rápida, somente evitada pela intervenção de Jocasta e o apelo do coro. Quando Édipo ao final cede, taciturno, mantém intacto seu ódio por Creonte. Ele acusa o coro de deslealdade (687-688) e, voltando-se para Jocasta, conta-lhe a história, expressando por ela maior respeito que pelo povo, em termos que forçosamente relembram sua preferência anterior pelo povo a Creonte. "Rendo-me por piedade ao vosso apelo, não ao de Creonte", dissera ele então ao coro; e agora, "Tenho mais apreço por ti, senhora, que por esta

---

40. A dinâmica da altercação entre Édipo e Tirésias forma um padrão curioso. Tirésias desafia Édipo a fazer o pior que sua fúria possa lhe sugerir, e surpreende-se com o resultado (343-356). Então os papéis se invertem. "Devo seguir falando para enfurecer-te mais?", pergunta Tirésias (364) e Édipo lhe diz para falar o que quiser – pois falará em vão (μάτην εἰρήσεται, 365). Ele, por sua vez, está surpreso. Tirésias ultrapassa suas expectativas – paga-lhe na mesma moeda.

22   ÉDIPO EM TEBAS

gente" (700)[41]. Sua cólera aplaca-se lentamente; tais temperamentos, como diz Creonte, são por demais dolorosos para que sejam sustentados (674-675). Édipo tem razão em sentir-se amargurado. Pela primeira vez, sua ação rápida e independente foi detida; ele se viu isolado e forçado a abandonar o projeto que decidira empreender. Não recupera a confiança e a energia até que a grande notícia sobre a morte de Pólibo é trazida pelo mensageiro coríntio, quando então pode renovar a busca, desta vez não pelo assassino de Laio mas pelo segredo de seu próprio nascimento.

Este é o caráter de Édipo: ele é um grande homem, um homem experiente e de ação rápida e corajosa que, não obstante, só age após deliberação cautelosa, iluminado por uma inteligência analítica e exigente. Sua ação, graças a seu sucesso contínuo, gera uma grande autoconfiança, mas esta é sempre voltada ao bem comum. Ele é um governante absoluto que ama seu povo e é por ele amado, cônscio porém dos ciúmes que seu sucesso desperta e desconfiado de conspiração nas altas esferas. Sob grande provocação é capaz de uma fúria terrível e aparentemente incontrolável e pode, se bem que com rancor e dificuldade, subjugar sua raiva quando se vê isolado de seu povo.

III

Na relação entre este personagem e o enredo, entre a natureza do herói e as ações que produzem a catástrofe, esperamos, de acordo com o cânone aristotélico, encontrar a chave para o processo trágico. De quais aspectos, ou aspecto, do caráter do herói brotam as ações decisivas? Podem este, ou estes aspectos ser chamados de defeito (*hamartia*)?

As importantes decisões iniciais, aquelas que precedem a discussão com Tirésias, são todas reportadas às grandes qualidades de Édipo como governante, seu senso de responsabilidade para com o povo, sua energia e inteligência. É por possuir essas qualidades que ele envia Creonte a Delfos, ordena-lhe que relate o resultado de sua missão em público, aceita a ordem do oráculo, pronuncia a maldição, manda chamar Tirésias e se recusa a abandonar a investigação, quando este lhe sugere que assim o faça. Nisso tudo não pode haver *hamartia* em nenhum sentido da palavra exceto "erro" o que, à parte o fato de certamente não ser este o significado atribuído por Aristóteles[42], é irrelevante aqui, uma vez que a partir do ponto de vista de evitar a catástrofe, cada uma das ações de Édipo constitui igualmente um erro.

Na cena com Tirésias, a cólera de Édipo entra em jogo. Ela brota, todavia, deste mesmo senso de responsabilidade pública, à luz da qual

41. Esta τῶνδε é a expressão que Creonte utilizou para os suplicantes e que Édipo censurou indulgentemente.

42. Ver Whitman, *op. cit.*, pp. 33 e ss. e referências ali mencionadas.

a recusa de Tirésias em falar parece chocante e, como vimos, não é provocada com facilidade. O ataque enfurecido contra Creonte advém da mesma ira, mas o importante sobre esta explosão é que Édipo acaba poupando Creonte, contra seu próprio julgamento, a pedido de Jocasta e do coro, comportamento que ilustra a flexibilidade e o caráter democrático de seu governo.

Sua rejeição ao conselho de Jocasta – de não mandar buscar o pastor em cujo relato do assassinato de Laio sua esperança agora reside – é reconhecidamente produto de sua inteligência, que não aceitará nada incompleto, nada que não tenha sido verificado, só a verdade plena. E sua segunda recusa ao mesmo conselho por ela oferecido num momento posterior e mais terrível, origina-se não só de sua inteligência como de uma esperança nova e magnífica, nascida de um conhecimento que teria aterrorizado qualquer outro homem. Édipo, em sua decisão, como nos dois outros casos em que se nega a aceitar a situação tal como ela é, insistindo em forçar a busca pela verdade, nunca foi mais ele mesmo. Jamais se satisfez com meias-medidas e não é agora que recuará de seus próprios padrões severos. O homem, cuja ação inteligente e corajosa o tornou alvo de inveja por parte de seus semelhantes, não aceitará uma vida baseada na ignorância voluntária; não pode habitar um mundo de incertezas, mas deve restabelecer a clareza intelectual na qual sempre existiu. Ele será ele mesmo, ou nada mais.

Desta análise da relação entre a personalidade do herói e o enredo resulta claramente que, muito embora seu caráter seja determinante, sua atuação no enredo não se adequa à fórmula aristotélica. Porque as ações de Édipo que produzem a catástrofe são oriundas de todas as facetas de sua natureza; não há nenhuma ação específica que seja mais essencial que a outra; todas são igualmente fundamentais, não envolvendo nenhum traço de personalidade que possa ser designado de *hamartia*, mas o caráter de Édipo na íntegra. A sua catástrofe não é produto de uma qualidade específica e sim do homem total. E o homem total é, utilizando a locução de Aristóteles, mais bom do que mau. As ações decisivas são produto de uma personalidade admirável; à possível exceção de sua cólera (e mesmo ela provém de sua dedicação à cidade), sua origem são a grandeza e a nobreza do homem e do governante. Isso faz com que a peça corresponda bastante acuradamente à descrição aristotélica do que a tragédia deveria evitar: "o espetáculo de um homem virtuoso levado da prosperidade à adversidade – isso não desperta piedade nem tampouco temor: simplesmente nos abala"[43].

Transtorna-nos especialmente no caso de Édipo porque a catástrofe assume proporções grandiosas. Ela consiste no reconhecimento

---

43. *Poetics* 1452b.13. Cf. a discussão esclarecedora em Greene (1), *op. cit.*, pp. 92-93, especialmente a nota 16.

por Édipo de sua identidade verdadeira, porém, isso constitui em si uma reversão do tipo mais atemorizante. A catástrofe da peça é um exemplo do que Aristóteles definiu como da melhor espécie, o revés combinado com o reconhecimento; talvez fosse mais exato dizer que a tragédia do *Oedipus Tyrannus* é a base da definição. A palavra *peripeteia*, "revés", é definida por Aristóteles como *eis to enantion tôn prattomenôn metabolê*[44], expressão que, devido à ambigüidade da palavra *prattomenôn*, foi induzida a significar "uma mudança da situação [do herói] para seu oposto", isto é, uma reversão total do destino, ou "uma mudança da ação para seu oposto", ou seja, o resultado da ação aparece como o oposto da intenção daquele que atua. A expressão possui, com certeza, ambos os significados, pois Aristóteles prossegue na explicação fornecendo dois exemplos que ilustram com habilidade cada um dos dois diferentes sentidos da expressão, mas são incompatíveis com um ou outro sentido.

No caso de Édipo, a *peripeteia* é ambos, uma reversão da situação e um resultado de ação contrária à intenção do que atua. É uma reversão da situação tão completa quanto se possa imaginar: de *tyrannos* cuja frase é *arkteon* (628), "Devo governar", a súdito cuja expressão é *peisteon* (1516), "Devo obedecer"; de riqueza a penúria, como Tirésias o coloca (455); do "melhor dos homens", *brotôn arist'* (46), ao "pior dos homens", *kakiston andr'eme* (1433); da visão à cegueira (454); da fama (*kleinos*, 8) e das mais altas honrarias (*megist'etimathês*, 1203) à absoluta impureza – ele é um *agos* (1426), fonte de poluição que deve ser encoberta (1427)[45]. E a produção de um resultado contrário é a essência da ação de Édipo na peça: ele empreende a busca pelo assassino para se proteger, para beneficiar-se (*emauton ôphelô*, 141), purificar-se da impureza geral na qual, como tebano, está envolvido (138), acabando por destruir-se a si próprio; amaldiçoa e excomunga o assassino desconhecido e, como resultado, ele próprio é amaldiçoado (*araios hôs êrasato*, 1291) e despojado (*apesterês' emauton*, 1381). Depois da *peripeteia*, o sagaz e rico autocrata é um mendigo cego e impotente, o homem mais honrado em Tebas um pária exilado e impu-

---

44. *Idem*, 1452a 11.

45. O processo é enfatizado pelas reversões das relações sugeridas por uma série de palavras que contrastam o *tyrannos* com o homem prostrado. Ele "se apieda" (κατοικτίρων, 13) e por fim ele é uma visão tal que "mesmo os que o odeiam sentiriam pena dele" (καὶ στυγοῦντ' ἐποικτίσαι, 1296). Ele nunca pede nada (οὐκ αἰτητόν, 384), outros lhe rogam (αἰτεῖς, 216), mas por fim ele pede uma espada para se matar (ἐξαιτῶν, 1255) e pede para ser banido (αἰτεῖς, 1518). Ele ordena que Tirésias seja levado (κομιζέτω, 445); por fim, Creonte ordena que ele seja levado (ἐσκομίζετε, 1429). Édipo ordena que o pastor seja trazido (ἄξει τις, 1069) e no fim implora para que ele próprio seja levado embora (ἀπάγετ', 1340, 1341, cf. 1521). Estes últimos dois exemplos originam-se, naturalmente, de sua violenta transformação, da visão à cegueira: sobre isso, ver W. C. Helmbold, "The Paradox of the *Oedipus*", *AJP*, 72, 1951, pp. 293 e ss.

ro. O próprio Édipo foi o causador de tudo e a conduta que produziu estes resultados advém de um caráter que, em quase todos os aspectos, é admirável. É chocante, porque parece sugerir que tudo aquilo que faz e sofre não tem sentido. E a tragédia é, entre outras coisas, uma tentativa de penetrar no mistério do sofrimento humano.

IV

Se o significado não está na ação da tragédia, deve encontrar-se na situação inicial. Aí *há* um elemento externo ao caráter e ao modo de agir de Édipo que desempenha papel importante. As ações, cuja verdadeira natureza Édipo acaba por revelar, foram vaticinadas. Ele não só descobre na peça que é o assassino de seu pai e esposo de sua mãe, mas que cumpriu ao pé da letra a profecia da qual pensara ter conseguido se esquivar até então, e da qual, do ápice de sua esperança, pensara ter escapado para sempre. A profecia foi feita duas vezes: uma para seu pai Laio[46] (sobre isso, ele nada sabe no início, e ao tomar conhecimento, não pode relacioná-lo à sua pessoa), a outra para ele pessoalmente quando, na sua juventude, consultara Delfos acerca de seu nascimento. O problema do destino entra aqui, não como um fator que diminui a autonomia dramática da peça, uma vez que Sófocles o excluiu cuidadosamente da ação, mas como um problema fundamental proposto pela vida de Édipo como um todo. Na sua solução deve estar o significado trágico da peça.

O problema deve ser definido com clareza, pois a palavra portuguesa para *sina* abrange uma multitude de concepções distintas. Ela não corresponde exatamente a nenhuma palavra grega específica[47]; é, de fato, um vocábulo que, para a consciência moderna, serve convenientemente para resumir, e em geral descartar, uma complexidade de concepções gregas, sutilmente diferenciadas, acerca da natureza da orientação divina na vida humana e sua interferência nela.

Para Sófocles e o século V, os problemas do destino humano, da vontade e da profecia divinas, apresentavam-se numa gama desconcertante de formas tenuemente distintas. A configuração do destino humano pelo poder divino poderia ser apresentada de modos diversos, resultando em ideologias variadas, ou poderia ser totalmente rejeitada.

---

46. Esta predição oracular não foi, aparentemente, solicitada (ao menos na versão de Sófocles). A expressão empregada por Jocasta (χρησμὸς γὰρ ἦλθε Λαΐῳ ποτ', 711) nos faz recordar dos oráculos não solicitados em Heródoto (*e.g.*, Heródoto ii. 133: ἐλθεῖν οἱ μαντήιον ἐκ Βουτοῦς πόλιος [Miquerinos].

47. A palavra "sina" serve como uma tradução usual, equivalente às seguintes palavras gregas, entre outras: μοῖρα, μόρος, μόρσιμον, εἱμαρμένη, πεπρωμένον, αἶσα, πότμος, ἀνάγκη, χρεών, δαίμων – todas elas com conotações distintas.

26 ÉDIPO EM TEBAS

Ainda que omitamos os filósofos (que apresentam uma ampla gama de discussão)[48] e nos limitemos à apresentação do problema em trage-diógrafos como Sófocles e seu amigo Heródoto, deparamo-nos com uma diversidade desnorteante de pontos de vista inconciliáveis.

O efeito da vontade divina sobre o comportamento humano pode ser apresentado, num primeiro caso extremo, como determinante, isto é, totalmente causal. Os seres humanos agem de determinada forma *porque* um deus assim o quis. Em *Hipólito*, de Eurípides[49], por exemplo, a deusa Afrodite determina o resultado da ação extremamente complexa dos personagens humanos; ela não só é responsável pelo resultado como também cria a situação inicial. Este é um caso extremo (e como tal, típico de Eurípides), pois a possibilidade de excitação dramática parece ter sido excluída já de antemão; entretanto, a excitação existe, porque Afrodite não informa os seres humanos envolvidos sobre suas intenções para com o futuro, nem tampouco acerca de sua responsabilidade pelo passado. A representação do drama é, pois, levada a termo por personagens que estão sob a ilusão de que sua vontade é livre; o público vê a imprevisibilidade aparente de suas freqüentes mudanças de opinião na estrutura da predeterminação do resultado de Afrodite.

Neste exemplo, o poder determinante nada tem a fazer, exceto esperar que os seres humanos criem, sem perceber, o padrão de sua própria vontade; não há necessidade de uma interferência específica, pois o resultado é predeterminado como um todo. Há, no entanto, casos em que o ser humano é incapaz de realização ou excede a intenção divina, de modo que a deidade deve interferir para corrigir o curso da ação. Xerxes, em Heródoto[50], por exemplo, depois de decidir invadir a Grécia, rende-se à influência de Artábano, anunciando o cancelamento da expedição. É então ameaçado por uma figura aparentemente divina que lhe surge em sonho e que também se manifesta a Artábano quando este, a pedido de Xerxes, veste os trajes reais e deita-se na cama real. Muito embora Xerxes e Artábano interpretem o sonho como uma injunção favorável para invadir a Grécia, este é claramente um caso de intervenção para manter os seres humanos envolvidos no curso da vontade divina – que os persas sejam derrotados na Grécia. Neste caso, os seres humanos não concretizam o propósito divino e devem ser estimulados[51]; o processo pode também operar de modo inverso, como em *Ájax*, de Sófocles, onde Atena intervém para evitar uma realização que supere o que pretendia a vontade divina. Ela deixa Ájax temporariamente louco, de modo que, em vez de matar os líderes

48. Cf. Greene (1), cap. 8, e seu artigo "Fate, Good, and Evil in Pre-Socratic Philosophy", *HSPh*, 47, 1936, pp. 85-129.

49. Cf. Knox, "The Hippolytus of Euripides", *YCIS*, 13, 1952, pp. 1-31.

50. Heródoto vii., pp. 12 e ss.

51. Cf. também os famosos três versos de Pílades em *As Coéforas*, que espicaçam o vacilante Orestes e a epifania de Héracles em *Filoctetes*.

aqueus, seu objetivo quando são, ele mata e tortura o gado capturado, arruinando a si próprio (o que era a intenção divina) sem matar Agamêmnon, Menelau e Odisseu.

O poder externo pode predeterminar, com ou sem interferência direta; pode inclusive simplesmente profetizar. É verdade que esta também é uma forma de intervenção, já que o ser humano, ao qual a profecia é transmitida, pode ser por ela afetado em suas decisões (se bem que em Heródoto existe ao menos um caso em que o deus faz a profecia para outros que não a pessoa em questão: Heródoto vi.19). Esta é uma forma totalmente diferente de apresentar o problema, que deixa ao indivíduo pertinente uma ampla medida de livre-arbítrio; a profecia não é completamente causal, como se dá na predeterminação, com ou sem interferência eventual.

A profecia pode assumir a forma de expressão oracular, presságio ou sonho. Estes dois últimos dependem explicitamente de interpretação. Ou seja, o ser humano tem liberdade para compreender a profecia de forma correta ou errônea. Assim, Creso interpretou de forma errada o oráculo de Delfos e atravessou o Hális[52]; a reprimenda de Apolo – de que ele deveria ter inquirido uma segunda vez para esclarecimento[53] – indica que ele era livre para compreendê-lo. Desse modo, os magos de Xerxes interpretaram equivocadamente o eclipse do sol como um portento da derrota grega[54], e Ciro compreendeu de forma errada o sonho sobre Dario que teve no país dos massagetas[55]. Um oráculo pode ser bem e mal compreendido ao mesmo tempo; pessoas diferentes interpretam-no de formas variadas, como ocorreu com o famoso oráculo sobre as muralhas de madeira de Atenas[56]. A pessoa envolvida pode nem se dar ao trabalho de interpretar o sinal divino, como Xerxes desconsiderou o presságio da égua que deu à luz uma lebre: "muito embora fosse fácil adivinhar o significado disso", diz Heródoto, "Xerxes o ignorou"[57]. O sinal pode ser clara e corretamente interpretado, como no caso do portento visto por Hipócrates, o pai de Pisístrato, e deliberadamente desconsiderado[58].

No caso de respostas oraculares que são explícitas o suficiente e que não necessitam de intérpretes (uma categoria que Heródoto assinala como especialmente digna de respeito)[59], observamos uma varie-

---

52. Heródoto i. 53-54.
53. *Idem*, i. 91.
54. *Idem*, vii. 37.
55. *Idem*, i. 209-210.
56. *Idem*, vii. 142.
57. *Idem*, vii. 57: ἐν οὐδενὶ λόγῳ ἐποιήσατο καίπερ εὐσύμβλητον ἐόν.
58. *Idem*, i. 59: οὐκ ὦν ταῦτα παραινέσαντος Χίλωνος πείθεσθαι θέλειν τὸν Ἱπποκράτεα.
59. *Idem*, viii. 77: ἐναργέως λέγοντας [...].

28 ÉDIPO EM TEBAS

dade similar de efeito e reação humanos. Por um lado, o oráculo pode oferecer alternativas, deixando especificamente a responsabilidade da escolha ao ser humano interessado[60]. Este foi o oráculo dado aos espartanos no início da Guerra Persa: Esparta seria arrasada pelos bárbaros ou seu rei pereceria[61]. Tal oráculo é mencionado por Heródoto como principal fator na decisão tomada por Leônidas de lutar até a morte nas Termópilas[62].

Ainda que o oráculo fosse uma profecia explícita, que não oferecesse nenhuma alternativa, não operava como fator determinante, pois caso fosse inaceitável ao consulente humano, poderia ser desconsiderado e até mesmo esquecido. Os reis lídios, em particular Creso, o mais interessado, não deram atenção à profecia de Delfos, de que a vingança viria para a dinastia heráclida na quinta geração a partir de Giges[63], e os eubéios menosprezaram o oráculo de Bákis, que os advertira para que removessem seu gado quando um homem de fala estrangeira lançasse um jugo de corda ao mar[64]. A profecia do ateniense Lisístrato foi esquecida por todos os gregos, mas cumprida, segundo Heródoto, depois da batalha de Salamina[65].

Uma profecia não qualificada por alternativas, mesmo que levada a sério, pode ser equivocadamente considerada cumprida por circunstâncias que não são absolutamente sua realização verdadeira, como no caso de Astíages em Heródoto[66], que recebeu um aviso equivocado dos magos de que seu sonho teria sido cumprido pela realeza simbólica presumida pelo jovem Ciro de brincadeira, e aceita o conselho. De modo similar, na tragédia de Sófocles, Édipo sugere, sem levar as coisas muito a sério, que a profecia de que mataria seu pai cumpriu-se com a morte de Pólibo, seu suposto pai, em decorrência das saudades que sentia de seu filho auto-exilado. "Ele está morto e enterrado [...] sem que eu, em Tebas, tenha tocado em minha espada. A não ser que

---

60. Sérvio, em *Eneida* iv. 696 distingue entre *fata denuntiativa* e *fatum condicionale*. Como exemplo do primeiro, ele diz: "'Pompeius ter triumphaturus est' (fata decernunt ut ubicumque terrarum fuerit, ter triumphet, nec potest aliter evenire)". Seu exemplo do segundo tipo é: "Pompeius si post Pharsalicum bellum Aegypti litus attigerit, ferro peribit". Ele fornece também o discurso de Aquiles (*Ilíada* xviii. 88 e ss.), no qual o herói descreve as alternativas que lhe foram profetizadas por Tétis. A respeito destes dois exemplos, Sérvio comenta: "vides igitur condicionem fati sub duplici eventus expectatione pendere [...]", e mais tarde usa a fórmula engenhosa "gemina fati auctoritate". A aplicação destas categorias ao oráculo no *Oedipus Tyrannus* é analisada por Pack.

61. Heródoto vii. 220. O texto do oráculo é apresentado ali.

62. *Idem*, ταῦτά τε δὴ ἐπιλεγόμενον Λεωνίδην [...].

63. *Idem*, i. 13.

64. *Idem*, viii. 19.

65. *Idem*, viii. 96: τὸ ἐλελήθεε πάντας τοὺς Ἕλληνας [...].

66. *Idem*, i. 120.

HERÓI 29

tenha morrido de saudades minhas. Neste sentido podeis dizer que sou responsável por sua morte" (967-970).

A profecia também pode, por engano, ser considerada cumprida "em algum sentido indireto e figurativo"[67]; ou sua realização de fato acontecer de forma simbólica, em oposição às expectativas grandiosas do receptor. Dessa forma, o sonho de Hípias, de união sexual com sua mãe, foi realizado, não como ele esperava, por meio da reconquista de Atenas, mas pela perda de um dente que caiu em solo ático[68], e similarmente, o oráculo a Cleômenes, de que ele tomaria Argos, cumpriu-se quando da destruição do bosque denominado Argos, e não da cidade[69].

Finalmente, o receptor do oráculo pode compreender a profecia perfeitamente e, em vez de desconsiderá-la, tentar desafiá-la e provar sua falsidade. Miquerinos, do Egito, recebeu uma profecia de Boutópolis de que só viveria por seis anos. Transformou as noites em dias, acendendo lâmpadas e banqueteando-se todas as noites, para que os seis anos, na realidade, virassem doze, e ele assim o fez, diz Heródoto, "para provar a falsidade do oráculo"[70]. Num certo sentido, pode-se dizer que ele foi bem-sucedido, e é extraordinário o fato de Heródoto não fazer nenhum comentário exceto declarar seu objetivo e descrever seu método.

A predição não só assume muitas formas e produz uma diversidade de reações nos seres humanos, ela também varia imensamente na sua relação com a vontade divina. Apolo pode profetizar algo imposto a ele pelo destino contra sua vontade, como no caso de Creso; ele tenta mudá-lo e realmente consegue postergar o desastre de Creso por três anos[71]. Em geral, Apolo prediz acontecimentos que não representam sua própria vontade, mas a de seu pai Zeus e, na *Oréstia* de Ésquilo, demonstra que neste caso particular ele mesmo não compreende totalmente a vontade de Zeus, pois sua própria ação é um fator que contribui para uma solução que ele não havia contemplado claramente[72]. Em geral, a relação da profecia com a vontade divina permanece indefinida; é um mistério que somente pode ser conjecturado a partir das circunstâncias particulares de sua liberação e realização.

Esta análise sucinta das formas distintas do funcionamento de um fator externo é suficiente para demonstrar que a estrutura particular escolhida pelo dramaturgo é muito relevante para o significado de sua obra. E no *Oedipus Tyrannus*, Sófocles optou por apresentar as terrí-

---

67. Jebb sobre *Oedipus Tyrannus* 971.
68. Heródoto vi. 107.
69. *Idem*, vi. 80.
70. *Idem*, ii. 133: θέλων τὸ μαντήιον Ψευδόμενον ἀπόδεξαι [...].
71. *Idem*, i. 91.
72. Sua rejeição furiosa e desdenhosa das Erínias, para citar apenas um exemplo, não é claramente a atitude de Zeus.

veis ações de Édipo apenas como profetizadas, e não determinadas, sem fazer nenhuma referência à relação entre o destino vaticinado e a vontade divina. A vontade divina é representada na peça pela profecia e somente por ela.

A presciência dos deuses, no que concerne às ações de Édipo, não deprecia sua independência na peça, uma vez que não afeta as decisões que produzem a catástrofe. Esta presciência, tornada objetiva na forma de uma profecia, influencia as ações de Édipo antes que a peça tem início, mas não contradiz inteiramente a independência dessas ações. Pois, como é evidente a partir dos exemplos acima mencionados, a profecia, na visão grega, em vez de excluir a ação humana livre, na realidade a requer. A profecia permite a ação independente do receptor; a concretização dela resulta da sua combinação com a vontade livre do receptor[73].

Evidentemente, a presciência divina e o livre-arbítrio humano não podem coexistir, mas a perspectiva grega de profecia admite a existência destes dois fatores mutuamente excludentes e, é óbvio, a visão cristã tem de adotar esta mesma falta de lógica. Como admite Santo Agostinho,

a questão que atormenta a maior parte da humanidade é como essas duas coisas podem falhar em ser contrárias e opostas, que Deus tenha presciência de todas as coisas futuras e que nós venhamos a pecar, não por necessidade, mas por nossa própria vontade[74].

O problema a ser encarado pelo pensamento cristão é realmente diferente; deve conciliar o livre-arbítrio humano com a presciência divina e não com a profecia, pois Deus, conforme os cristãos O compreendem, não prediz o futuro para a humanidade. Houve, porém, um tempo em que Ele assim o fez. No Novo Testamento, nos quatro Evangelhos, há uma história de uma profecia feita por Deus ao homem e sua concretização. No relato de São Mateus, podemos encontrar os elementos clássicos da história oracular grega: ele contém a profecia de Jesus dada diretamente ao homem em questão, sua recusa em aceitar a profecia, sua realização inconsciente dela, e seu despertar dramático e terrível para o fato de que a profecia se tornou realidade. O homem é o apóstolo Pedro, e a história a seguinte:

Jesus declarou: "Em verdade te digo que esta noite, antes que o galo cante, me negarás três vezes!" Ao que Pedro disse: "Mesmo que tiver de morrer contigo, não te negarei" [...]

73. Para uma verificação completa do tema, ver Grene (1), *op. cit.*, em particular apêndice 6.
74. Santo Agostinho, *Do Livre-arbítrio* iii. 2: "Maximam partem hominum ista quaestione torqueri quomodo non sint contraria et repugnantia ut et Deus praesciens omnium futurorum sit et nos non necessitate sed voluntate peccemus". Cf. também a análise brilhante do todo o problema em *A Cidade de Deus* v. 8-10.

HERÓI   31

Pedro estava sentado fora, no pátio. Aproximou-se dele uma criada, dizendo: "Também tu estavas com Jesus, o Galileu!" Ele, porém, negou diante de todos, dizendo: "Não sei o que dizes". Saindo para o pórtico, uma outra viu-o e disse aos que ali estavam: "Ele estava com Jesus, o Nazareu". De novo ele negou, jurando que não conhecia o homem. Pouco depois, os que lá estavam disseram a Pedro: "De fato, também tu és um deles; pois o teu dialeto te denuncia". Então ele começou a praguejar e a jurar dizendo: "Não conheço o homem!"

E imediatamente o galo cantou. E Pedro se lembrou da palavra que Jesus dissera: "Antes que o galo cante, três vezes me negarás". Saindo dali, ele chorou amargamente[75].

Tanto quanto é de meu conhecimento, ninguém até hoje sugeriu que a vontade de Pedro não era livre, de que ele estava "destinado" a negar seu mestre. O caso de Édipo, contudo, não é rigorosamente comparável. As profecias dos deuses exercem influência importante sobre o sofrimento e o comportamento de Édipo. A primeira predição, feita a Laio[76], influencia-o de tal modo que ele abandona seu filho com três dias de idade nas montanhas, a fim de evitar sua própria morte nas mãos da criança, conforme profetizado. A segunda predição, feita ao filho, faz com que ele se afaste de Corinto em direção a Tebas, nele incutindo o medo que carregará sempre consigo e que deve dominar constantemente, se é que deseja viver como outros homens. Não obstante, o efeito das profecias é apenas parte do processo. Por meio da reação de Laio e de Édipo contra elas, as predições produzem a situação que torna possível as ações posteriores de Édipo e seu sofrimento; o que as torna certas, no entanto, é o caráter do próprio Édipo. O fator externo e o ser humano independente trabalham em conjunto para concretizar a profecia.

O caráter de Édipo em ação no tempo presente da peça torna plausíveis e explica suas ações no passado; o faz com força especial, já que um dos propósitos da ação presente de Édipo é precisamente o de reconstruir e compreender seu passado. A descoberta do passado na ação presente da peça explora a área da situação específica, que Sófocles excluiu como fator causal na ação em si; o caráter de Édipo, como se demonstra, é um todo consistente – ele era o mesmo homem então que é agora e que será mais tarde. As ações que levaram à realização da profecia são claramente vistas como que surgindo dos mesmos traços de caráter que jazem por detrás da ação que revela a concretização da profecia. Ele sempre foi um homem de ação decisiva: o sacerdote dirige-se a ele como "o salvador" devido à sua energia (*prothymias*, 48) em tempos passados, quando libertou a cidade da

75. Evangelho Segundo São Mateus 26, 34-35, 69-75. Evangelho Segundo São Marcos 14, 29-31, 66-72. Evangelho Segundo São Lucas 22, 34, 54-62. Evangelho Segundo São João 13, 36-8; 18, 25-27.

76. Na versão de Sófocles uma profecia não qualificada, incondicional e não, como em Ésquilo e Eurípides, uma ordem à qual ele poderia ter obedecido, mas não o fez.

Esfinge: "Tu, que viestes e libertastes a cidade". As grandes qualidades do herói da peça foram todas exibidas quando Édipo aceitou enfrentar o desafio da Esfinge, o que exigiu coragem, pois o preço do fracasso era a morte; exigiu inteligência: *gnômei kurêsas*, diz Édipo, "Encontrei a resposta por meio da inteligência"; fazia-se necessária também uma imensa autoconfiança. Foi uma ação que salvou a cidade – "e era amado pela cidade" (*hadypolis*, 510) – assim o coro celebra sua reivindicação ao poder em Tebas. A inteligência que não se satisfará com meias medidas ou com ignorância política revela-se na sua recusa em aceitar a tentativa de seus supostos pais de aplacar sua raiva quando da revelação indiscreta da visita ébria; já então, ele exigiu clareza, tinha de saber a verdade, e foi a Delfos para encontrá-la. Seu assassinato de Laio e de seus seguidores na confluência dos três caminhos é, como ele próprio reconhece, um produto típico de sua ira violenta. "Encolerizado, devolvi o golpe" (807), ele diz, e a ação é caracteristicamente perfeita – "Matei-os todos" (813). A referência a esta ação é um reflexo típico de sua autoconfiança; novamente aqui, como diante da Esfinge, ele estava sozinho, "um homem só" (*oiozônos*, 846). Sua tentativa de evitar a concretização do oráculo é um exemplo de sua ação deliberada e refletida; ao confrontar-se com a terrível profecia de Apolo, ele se exila de Corinto para sempre e mais tarde se casa com Jocasta, invalidando conclusivamente a predição do oráculo sobre seu casamento. Édipo apresenta ao oráculo um *fait accompli*, sua resposta característica para qualquer situação.

Assim, as profecias não constituem uma causa suficiente das ações de Édipo; para isso, elas necessitam que seu caráter as complemente. Desempenham, entretanto, uma parte vital no longo processo que atinge o clímax na sua automutilação. E isso nos conduz ao problema da relação entre a profecia e a vontade divina, que Sófocles não explicou[77]. É um mistério. Não obstante, é neste mistério que reside o significado da ação e do sofrimento de Édipo.

V

O significado, em sua forma mais simples e intransigente é enfatizado pela apresentação que Sófocles faz da situação específica, a ação do herói e a natureza da catástrofe. O fator comum a todos os

---

77. Esta é uma omissão deliberada, pois em ambos, Ésquilo (*Sete contra Tebas* 742 e ss.) e Eurípides (*As Fenícias* 13 e ss.), Laio desobedece o comando de Apolo (repetido três vezes no relato de Ésquilo) de não ter filhos. Nesta versão da lenda, Édipo está pagando pelo pecado de Laio. Sófocles não permite esta saída fácil. Cf. Helmbold, *op. cit.*, p. 294, nota 3: "Há uma supressão completa da razão pela qual Laio, e conseqüentemente seu filho, foi predestinado à destruição".

HERÓI 33

três é uma profecia, uma profecia feita, aparentemente desafiada e finalmente vingada. A predição inicial é vital; quão vital veremos em seguida, se é que a peça pode ser imaginada sem ela. Um Édipo que descobriu ter-se transformado no assassino de seu pai e no marido de sua mãe por meio de uma série de coincidências inexplicáveis em quaisquer outros termos, seria um espetáculo terrível demais para ser contemplado. Seria simplesmente um produto hediondo de circunstâncias erráticas, comparáveis a uma brincadeira biológica, uma aberração da natureza, um monstro. Seu incesto e parricídio seriam tão destituídos de sentido quanto o acasalamento e a matança indiscriminados de pássaros e feras[78]; seu grito de agonia um som sem ressonância num universo indiferente. Afortunadamente, para a sua sanidade e a nossa, *existe* um eco; o que ele fez pode ser atribuído a alguma coisa externa a ele, na verdade, externa a toda compreensão humana – a profecia. A existência da profecia é a única coisa que torna suportável a revelação da verdade, não só para nós como para o próprio Édipo. De fato, a profecia que, como expressão do destino, supõe-se que em geral diminui o impacto trágico da peça, é a única coisa que nos permite considerar *Oedipus Tyrannus* uma tragédia, em qualquer sentido da palavra. A descoberta do heiói, de sua própria poluição inexprimível, é tolerável apenas porque, de algum modo, está relacionada aos deuses. O homem que era um arquétipo da magnificência humana, auto-suficiente em sua inteligência e ação, tem agora somente um consolo em sua vergonha solitária – o fato da presciência divina ter sido demonstrada pela existência da profecia original.

A peça é uma afirmação aterradora da verdade da profecia. No início, Édipo, um homem que aparentemente desafiou a mais terrível predição jamais feita para um ser humano e sobre ele; o homem ao qual se prometeu mácula intolerável e suficiente para torná-lo um pária, é o esplêndido e benquisto *tyrannos* de uma grande cidade. É um Miquerinos que tentou provar que o oráculo era uma mentira, ao que parece com sucesso; a catástrofe consiste na revelação de que a predição há muito se realizou. A peça adota uma posição clara no que concerne a uma das batalhas intelectuais do século V – a questão da verdade ou da falsidade da profecia.

Na época em que a peça foi encenada pela primeira vez, esta questão era assaz importante. Heródoto, amigo de Sófocles, sendo uma pessoa de mente crítica e aberta, ateve-se firmemente à crença de que a profecia era uma revelação da vontade divina e, portanto, sempre se cumpria. "Não posso dizer que não há verdade nas profecias, ou sen-

---

78. Cf. Dion Crisóstomo x. 29 (uma difamação cômica da história de Édipo): [Οἰδίπους] [...] ἠγανάκτει καὶ ἐβόα μέγαλα, ὅτι τῶν αὐτῶν πατήρ ἐστι καὶ ἀδελφὸς καὶ τῆς αὐτῆς γυναικὸς ἀνήρ καὶ υἱός· οἱ δὲ ἀλεκτρυόνες οὐκ ἀγανακτοῦσιν ἐπὶ τούτοις οὐδὲ οἱ κύνες οὐδὲ τῶν ὄνων οὐδείς [...].

34 ÉDIPO EM TEBAS

tir-me inclinado a questionar aquelas profecias que falam claramente
quando penso sobre as seguintes", diz ele, referindo-se à profecia de
Bákis sobre Salamina e, após ter citado a profecia, continua, "Tampouco me aventuro a dizer qualquer coisa contra as profecias, nem
aprovo outros que as impugnam"[79].

A ênfase dessa declaração, porém, revela que o orador está fazendo uma alegação polêmica. A validade da profecia já não era mais
assumida como verdadeira na Atenas de Péricles. Em Tucídides podemos ver a perspectiva contrária. Ele nem mesmo discute este ponto –
presume que as profecias não têm valor algum; o sarcasmo aguçado de
seus comentários acerca do velho oráculo sobre a Guerra Dórica e a
peste ou fome que deveriam acompanhá-la[80], assim como o comentário sobre Nícias (de que ele era influenciado demais pela "profecia
inspirada e aquele tipo de coisa")[81], reflete um cinismo fatigado que
considera que a profecia é o que Alcibíades em Esparta chamou de
democracia, "uma loucura consentida"[82]. Em contraposição à defesa
da profecia feita por Heródoto, devemos colocar a declaração geral de
Tucídides sobre os vários oráculos correntes na Atenas da Guerra do
Peloponeso[83] – de que só um deles concretizou-se, especificamente, a
profecia de que a guerra duraria vinte e sete anos. "Esta foi a única
que, no evento, justificou aqueles que confiam nas profecias"[84].

Tucídides não está sozinho. As peças de Eurípides estão repletas
de ataques ferozes contra profetas humanos que se estabelecem como
porta-vozes divinos[85], e muito embora seu Tirésias em *As Fenícias*
faça uma distinção entre as profecias humana e divina[86], afirmando
que somente Apolo deveria profetizar, seu *Íon* é uma abordagem irre-
verente e extraordinária de Apolo, o próprio profeta[87]. O ataque filosófico à profecia é mais radical; o racionalismo crítico de Protágoras,
com seu apelo à inteligência humana como o critério de realidade,

79. Heródoto viii. 77, Χρησμοῖσι δὲ οὐκ ἔχω ἀντιλέγειν ὡς οὐκ εἰσὶ ἀληθέες,
οὐ βουλόμενος ἐναργέως λέγοντας πειρᾶσθαι καταβάλλειν, ἐς τοιάδε πρήγματα
ἐσβλέψας [...] ἐς τοιαῦτα μὲν καὶ οὕτω ἐναργέως λέγοντι Βάκιδι ἀντιλογίας
χρησμῶν πέρι οὔτε αὐτὸς λέγειν τολμέω οὔτε παρ᾽ ἄλλων ἐνδέκομαι.
80. Tucídides ii. 54.
81. *Idem*, vii. 50, θειασμῷ τε καὶ τῷ τοιούτῳ [...].
82. *Idem*, vi. 89, ὁμολογουμένης ἀνοίας [...].
83. *Idem*, ii. 8, πολλὰ μὲν λόγια ἐλέγετο, πολλὰ δέ χρησμολόγοι ᾖδον.
84. *Idem*, v. 26, τοῖς ἀπὸ χρησμῶν τι ἰσχυρισαμένοις μόνον δὴ τοῦτο
ἐχυρῶς ξυμβάν. Ironicamente, mesmo esta profecia só é verdadeira com base no
cômputo de Tucídides da duração da guerra, que geralmente não era aceito.
85. O *locus classicus* é *Helena* 744-757. Cf. também *Ifigênnia em Áulis* 956-958.
86. 954-959, Φοῖβον ἀνθρώποις μόνον χρὴν θεσπιῳδεῖν, ὃς δέδοικεν
οὐδένα. Cf. *idem*, *Electra* 399-400.
87. O plano de Apolo (descrito em detalhe por Hermes, 67-73) é contar a Xuto
uma mentira (que Íon é filho de Xuto) e, dessa forma, estabelecer Íon em Atenas.
Xuto pensará que Íon é seu filho, Creusa saberá que ele, na realidade, é filho dela e de

HERÓI   35

cancela a profecia como uma característica acidental da abolição do
sobrenatural como um todo. "O homem é a medida de todas as coisas:
a medida da existência do existente e da não existência do não existente"[88]. Antífon, o sofista, poderia responder à questão, "O que é a profecia?" dizendo "A adivinhação de um homem inteligente"[89]; e isto não
é muito diferente da conclusão do mensageiro de Eurípides em *Helena* –
"o melhor profeta é a inteligência e o bom conselho"[90].

A O ataque contra profetas profissionais individuais encontrou eco
até mesmo nas mentes dos mais devotos pois, como está claro a partir
de Eurípides e Aristófanes[91], durante a Guerra do Peloponeso Atenas
estava empestada de expoentes degenerados da arte profética, homens
que estavam no negócio pelo dinheiro e que configuravam suas profecias cuidadosamente, de modo a adequá-las aos desejos de seus clien-
tes. De fato, é esta situação contemporânea que torna totalmente compreensível a reação furiosa de Édipo contra Tirésias; o uso dos profetas
na intriga política era perfeitamente familiar ao público ateniense[92], e
os próprios atenienses, em 413 a.C. voltaram-se em fúria contra os

Apolo (γνωσθῇ Κρεούσῃ, 72) e o estupro de Creusa por Apolo permanecerá um segredo (γάμοι τε Λοξίου κρυπτοὶ γένωται, 72-73). Este projeto, baseado numa declaração oracular falsa e que prevê o engano permanente de Xuto, acaba fracassando, pois
Creusa torna pública toda a história de seu estupro por Apolo, quase mata Íon e, por sua
vez, quase é morta por ele. Íon contesta a história de que Apolo seja seu pai e só é
impedido de pedir ao deus uma explicação, em seu oráculo, pela chegada de Atena,
que vem porque Apolo pensava que não era certo (οὐκ ἠξίου, 1557) aparecer pessoalmente – ele poderia ser culpado pelos eventos precedentes (1558).

88. H. Diels e W. Kranz, *Die Fragmente der Vorsokratiker*, 10ª ed., Berlin, 1960,
Protágoras B1. A interpretação usual desta famosa declaração é a de Platão (*Teeteto*
152a, *Crátilo* 385e etc.): o ser humano individual é sua própria medida da realidade. A
declaração, no entanto, também pode significar que a humanidade como um todo é o
critério, como Platão de fato sugere por sua paródia da frase (*Teeteto* 161c: "Por que ele
não disse que um porco é a medida de todas as coisas?"). Esta interpretação é oferecida
por Sexto Empírico (Diels-Kranz, Protágoras A14) em seu sumário; além da interpretação "relativa", ele oferece também a interpretação de que "todas as coisas que aparecem para os homens existem, e as coisas que não aparecem para nenhum homem não
existem". Cf. também Kurt von Fritz, ΝΟΥΣ, NOEIN, and Their Derivatives", Pt. II,
CP, 41 (1946), 22; e Kathleen Freeman, *The Pre-Socratic Philosophers* (Oxford, 1949),
p. 349. Uma discussão ampla acerca dos significados da declaração de Protágoras para
o *Oedipus* pode ser encontrada no capítulo 4 deste livro.

89. Diels-Kranz, Antífon A9.

90. Eurípides *Helena*, 757; cf. *idem*, Fr. 973 (Nauck²).

91. Cf. especialmente *Os Cavaleiros, passim*, e o negociante de oráculos em *As Aves*.

92. Ver o relato de Heródoto sobre como os pisistrátidas utilizaram o negociante
de oráculos Onomácrito para influenciar Mardônio (vii. 6). *Os Cavaleiros*, de
Aristófanes, faz uso proveitoso dos oráculos como munição política. Eles são apresen-
tados como uma das técnicas mais importantes de Cléon para controlar Demos (cf. 61),
e Cléon finalmente perde seu poder ao ser derrotado numa disputa entre os oráculos de
Bákis e os de Glânis. Os temas dos oráculos de Bákis são: "Atenas, Pylos, tu, eu, tudo"
(1005-1006) e os de Glânis são: "Atenas, sopa de lentilhas, os espartanos; cavalinha

36 ÉDIPO EM TEBAS

profetas que haviam previsto a conquista da Sicília[93]. Homens mais sensatos, mesmo que aceitassem a visão religiosa de que a vida humana estava sujeita ao controle divino, devem ter ficado repugnados pelos excessos cínicos dos profetas profissionais. Deduzir, contudo, a falsidade da profecia como um todo a partir da má fé de charlatães, era um passo adicional que poucos estavam dispostos a dar, pois a verdade da profecia divina era uma pressuposição fundamental para aquela combinação de culto ritual e literatura heróica que servia de religião para os gregos. Qualquer ataque a este setor da crença religiosa era uma ofensiva contra toda a frente. E este era, de todo modo, o setor decisivo. "O choque verdadeiro", diz Nilsson,

teve lugar entre aquela parte da religião que mais interferia na vida prática e com a qual todos mantinham contato diário, especificamente, na arte de predizer o futuro, e as tentativas da filosofia natural de dar explicações físicas para fenômenos celestiais e atmosféricos, portentos e outros eventos[94].

A questão que estava em debate não era apenas a verdade ou a falsidade da profecia, mas a validade de toda uma concepção religiosa tradicional.

A obra de Sófocles apresenta a questão precisamente nesses termos. Após Jocasta, para sua satisfação e a de Édipo, ter provado que a profecia sobre o filho de Laio não fora e agora nunca poderia ser cumprida, e com base nisso ter encorajado Édipo a rejeitar a acusação de Tirésias, apesar das terríveis indicações de que ele poderia realmente estar certo, o coro, que anteriormente apoiara Édipo contra Tirésias, abandona o *tyrannos* e sua esposa, apresentando a questão em termos da verdade ou da falsidade da concepção religiosa como um todo.

Se estas coisas [*i.e.*, a profecia de Apolo e as ações do filho de Laio] não se harmonizam [*harmosei*], de forma que toda a humanidade possa assinalar o fato, não mais reverenciarei o inviolável centro do universo [Delfos], nem tampouco o templo de Abe ou o de Olímpia (897-903).

"As velhas profecias feitas a Laio estão morrendo, eles [Jocasta e Édipo] agora as desprezam. Apolo não mais se revela pela veneração, a divindade se extingue" (906-910). Esta última expressão, *errei ta*

fresca, vendedores de cevada no mercado que roubam no peso, tu, eu e tudo" (1007-1010).

93. Tucídides viii. 1: ὠργίζοντο δὲ καὶ τοῖς χρησμολόγοις τε καὶ μάντεσι καὶ ὁπόσοι τι τότε αὐτοὺς θειάσαντες ἐπήλπισαν ὡς λήψονται Σικελίαν.

94. Martin, P. Nilsson, *Greek Popular Religion*, New York, Columbia University Press, 1940, p. 136. Cf. *Idem, Geschichte der Griekchischen Religion, I*, Munich, C. H. Beck, 1955, p. 768: "Es ist sehr wahrscheinlich dass in betreff der Entstehung der Religionprozesse der springende Punkt in der Rivalität zwischen den Wahrsagen und der Natuphilosophie zu suchen ist".

HERÓI 37

theia, é intraduzível, mas significa claramente a ruína e o desaparecimento da ordem divina[95].

Trata-se de uma declaração explícita. Se a profecia feita a Laio não corresponde à realidade, então toda profecia é falsa, Apolo é desonrado, os deuses uma causa perdida, a religião algo sem sentido algum. O coro leva isso tão a sério que na verdade invoca Zeus para que ele faça cumprir os oráculos (904-905), por mais impossível que agora lhes pareça que o filho de Laio tenha matado seu pai e casado com sua mãe. Ainda que terrível, isso é melhor do que a alternativa – a demonstração da falsidade da expressão oracular e a conseqüente impotência ou mesmo a inexistência do divino. Para o coro, a questão transformou-se num teste do poder divino: "Se a irreverência deve ser louvada e lucrativa", canta, "por que deveria eu dançar?" (895).

Com esta frase, a situação é trazida, do passado e do mito, para o momento presente no teatro de Dionísio. Pois essas palavras do coro eram acompanhadas não só pela música mas, como o próprio nome do coro nos faz lembrar, pela dança: são a dança e a música corais a partir das quais a tragédia se desenvolveu, e que ainda são o que eram no início, um ato de veneração religiosa[96]. Se os oráculos e a verdade não coincidem, a própria apresentação da tragédia não tem sentido, pois ela é, em si, uma forma de adoração dos deuses. A expressão, "por que deveria eu dançar?" é um *tour de force* que faz com que a validade da apresentação dependa do *dénouement* da peça[97].

---

95. A "Religion, Both Faith and Observance", da autoria de Jebb, não é forte o suficiente. É verdade, este é o significado do paralelo que ele cita de *Édipo em Colono* 1537, mas em *Filoctetes* 452, (τὰ θεῖ᾽ ἐπαινῶν τοὺς θεοὺς εὕρω κακούς) significa algo como "ação divina, Providência", e em Heródoto τὸ θεῖν geralmente representa a própria divindade (cf. i. 32, iii. 108). Θεῖος está para θεός como ἀνθρώπινος para ἄνθρωπος, ἔρρει τὰ ἀνθρώπινα significaria algo como "o poder do homem desapareceu" ou "a humanidade não mais existe". Em todo caso, esta frase final deve ser culminante. A declaração se desenvolve do descrédito da profecia para o descrédito do deus específico que a fez (Apolo não é mais honrado), e se a terceira declaração é interpretada como "a fé e a observância dos deuses está perecendo", toda a estrutura desmorona num anticlímax, pois isso meramente repete a segunda declaração de uma forma mais genérica. O processo verdadeiro é aquele pelo qual Jocasta e Édipo passam realmente: o descrédito da profecia torna necessário a desconsideração por Apolo, o que leva a desconsiderar seu pai Zeus e os demais deuses e a rejeitar a ordem divina como um todo. Tal declaração de descrença na ordem divina é explicitamente feita por Jocasta na próxima cena, e sugerida na proclamação de Édipo, de que ele é "filho da Sorte".

96. Cf. Frinico, Fr. 9 (Kock): ἀνὴρ χορεύει καὶ τὰ τοῦ θεοῦ καλά. Isso é analisado por Victor Ehrenberg em *The People of Aristophanes*, 2ª ed., Oxford, 1951, p. 23.

97. Whitman está certo ao considerar a ode "uma oração para a concretização do oráculo dado a Laio, mais que para a simples descoberta do assassino" (p. 269, nota 42). O oráculo dado a Laio (ou sobre Laio) é de fato mencionado especificamente na declaração final da ode (906). Mas a leitura de Whitman da ode completa é uma tentativa engenhosa de minimizar sua importância – como ele deve fazer, uma vez que esta ode é um tormento constante e substancial para sua tese fundamental. O fato de o coro ante-

VI

A peça, em uma análise mais simples, é uma reafirmação da visão religiosa de um universo ordenado divinamente, que depende do conceito de onisciência divina, representado na ação pela profecia de Apolo. É uma declaração que rejeita os novos conceitos dos filósofos e sofistas do século V, as novas concepções de um universo ordenado pelas leis da física, pela inteligência humana, pela lei da selva, ou pela ausência de lei do acaso cego. Realmente, o progresso intelectual de Édipo e de Jocasta na peça é uma espécie de história simbólica do

riormente se recusar a acreditar em Tirésias (Whitman, *op. cit.*, p. 134) não é motivo para dizer que sua atitude nesta ode tem uma "tendência inquietante de descrença verdadeira"; conforme Whitman concorda, seu canto refere-se a um tema diferente, ou seja, o oráculo dado a Laio e não a identidade de seu assassino, e agora trata de uma profecia que foi feita por um deus e não por um homem.

O preconceito assumido pelo século V contra negociantes de oráculos (sobre o qual Whitman se baseia em grande parte) nada tem a ver com este caso, pois muito embora Jocasta, com seu ὑπηρετῶν ἄπο (712), tentasse transferir a questão da área da profecia divina para a humana, ninguém acredita nela e mesmo ela não acredita em si própria, pois no final da cena (853) atribui a profecia diretamente a Apolo. O que agora está em jogo é a profecia categórica e inequívoca de um deus, e mesmo que se possa colocar em dúvida as profecias de Tirésias, sem qualquer irreverência, o mesmo não pode ser feito com relação a Apolo. "Eles ameaçam Zeus e Apolo de negligência e desdém, caso o oráculo não se concretize", diz Whitman. Mais exatamente, eles oram a Zeus para que concretize o oráculo, conforme o próprio Whitman diz na sua observação): isto é, eles rogam por algo que, a seu ver, é impossível – que o filho de Laio, que está morto, mate seu pai, que também está morto. Se isso não é uma "fé fervorosa", o que seria então? Parece uma fé capaz de mover montanhas. Nas circunstâncias, o fato de o coro considerar o oráculo seriamente já é uma prova de sua fé. E, de todo modo, ele professa "fé com fervor" na estrofe de abertura, ao cantar sobre a sublimidade das leis divinas, puras na concepção, sobre-humanas , inesquecíveis: "Nelas o deus é grande e não envelhece". Esta é uma fé que está diretamente ameaçada pelo ataque à profecia, pois a profecia é um pronunciamento originário destas leis, e se a profecia é falsa, as leis e a ordem por ela criadas não existem.

A paráfrase satírica de Whitman da ode (*op. cit.*, p. 134) deixou escapar o essencial: "Creio que esta profecia é provavelmente verdadeira, mas se não vejo evidência, isso é tudo o que resta a dizer sobre as profecias e os deuses em geral". Uma paráfrase mais acurada diria: "O deus é grande em suas leis eternas que estão além da compreensão humana. Édipo e Jocasta estão desafiando estas leis ao desafiar a profecia que delas se origina. Eles parecem ter razão – a profecia não se concretizou e não pode ser concretizada. Se eles estão certos, a veneração dos deuses cessará, os deuses estarão desonrados e desaparecerão. O oráculo *deve* ser concretizado, de modo espetacular, para que todos os homens fiquem impressionados. Zeus, faz com que ele se torne real".

Esta dificilmente é "a moralidade um tanto confusa da burguesia que pode sentir que os tempos pedem estabilização" (Whitman, *op. cit.*, p. 135). A única personagem que está tentando "estabilizar os tempos" nesta peça é Jocasta, que se contentaria em viver com todas as perguntas não respondidas e que pode rejeitar a profecia de Apolo para depois rogar a ele por ajuda.

Isso tudo não quer dizer, como Pohlenz, que a ode é "forçosamente introduzida como um protesto contra a *Freigeisterei*" (Whitman está, como é freqüente, totalmente

HERÓI 39

racionalismo do século V[98]. A religiosidade formal e superficial de Édipo nas cenas de abertura é seguida pelo ataque desferido contra o representante humano do deus (Tirésias) e depois pelo ataque feito por Jocasta contra as profecias do próprio deus. Isto culmina numa rejeição triunfante e desdenhosa da profecia de todos os tipos por ambos, Jocasta e Édipo. A próxima fase é a negação de Jocasta de qualquer espécie de ordem, a declaração de que o acaso governa a vida humana, de que o homem deve viver casualmente. Tal afirmação é rejeitada por Édipo, que ainda está procurando a compreensão total; ao contrário de Jocasta, ele não pode abandonar a busca intelectual. Todavia, no mesmo momento em que Jocasta conhece a verdade e sua própria ignorância Édipo é impelido, por suas descobertas, em direção à mesma perspectiva que ela recém abandonara; o que ele encontrou parece confirmar a verdade da crença dela no domínio do acaso. Ele se proclama "filho do Acaso", um desenvolvimento adicional da doutrina de Jocasta; a personificação do acaso como uma deusa prenuncia os credos desesperados de séculos posteriores. Sófocles colocou ironicamente este quadro do progresso intelectual do século V num contexto dramático que se demonstrou equivocado desde o começo. É como se os deuses estivessem zombando de Édipo; eles observam a inteligência crítica trabalhar até atingir uma visão absolutamente clara, e finalmente descobrir que a profecia estava sendo cumprida o tempo todo. O homem que rejeitou a profecia é a demonstração viva de sua veracidade: o racionalista mais inteligente e corajoso, a prova inconsciente da presciência divina.

Porque é exatamente isso o que Édipo é, uma prova, uma demonstração, um paradigma (*paradeigma*, 1193), como o coro o denomina na grande ode cantada após a revelação. Ele é um exemplo, para toda a humanidade, da existência e da autoridade da presciência divina e da ignorância fundamental do ser humano. Essa função de Édipo ajuda a explicar o caráter que Sófocles lhe atribuiu. A demonstração desta proposição, por intermédio da figura de um homem mau seria claramente desprovida de tragédia, até mesmo desinteressante; demonstrá-la por meio de um herói aristotélico, o bom homem que se destrói por causa de uma "falha", obscureceria toda a questão, ao sugerir uma explicação para a queda de Édipo em termos da ética humana. A demonstração

---

certo ao descartar esta tese), nem tampouco que é "um pronunciamento *ex cathedra* do próprio poeta" ou "um credo do poeta" (Whitman, *op. cit.*, pp. 133 e 135). Como tudo o mais na peça, a ode é magnificamente funcional: coloca a pergunta suscitada pela situação (a validade da profecia divina) em seu contexto mais amplo, o da validade da concepção religiosa tradicional como um todo.

98. Ver capítulo 4 para uma análise abrangente. Sobre alguns comentários perspicazes, cf. Cleanth Brooks e R. B. Heilman, *Understanding Drama*, New York, 1948, pp. 574-577.

40 ÉDIPO EM TEBAS

divina necessita de um protagonista cujo caráter não obscureça o significado de sua queda: a afirmação da existência da presciência divina e a ignorância do ser humano não devem ser confundidas por quaisquer contracorrentes de sentimentos de que a catástrofe de Édipo possa ser atribuída a um defeito moral.

A fim de enfatizar este ponto, Sófocles fez algo extraordinário na segunda metade da peça. Apresentou-nos um Édipo arruinado, cego e maculado, cujo caráter não difere do magnífico *tyrannos* das cenas que antecederam a catástrofe. Isso não se deve, como alguns historiadores e intelectuais poderiam sugerir, à incapacidade do século V de conceber ou apresentar uma mudança de personalidade; é mais uma forma enfática de mostrar que o caráter de Édipo não foi o responsável pelo erro em primeiro lugar. O Édipo cego ainda pensa e reage como o Édipo *tyrannos*, os elementos de seu caráter não se modificaram. Sua personalidade não se altera porque Édipo não é um homem culpado de uma falha moral. Tal ser humano pode aprender com sua queda, eliminar a falha e mudar seu caráter. Porém, tudo o que Édipo aprende – e tudo o que ele tinha de aprender – é que ele era ignorante. Isso não requer uma mudança de caráter mas antes, a aquisição do conhecimento.

Ele agora possui este conhecimento. É Édipo, não Creonte, quem insiste numa obediência imediata ao oráculo de Delfos, que exigiu o exílio ou a morte do assassino de Laio. "Agora confiarias na palavra do deus", lhe diz Creonte acusadoramente (1445); a virada irônica dos acontecimentos, no entanto, apresenta-nos um Creonte que deseja consultar o oráculo uma vez mais e não um Édipo que, sem resistência nenhuma, aceita literalmente a expressão oracular original[99]. Édipo aprendeu muito bem o que sua mente e corpo torturados atestam, a existência da presciência divina e de uma ordem que está além da compreensão humana.

A reversão de Édipo não é, pois, uma calamidade sem sentido mas, vista como uma demonstração da validade da presciência divina, está perigosamente no extremo oposto: pode ser a calamidade que tem significado demais para ser trágica. Tal demonstração parece um tema mais apropriado para um tratado do que para uma tragédia; parece exigir, como seu veículo, uma homilia ou discurso filosófico, e não um drama. O dramaturgo que apresenta este tipo de tema deve evitar criar a impressão de que seu herói trágico é um boneco manipulado pelas cordas da intenção do autor, ou do intuito do deus, de apontar uma moral.

Nenhuma dessas impressões é criada pela obra de Sófocles, o que se deve a dois fatores: a grandeza do herói e a independência dramática de sua ação.

---

99. Mais tarde, sem consultar o oráculo, Creonte mantém Édipo em Tebas, apesar de sua promessa de exilá-lo e apesar da resposta oracular original e da maldição.

Édipo é claramente um grande homem. O herói é digno do propósito com o qual coopera sem saber, para produzir a demonstração; seu modo de agir, que deve complementar a profecia a fim de concretizá-la e que é o único responsável pela descoberta daquela realização, é magnífico. A peça preocupa-se não só com a grandeza dos deuses como também com a grandeza do ser humano. "O deus é grande", canta o coro (872) mas Édipo pode usar a mesma palavra com respeito a si próprio, e com razão. "Reprova-me", diz ele a Tirésias, "reprova-me pelas mesmas coisas nas quais verás que está minha grandeza" (441). Ele está se referindo à sua ação vitoriosa no passado (sua solução para o enigma da Esfinge) mas o adjetivo pode ser aplicado igualmente às suas ações presentes: ele é, se possível, ainda maior na peça do que nas ações que a precederam. Édipo representa tudo que é inteligente, vigoroso, corajoso e criativo no ser humano. Em sua perseguição implacável à verdade, demonstra sua grandeza autêntica: todos os poderes do intelecto e da energia que fazem dele um herói são exibidos em seu progresso solitário e obstinado rumo ao conhecimento. Face ao espetáculo desta ação heróica, mesmo o espectador mais religioso deve horrorizar-se com a catástrofe em direção da qual Édipo, de forma tão enérgica, abre à força seu caminho. A grandeza do homem ativa uma ação contrária à demonstração da grandeza do divino na peça. Não queremos que ele descubra a verdade. É evidente que ele o fará, e parece correto que assim seja, mas não queremos vê-lo acontecer. Nosso desejo de que ele escape é tão profundo que, momentaneamente, ficamos presos no entusiasmo louco de sua declaração mais confiante: "Considero-me filho da Sorte, a provedora do bem". Sófocles compôs a ode coral que se segue a este discurso com um instinto dramático seguro e um conhecimento profundo do coração humano; o coro, com sua especulação selvagem de que Édipo possa revelar-se de nascimento divino, talvez até mesmo como filho de Apolo (1102)[100], espera por um milagre que o salve da destruição, e é também assim que nos sentimos. Sófocles tornou a prova da onisciência divina tão difícil de aceitar que ficamos emocionalmente envolvidos na rejeição desta onisciência feita pelo herói. Nenhum ser humano, por mais profundamente religioso que seja, pode deixar de encarar Édipo sem simpatia, mesmo quando ele está ignorante e cego. Pois Édipo representa a grandeza do homem.

A grandeza do herói é um contrapeso parcial para a terrível carga da onisciência divina que ele nega e da qual tenta escapar; o equilíbrio se torna perfeito pela autonomia dramática de sua ação. Ao excluir cuidadosamente o fator externo do enredo da peça, Sófocles utilizou mais que uma tática para preservar a excitação dramática: a exclusão é

---

100. O texto desta passagem está corrompido, mas o Λοξίου de 1102 é fiel e a analogia de Πανὸς em 1100 não deixa dúvida sobre o significado.

essencial para o sentido da peça. Porque a autonomia da ação de Édipo permite que Sófocles nos apresente não um herói que é destruído, mas um herói que se autodestrói. E não só isso, o processo da autodestruição é apresentado como uma tarefa difícil e heróica à qual ele se dedica com obstinação, desafiando o conselho de Tirésias, as advertências e os apelos de Jocasta e a súplica do pastor; sua autodestruição é, de fato, sua maior realização, que põe à prova todas as suas qualidades e poderes. Esta apresentação da autodescoberta como ação heróica aumenta a tensão criada pelas influências opostas de nossa aceitação da onisciência divina, de um lado, e de nossa admiração por Édipo, de outro; faz com que desejemos ver Édipo ser bem-sucedido na busca, não pela vindicação da profecia, mas para o seu próprio interesse. Desta forma, ao mesmo tempo queremos e não queremos que ele descubra verdade e destrua a si mesmo; porque se ele abandona a busca, se dá as costas à ação, à inteligência e à lucidez, ao fracassar na resolução do enigma de sua própria identidade, ele acaba por destruir-se de todo modo, deixando de ser Édipo. Nosso desejo irracional de que ele salve a si próprio opõe-se à percepção de que, já que ele tem de cair, é melhor que o faça pela autodestruição do que pela autotraição. A revelação de sua identidade é a maior derrota catastrófica imaginável porém, num certo sentido, é também uma grande vitória.

2. Atenas

I

O Édipo de Sófocles é mais que um herói trágico individual. É característico da postura grega ver o homem não apenas como um indivíduo, mas também como um indivíduo no contexto de uma sociedade, um ser político tanto quanto uma pessoa particular. Ao abrir sua *Política* com a famosa frase "O Homem é, por natureza, um animal político", Aristóteles nada dizia de novo; a fórmula expressa uma pressuposição tão fundamental ao sentimento grego do século V e anteriores que somente o espírito analítico de uma época posterior veria a necessidade de enunciá-la explicitamente. A ação e a reversão de Édipo são apresentadas não só em termos do homem individual como também da sociedade, ou como diria Sófocles, da *polis*, da cidade, que ele representa. De fato, este aspecto de Édipo é posto claramente diante de nós desde a primeira linha da peça; Édipo é o poder supremo no Estado e, como vimos, a motivação de muitas de suas ações decisivas deve ser encontrada precisamente em sua atitude com relação à sua responsabilidade política. Ele é *tyrannos*. A tentativa de compreender Édipo como um homem no contexto da sociedade deve começar com a difícil questão suscitada por este título. Por que Sófocles o chama de *tyrannos* de forma tão insistente e enfática?[1]

---

1. As palavras τύραννος e τυραννίς ocorrem catorze vezes na peça: três vezes usadas por Édipo com referência à sua própria posição (380, 535, 541) e cinco vezes

44 ÉDIPO EM TEBAS

Esta não é a mesma questão postulada por uma das antigas *hypotheses* – "Por que é denominado de *Tyrannos*?" – já que o título pelo qual a peça é conhecida é claramente pós-aristotélico[2]. O título, porém, deve sua origem, como Jebb assinala, à ocorrência freqüente da palavra *tyrannos* no texto da peça.

É verdade que a palavra *tyrannos* (talvez em parte por ser mais conveniente para a métrica jâmbica) é, em geral, utilizada na tragédia (especialmente em Eurípides) como um substituto neutro de *basileus*, "rei"[3]. Na peça de Sófocles, entretanto, seu uso, ao menos numa certa passagem, denota todo seu significado histórico e político: um governante inconstitucional, que arrebatou o poder e geralmente dele abusa. Jebb, que traduz a palavra *tyrannos* e seus cognatos como "rei", "príncipe", "realeza", "império", "coroa" e "trono" em outras partes da peça, tece o seguinte comentário acerca de 873 (*hybris phyteuei tyrannon*: "Violência e soberba engendram o *tyrannos*"): "Aqui não se trata de um príncipe, nem mesmo no sentido grego usual, de um governante absoluto, inconstitucional (bom ou mau), mas de, no nosso sentido, um 'tirano' ". Outras passagens insistem igualmente na figura histórica do *tyrannos*, um déspota que ganhou poder por intermédio "de amigos [...] das massas e da riqueza", conforme o próprio Édipo afirma (541-542)[4]. A palavra não pode, pois, ser considerada neutra em nenhuma de suas ocorrências na peça; ela é colorida pelos reflexos destas referências claras à apreciação ateniense tradicional do *tyrannos*.

Em que sentido Édipo é um *tyrannos*? Há um aspecto de sua posição em Tebas que justifica plenamente o termo: ele não é (tanto quanto se sabe no início da ação) o sucessor hereditário ao trono, mas um estrangeiro (*ksenos*, como ele próprio diz)[5] que, mesmo não pertencendo à linhagem real nem sendo um tebano nativo, chegou ao poder supremo. Esta é uma das diferenças fundamentais entre o *tyrannos* histórico e o "rei", *basileus*. Tucídides, por exemplo, faz essa distinção em sua reconstrução da história grega antiga: "Tiranias foram estabelecidas nas

---

utilizadas para falar dele ou de seu poder com respeito ou, ao menos, sem nenhuma alusão crítica (Creonte, 514, 588, 592; o coríntio, 925; o coro, 1095). Na *Antígona*, onde Creonte é certamente uma figura mais "tirânica" do que Édipo nesta peça, as palavras se repetem apenas por quatro vezes: três delas quando os críticos falam de Creonte (*Antígona*, 506; Ismênia, 60; Tirésias, 1056), e uma vez numa passagem geral acerca da instabilidade da sorte humana (1169). Creonte nunca emprega nenhuma das duas palavras em relação a si próprio.

2. Aristóteles a chama simplesmente "O Édipo"; cf. *Poética* 1452a, 1454b etc.

3. Eurípides chega até a fazer com que o coro de cidadãos atenienses se refira a Demofonte, filho de Teseu, rei ático e símbolo de bravura e devoção, como *tyrannos* (*Os Heráclidas*, 111). Cf. também *idem*, *Electra*, 877.

4. Cf. Platão, *A República* ii. 361b: διὰ παρασκευὴν φίλων καὶ οὐσίας. Heródoto i. 64: ἐρρίζωσε τὴν τυραννίδα ἐρικούροισί τε πολλοῖσι χρημάτων συνόδοισι.

5. Cf. 219-220 e 222.

ATENAS 45

cidades à medida em que as rendas aumentavam [...] anteriormente, havia realeza com prerrogativas fixas repassadas de pai para filho"[6].

Este significado da palavra *tyrannos* é estritamente adequado a Édipo (tanto quanto ele próprio compreende sua situação no início da peça): ele é um intruso, cujo poder se justifica pela realização individual e não pelo nascimento. Ainda que exato, este não é um termo elogioso e Creonte, cuja defesa sofística posterior o distingue como o político sutil da peça, parece estar ciente de suas implicações, uma vez que, na cena de abertura refere-se a Laio, que era rei e não *tyrannos*, em termos que evitam apontar o contraste entre o direito de Édipo ao poder e o direito hereditário de seu predecessor. "Tivemos, meu senhor, certa vez, um líder [*hêgêmon*] chamado Laio", é sua fórmula de esquivar-se do que poderia ter parecido uma comparação odiosa (103)[7].

Édipo, em sua resposta, continua diplomaticamente a fazer uso impróprio do nome de Laio: refere-se ao poder de seu predecessor com uma palavra que o equaliza ao seu próprio, *tyrannis* (128). Mais tarde, por duas vezes chama o próprio Laio de *tyrannos* (799, 1043), e a razão de chamá-lo nesses versos de *tyrannos* e não de *basileus* é bastante clara. Ele então já suspeita que Laio possa ter sido o homem que ele havia matado há tantos anos na confluência dos três caminhos e, nestas circunstâncias, é natural que evitasse utilizar uma palavra que caracterizaria sua ação violenta com uma culpa ainda mais sombria. A nuance psicológica do emprego do termo *tyrannos* aqui surge claramente, ao compararmos essa situação com aquela na qual, pela única vez na peça, Édipo dá a Laio seu título adequado. "Não conviria", diz ele ao coro, "deixar a questão impura, a morte de um bom homem – e um rei" (*basileôs*, 257). O contexto explica sua escolha dos termos. Pois nestes versos, que se seguem ao pronunciamento da maldição sobre o assassino desconhecido, Édipo, com uma terrível ironia inconsciente, estende-se sobre a conexão íntima entre ele próprio e Laio.

> Pois agora sou eu quem detenho a autoridade, mantendo os poderes que anteriormente eram dele [...] casado com sua esposa [...] e se a desventura não o tivesse privado de descendência, estaríamos relacionados por crianças concebidas por uma só mãe [...] por todas estas razões hei de lutar por ele como se fosse meu pai [...] buscando o assassino [...] pelo filho de Lábdaco, cujo pai foi Polídoro, filho de Cadmo antes dele, cujo pai em tempos antigos era Agenor (258-268).

A ironia complexa destes versos tem recebido muitos comentários de admiração e sua causa merece igualmente atenção. A narração meio que invejosa e retumbante da genealogia real de Laio enfatiza os pro-

---

6. i. 13: τυραννίδες ἐυ ταῖς πόλεσι καθίσταντο τῶν προσόδων μειξόνων γιγνομένων (πρότερον δὲ ἦσαν ἐπὶ ῥητοῖς γέρασι πατρικαὶ βασιλεῖαι). Acerca desta mesma distinção, cf. Aristóteles, *Política* 1285a. 3.

7. Cf. Platão, *Alcibíades* i. 120a: ἡγεμὼν [...] τῆσδε τῆς πόλεως.

46 ÉDIPO EM TEBAS

fundos sentimentos de inadequação de Édipo no que concerne ao seu nascimento; muito embora alegue como sua a linhagem real de Corinto, não pode, no seu mais íntimo, ter certeza de sua parentela[8]. E ele tenta, em seu discurso, se inserir nessa honrosa linha de reis tebanos. "Mantendo seus poderes" – sendo o seu sucessor, portanto; "casado com sua esposa" – Édipo sente-se quase que legitimizado por esta relação[9], e seus filhos ainda mais que ele; "estaríamos, pois, relacionados por crianças" – a presença de um herdeiro de Laio teria chamado a atenção para o sangue real nas veias de seus próprios filhos, concebidos da mesma mãe; e então, inconsistentemente (a inconsistência típica de desejos inconscientes profundos que irrompem violentamente na superfície do discurso racional) – "como se fosse meu pai". Neste contexto, em que as dúvidas de Édipo acerca de seu nascimento expressam-se como uma fantasia de que, num sentido ou noutro, ele pertence à linhagem de Laio, Lábdaco, Polídoro, Cadmo e Agenor, é natural que atribua a Laio seu título apropriado, *basileus*, "rei". É o que ele mais gostaria de ser.

A verdade terrível é que ele *é* rei e nenhum outro homem o seria de forma mais legítima. Ele é filho de Laio, descendente direto de Cadmo e Agenor. Porém, só quando Édipo e toda a cidade de Tebas passam a conhecer a verdade, ele é finalmente chamado por este título. "Te ergueste em prol da cidade como uma muralha fortificada contra a morte", canta o coro na grandiosa ode após o reconhecimento; "desde então és chamado meu rei" (1202)[10]. Outrora era denominado "Édipo, o mais renomado dentre todos os homens" (8) e agora "és chamado meu rei". Esta transformação, de *tyrannos* a rei é, contudo, sua reversão; a revelação de que ele é rei é a destruição do *tyrannos*. A prova de sua legitimidade é ao mesmo tempo a revelação de sua mácula inexprimível.

---

8. Ele havia deixado Corinto para resolver suas dúvidas de uma vez por todas ao consultar o oráculo de Delfos, mas acabou sendo mandado embora sem respostas; ἄτιμον é sua palavra (789), que no contexto significa simplesmente "com meu pedido não atendido" (cf. ἀτιμάξεις, 340 e Platão, *Eutífron* 15d), mas sugere igualmente "sem honra", *i.e.*, a dúvida acerca de seu nascimento ainda não esclarecida.

9. Cf. a situação na *Odisséia*, onde a mão de Penélope é evidentemente considerada como base para a pressuposição do poder real.

10. ἐξ οὗ καὶ βασιλεὺς καλῇ ἐμὸς καὶ τὰ μέγιστ' ἐτιμάθης [...] καλῇ é ambíguo, pois neste tipo de construção refere-se tanto ao passado como ao presente (cf. W. W. Goodwin, *Syntax of the Moods and Tenses of the Greek Verb*, Boston, 1890, sec. 26), mas a referência ao presente é enfatizada pela mudança no tempo deste verbo para o próximo (ἐτιμάθης), onde não há ambiguidade alguma (naturalmente, pois esta segunda declaração só pode se referir ao passado). A construção normal, no entanto, exigiria que também este verbo estivesse no tempo presente. O efeito é o de enfatizar a referência ao presente em καλῇ, que poderia não ter sido enfática sem a mudança do tempo do primeiro para o segundo verbo.

ATENAS 47

O título *tyrannos* tem, portanto, uma função irônica magnífica e mesmo que aporte uma grande contribuição para a complexidade da textura dramática, suscita igualmente alguns problemas. Pois a palavra significava mais para o público do século V do que a designação do usurpador que substituíra o rei hereditário: o *tyrannos* era um aventureiro que, por mais brilhante e próspero que fosse seu regime, ganhara e mantivera o poder pela violência. Esse aspecto do *tyrannos* é enfatizado quando o coro canta: "Violência e soberba engendram o *tyrannos*". As frases seguintes desta ode coral são uma avaliação da origem, natureza, e fim do *tyrannos* em termos da tradição moral e política corrente da última metade do século V.

Por que razão o coro ataca Édipo? E por que o ataque assume esta forma particular? De acordo com Jebb, "a tensão desta repreensão de advertência" é sugerida pelo "tom de Édipo contra Creonte", mas esta não me parece uma explicação adequada. A última palavra do coro acerca da questão de Creonte foi uma declaração de lealdade completa a Édipo: "Eu seria totalmente insano, desprovido de inteligência, se algum dia te abandonasse" (690-691). A mudança desta atitude para "Violência e soberba engendram o *tyrannos*" é claramente decisiva; deve ser conseqüência de algo que aconteceu desde a altercação com Creonte.

Não aconteceu muita coisa, todavia muito foi revelado. Édipo chegou a Tebas com sangue em suas mãos, e um dos homens que acabara de matar era uma pessoa importante, que andava numa carruagem, acompanhada por um arauto. É verdade, Édipo atacou em autodefesa, no entanto, o coro passou a conhecer um Édipo do qual não suspeitava, um homem violento que pode dizer, não sem um toque de arrogância, "Matei-os todos" (813). "Violência e soberba engendram o *tyrannos*". A ascensão de Édipo ao trono de Tebas foi precedida pelo massacre sangrento na estrada.

Isto, entretanto, não é tudo. Édipo tem boas razões para suspeitar que o homem na carruagem fosse Laio, o rei hereditário de Tebas, e o coro receia que ele esteja certo[11]. Neste caso, Édipo ganhou seu poder matando o rei hereditário e tomando seu lugar, tanto no trono quanto em seu leito – como Giges da Lídia, um dos tipos clássicos de *tyrannos*; Giges é, de fato, o primeiro homem ao qual o título é atribuído na literatura grega subsistente[12]. "Violência e soberba engendram o *tyrannos*"; no caso de Édipo, a violência foi o instrumento de seu acesso ao poder.

---

11. Cf. 834.

12. Arquíloco, Fr. 22 (Diehl), e cf. a segunda hipótese do *Oedipus Tyrannus*. A afirmação de que a palavra *tyrannos* ocorre primeiro em Arquíloco é ali atribuída por Hípias, o sofista, que não conhecia o hino homérico a Ares (cf. 5) ou pensava ter sido ele composto depois da época de Arquíloco.

Estes aspectos do direito atual de Édipo ao poder e suas ações passadas, juntamente com a ode coral sobre o *tyrannos*, suscitam de forma clara toda a questão da *tyrannis* nos termos das idéias políticas contemporâneas. Por quê? A peça não pode ter tido como intuito um ataque sobre a *tyrannis* como instituição, já que ela não só era universalmente odiada, era também, no início da guerra do Peloponeso, uma questão extinta. Se bem que viesse a se transformar num fenômeno típico do próximo século, na última metade do século V, o *tyrannos* era uma recordação amarga do passado, mais que um temor do futuro. A assembléia ateniense ainda abria seus procedimentos legais recitando orações que incluíam maldições sobre aqueles que desejassem restaurar o *tyrannos*, porém a irrelevância admitida desta sobrevivência antiquária é enfatizada pelas paródias de Aristófanes sobre as fórmulas empregadas. "Se alguém matar um dos *tyrannos* mortos, receberá um talento como recompensa", canta o coro em *As Aves* (1074), e o arauto em *As Mulheres Celebram as Tesmofórias*, recitando a oração pelas "mulheres na assembléia"[13], proclama uma maldição sobre

todo aquele que urde tramas diabólicas contra as mulheres, ou entra em negociações com Eurípides ou os persas em detrimento das mulheres, ou planeja tornar-se *tyrannos* ou cooperar para restaurar um *tyrannos*, ou denuncia uma mulher que faz passar uma criança substituta como sua, ou qualquer jovem escrava que, agindo como alcoviteira de sua senhora, conta mentiras para seu senhor (334-344).

Em *As Vespas*, quando o colérico coro de jurados acusa Bdelycleon de tentar estabelecer a "tirania" ao impedir seu pai de comparecer ao tribunal, este explode numa famosa diatribe.

Convosco tudo tem a ver com tirania e conluio, seja a acusação pequena ou grande. Tirania! Por cinqüenta anos não ouvi esta palavra ser mencionada – e agora ela se tornou mais barata que o peixe salgado. O nome da tirania corre pelo mercado. Se alguém quer comprar perca e não está com vontade de comer espadilha, o vendedor de espadilhas da banca ao lado diz de imediato, "Eis aqui um homem que faz suas compras com tirania em sua mente" (488-485).

O exemplo que se segue é mais ridículo ainda, e o último deles (dado pelo escravo Xantias) é grotescamente obsceno. Esta passagem (e outras na mesma peça) mostra que pessoas lesadas e ignorantes, bem como promotores inescrupulosos, faziam gratuitamente uso de acusações de ambições tirânicas, mas seguramente insinua ao mesmo tempo que nenhum homem honesto ou inteligente levava tais acusações a sério. Sugere também que todo o tema era inadequado à dignidade do palco trágico.

13. Aristófanes, *As Mulheres Celebram as Tesmofórias*, 329: τελέως δ' ἐκκλησιάιμεν,᾽Αθηναίων εὐγενεῖς γυναῖκες.

ATENAS 49

De todo modo, Édipo é uma figura que não se adequa ao padrão clássico do *tyrannos* da tradição grega. O *tyrannos* típico poderia começar como alguém que compartilhava do poder com outros, e que rapidamente baniu ou matou seus co-regentes[14]. Édipo, todavia, admite o próprio Creonte, tem governado por muitos anos em termos de igualdade com ele e com Jocasta. Outras características do *tyrannos* tampouco podem ser encontradas nas ações de Édipo na peça. Ele não desafia leis ancestrais, não ultraja mulheres, ou envia homens à morte sem julgamento[15]. Não saqueia seus súditos[16], não desconfia dos bons e deleita-se com os maus[17], ou vive com medo de seu povo[18]. Édipo não está equipado com aquele guarda-costas armado, marca de autenticidade do *tyrannos* na vida real[19] e de Egisto, por exemplo, no palco trágico[20]. Édipo tem criados[21], mas não é um governante que caminha com medo de seu povo; vem a ele pessoalmente – "não por intermédio de mensageiros", como diz (6) – ele é amado, não temido. Seus atos políticos na peça são o oposto da tirania. Édipo ignora deliberadamente a sugestão de Creonte, de que a mensagem oracular deveria ser discutida em particular[22], convoca uma assembléia do povo de Tebas[23], e

14. Ver o relato de Xenofonte sobre o estabelecimento de uma *tyrannis* por Êufron, em Sícion: καὶ τῶν συναρχόντων δὲ τοὺς μὲν δόλῳ ἀπέκτεινεν, τοὺς δὲ ἐξέβαλεν [...] ὥστε πάντα ὑφ᾽ ἑαυτῷ ἐποιήσατο καὶ σαφῶς τύραννος ἦν (*História Grega* vii.1. 44-46). Cf. Heródoto v. 92ε; Aristóteles, *Política* 1311a. 7; Eurípides, *As Suplicantes* 444-455.
15. Acerca destas ações características, cf. Heródoto iii. 80 e Eurípides, *As Suplicantes* 447-449.
16. Cf. Heródoto iii. 39 (Polícrates), v. 92ε (Cípselo); Eurípides Fr. 605 (Nauck²).
17. Cf. Heródoto iii. 80; *Íon* 627-628.
18. Cf. Eurípides, *Íon* 621-628, Xenofonte, *Hiero* ii. 8-10.
19. Cf. Tucídides i. 130; Xenofonte, *Hiero* viii. 10; Platão, *A República* viii. 567d; Aristóteles, *Política* 1285a, 1311a.
20. No *Agamêmnon* de Ésquilo, Egisto tem uma escolta de lanceiros (λοχῖται, 1650) que ele convoca para intimidar o coro; sua concepção do poder é descrita como *tyrannis* em 1355, 1365 e 1633. Em *As Coéforas*, ele é enganado para vir ao palácio sem sua guarda (λοχίταις, 768; δορυφόρους ὀπάονας, 769). Na *Electra* euripidiana, Egisto está acompanhado por seus guardas quando Orestes e Pílades o matam; os guardas têm de ser persuadidos pelos assassinos (λόγχας δὲ θέντες δεσπότου φρουρήματα / δμῶες, 798-789. Eles são numerosos – πολλοί, 845). Na *Electra* de Sófocles, a escolta de Egisto está com ele no campo; Orestes é instigado a matar Clitemnestra antes que Egisto e seus guardas retornem (1370-1371: σοφώτεροις ἄλλοισι τούτων πλείοσιν μαχούμενοι. "ἄλλοισι são os guarda-costas", diz Jebb, *ad loc.*). Egisto, de fato, parece ser o tipo do *tyrannos* trágico, e matar alguém assim não era considerado "assassinar"; neste aspecto, é significativo o fato de que o discurso de Electra a Crisótemis, no qual ela instiga o assassinato de Egisto (Sófocles, *Electra* 975-985), recorde as fórmulas do famoso *scolion* em elogio a Harmódio e Aristogeiton.
21. Um deles é ordenado a torcer os braços do pastor pelas costas (1154).
22. Cf. 91-93.
23. Cf. 144: ἄλλος δὲ Κάδμου λαὸν ὧδ᾽ ἀθροιξέτω, e ver a nota de Earle, M. L. Earle, *The Oedipus Tyrannus*, New York, American Book Co., 1901.

50 ÉDIPO EM TEBAS

mais tarde, quando da condenação de Creonte, questão que considera vital para sua própria segurança, cede a Jocasta e ao coro, que representa o povo de Tebas. A cidade, sob o governo de Édipo, pode ser uma *tyrannis*, no entanto se parece mais a uma democracia regida pelo primeiro de seus cidadãos. Como podemos compreender esta combinação de democracia e *tyrannis*?

Ela deve ter sido familiar ao público ateniense, cidadãos de um Estado desse tipo. A situação evoca uma contradição similar, um dos temas centrais da história de Tucídides sobre sua própria época. "Somos chamados de democracia", diz Péricles na Oração Fúnebre (ii.37), porém também diz aos atenienses, "Mantendes vosso império como uma *tyrannis*"[24]. Ele está repetindo a frase que, de acordo com Plutarco, era utilizada por seus oponentes políticos para caracterizar sua direção da política imperial ateniense: eles argumentavam que

a Hélade considera-se sujeita a terríveis insultos e violências, aberta e explicitamente tiranizada, ao ver que, com as contribuições forçadas que faz para a guerra, nós, atenienses, cobrimos de ouro e embelezamos nossa própria cidade[25].

Também Cleon chama o império ateniense de *tyrannis* (Tucídides, iii.37), e Eufemo, o enviado ateniense, ao dirigir-se para o povo da Camarina, na Sicília, fala da política imperial ateniense nos mesmos termos – "para um homem que é *tyrannos* ou para uma cidade que tem um império, nada que seja vantajoso é irracional"[26]. Esta descrição do poder ateniense não se restringe aos seus próprios oradores; é também a palavra empregada pelos inimigos mais ferrenhos de Atenas. "Estamos permitindo o estabelecimento de uma cidade [Atenas] como *tyrannos*", queixam-se os coríntios em Esparta, e mais tarde, no mesmo discurso, repetem a frase "a cidade que se estabeleceu como *tyrannos* na Grécia"[27].

A partir dessas passagens fica claro que a idéia de Atenas como *polis tyrannos* era lugar comum tanto na própria cidade como em outros lugares na segunda metade do século V. O *tyrannos* individual

---

24. Tucídides ii. 63. Uma frase tão extraordinária dificilmente teria sido atribuída a Péricles, a não ser que ele realmente tivesse dito algo parecido.

25. Plutarco, *Péricles* xii: καὶ δοκεῖ δεινὴν ὕβριν ἡ Ἑλλὰς ὑβρίξεσθαι καὶ τυραννεῖσθαι περιφανῶς [...]. Nesta passagem, Plutarco está resumindo os argumentos da oposição do século V à política de Péricles. Acerca do Demos ateniense como *tyrannos*, cf. Aristófanes, *Os Cavaleiros* 1111 e ss.: ὦ Δῆμε καλήν γ᾽ ἔχεις / ἀρχήν, ὅτε πάντες ἄνθρωποι δεδίασί σ᾽ ὥσπερ ἄνδρα τύραννον.

26. Tucídides vi. 85: ἀνδρὶ δὲ τυράννῳ ἢ πόλει ἀρχὴν ἐχούσῃ [...].

27. *Idem*, i. 122: τύραννον δὲ ἐῶμεν ἐγκαθεστάναι πόλιν, *idem*, 124: τὴν καθεστηκυῖαν ἐν τῇ Ἑλλάδι πόλιν τύραννον [...] Cf. *idem*, iii. 10 (os enviados de Mitilene acerca da política ateniense): ἐπὶ καταδουλώσει τῶν Ἑλλήνων [...] τὴν δὲ τῶν ξυμμάχων δούλωσιν [...].

ATENAS 51

recuara ao passado, transformando-se numa lembrança amarga; fora sucedido, contudo, pela *polis tyrannos*, Atenas, que possuía os recursos e a habilidade, bem como indubitavelmente a ambição, para se tornar senhora suprema do mundo grego. Nessas circunstâncias, e no clima de sentimentos por elas produzido, o título que Sófocles conferiu reiteradamente a seu herói serve para fornecer não um contexto histórico, nem tampouco um critério moral, mas uma referência contemporânea vital que lhe permitiu apelar diretamente para as esperanças e os temores de seu público, não apenas como indivíduos mas também como atenienses.

A sugestão de que a *tyrannis* peculiar de Édipo é uma referência à própria Atenas, baseia-se na pressuposição de que a tragédia foi concebida em termos de situações e atitudes contemporâneas. Tal pressuposição justifica-se não só pelos inúmeros detalhes acidentais nesta peça[28], como pela prática regular dos poetas trágicos atenienses. A referência contemporânea em toda a tragédia ática é tão óbvia e insistente que o termo "anacronismo", em geral aplicado a detalhes da apresentação trágica do material mítico[29], é completamente falacioso; na tragédia ática do século V, o anacronismo não é a exceção, e sim a regra.

A atmosfera teológica majestosa das *Eumênides* de Ésquilo, por exemplo, obra na qual deidades olímpicas e pré-olímpicas contestam o caso do lendário herói Orestes, concretizam a vontade de Zeus, de que o homem progrida da anarquia primitiva de vingança tribal a instituições de justiça civilizadas – esta atmosfera augusta e antiga é repleta de sermões políticos acerca do equilíbrio interno adequado da democracia de meados século V, bem como de procedimentos legais que são os dos tribunais da mesma época; o discurso final de Orestes é uma menção patente à aliança entre Atenas e Argos, que tinha sido concluída pouco antes de a peça ser produzida. Mesmo o *Prometeu Acorrentado*, com sua data dramática fixada treze gerações antes do nascimento de Hércules (*P. A.* 774), e suas extraordinárias *dramatis personae*, das quais apenas uma é humana (e ela "é provida de quatro patas, dois chifres e um rabo"), é apresentado integralmente em ter-

---

28. Por exemplo, o tom sofista do discurso de Creonte em sua própria defesa; a referência contemporânea a termos como μέτοικος (452) (empregado justamente por Tirésias dentre todas as pessoas) e προστάτης (411); o uso da palavra δασμός (36) para descrever o "tributo" exigido pela Esfinge (sobre isso, cf. Earle, *op. cit.*); o flagelo, as referências tópicas no *parodos* (a respeito, ver Knox [1] *op. cit.*). Acerca de toda esta temática, ver agora V. Ehrenberg, *Sophocles and Pericles*, Oxford, 1954, capítulo 1, "Tragedy and History".

29. Sobre um exemplo recente, cf. a observação de P. Masqueray, *Sophocle*, Paris, Budé, 1929, a respeito de 411. Acerca de "anacronismo", cf. Ehrenberg (2), *op. cit.*, pp. 15-16.

52 ÉDIPO EM TEBAS

mos da política do século V[30]; ao final da peça, Prometeu é insultado por Hermes, que o chama de "sofista".

O fato é típico de toda a tragédia ática; os tragediógrafos atenienses escreviam dramas contemporâneos e não históricos. Os detalhes "anacronísticos" não são falhas descuidadas, nem tampouco evidenciam necessariamente a ausência de uma perspectiva histórica[31]; são resultados acidentais, porém naturais de uma apresentação contemporânea ampla e deliberada do material mítico. Eurípides pode fazer com que Anfitrião e Lico discutam, em Os Heráclidas, a excitante questão contemporânea do valor comparativo de uma infantaria levemente armada e de artilheiros[32] com a mesma liberdade que permite a Shakespeare fazer com que o tribuno romano fale de "chaminés" e um porteiro escocês do século XI se refira jocosamente à execução do Padre Garnet, que teve lugar em 1606[33]. O que serve de base para esta liberdade de verossimilhança histórica é a mesma nos dois casos: Eurípides, como Shakespeare, pensa e escreve para e sobre seu tempo.

No Oedipus Tyrannus, esta referência local e contemporânea é visível o tempo todo. Um exemplo típico é uma inconsistência gritante de discurso e ambiente que ocorre nos versos do sacerdote no início da peça. Trata-se de uma inconsistência mais geográfica que histórica, não um anacronismo, mas um "metatopismo". O sacerdote de Zeus roga a Édipo que detenha o flagelo antes que Tebas seja despovoada – "pois uma fortaleza ou um barco são coisa alguma se vazios, sem homens que convivam dentro deles" (56-57). Tebas tinha fortalezas, naturalmente, mas por que deveria o sacerdote mencionar navios? Plauto podia falar sobre o "porto" de Tebas sem chocar seu público romano[34] que, em sua maior parte, não sabia mais sobre a cidade do que ele próprio, entretanto a expressão certamente incomodaria[35] um poeta e um público atenienses, que encaravam com seriedade o cenário tebano da peça. Ela é,

30. Para uma análise brilhante do contexto político da peça, ver George Thomson, Aeschylus, Prometheus Bound, Cambridge, 1932.

31. O século V é, afinal, o período do nascimento da escrita e da consciência históricas.

32. Lico, 157-164; Anfitrião, 188-203. Para um exemplo extraordinário de "anacronismo" (que, se atribuído à negligência, condena o poeta por um remendo malfeito e, se atribuído à "ausência de senso histórico", o está chamando de idiota), ver Eurípides, As Suplicantes 404-409. Teseu, rei de Atenas, informa um arauto tebano que Atenas não é governada por um único homem, mas é uma cidade livre. "O povo governa, por seqüência anual de cargos, sucessivamente [...]". Teseu é presumivelmente arkhon basileus.

33. Júlio César I. i.; Macbeth II. iii.

34. Anfitrião 149, 164; a portu; 460: ibo ad portum.

35. Parece ter causado certa dúvida em tempos antigos, uma vez que o escólio se dá ao trabalho de explicar que não significa o que diz. O comentário é obscuro, mas parece sugerir que ναῦς, neste verso, é empregado metaforicamente para "cidade". Isso naturalmente é impossível, em vista da combinação de ναῦς e τεῖχος.

ATENAS 53

contudo, perfeitamente adequada num contexto ateniense, mais que tebano: o poder ateniense dependia de duas coisas, das fortificações (as Grandes Muralhas) e dos navios, e esta expressão é um clichê da oratória ática recorrente em quase toda discussão acerca da natureza e da história da política e do poder imperial ateniense[36].

Este pequeno detalhe é deveras indicativo; a referência tópica e contemporânea encontra-se, inequivocamente, também nos aspectos mais amplos da situação dramática que a peça apresenta. Atenas, como Tebas na peça, sofreu as devastações do flagelo; as condições terríveis descritas pelo coro no estásimo de abertura devem ter recordado ao público não o passado mítico mas o presente imediato[37]. E as semelhanças entre Édipo e Péricles, se bem que em geral exageradas e super interpretadas, são ainda extraordinárias, não podendo ser descartadas levianamente. Péricles estava sob uma maldição hereditária devido ao assassinato sacrílego de Cilo por seus ancestrais, e muito embora o próprio Péricles pareça não ter levado isso muito a sério, seus oponentes políticos indubitavelmente fizeram bom uso do tema: esta culpa hereditária foi invocada, antes dos tempos de Péricles, como uma justificativa para a intervenção espartana armada na política ateniense[38]. O domínio que Édipo exercia em Tebas, uma mescla de autoridade inquestionável e uma disposição de ceder à opinião pública, assemelha-se à de Péricles em Atenas: o sacerdote chama Édipo de "o melhor dos homens" (33), e Tucídides descreve o governo de Atenas como "tecnicamente uma democracia mas, de fato, o domínio do primeiro homem"[39]. E os inimigos de Péricles chamavam-no de *tyrannos*. "A luta civil [*stasis*] e o velho Cronos uniram-se", diz o poeta cômico Cratino, ao falar do nascimento de Péricles, "dando origem ao maior dos *tyrannos*"[40] "[...] este seu poder", diz Plutarco, "que despertou

36. As bases do poder de Atenas após a invasão persa eram as frotas e as muralhas (ambas criação da política de Temístocles; cf. Platão, *Górgias* 455e), e as condições da rendição ateniense em 404 a.C. foram a destruição das muralhas e o confisco dos navios (Andócides iii. 11: τὰ τείχη καθαιρεῖν καὶ τὰς ναῦς παραδιδόναι. Cf. *idem*, 37, 39). Cf. também Lísias xii. 68, xiii. 14, xxviii. 11; Aristófanes Fr. 220; Demétrio, Fr. 2 (Kock, *1*, 796); Licurgo, *Contra Leocrates* 139. Sobre Temístocles, acerca de muralhas e navios, cf. Tucídides i. 93. A destruição de muralhas e a rendição de navios eram condições regulares de capitulação para os aliados rebeldes de Atenas; cf. Tucídides i. 101 (Tasos), 117 (Samos), iii. 50 (Mitilene; cf. iii. 2 e 3). Acerca desta mesma combinação em Sófocles, cf. *Antígona* 954: οὐ πύργος οὐχ ἁλίκτυποι κελαιναὶ νᾶες.
37. Para uma discussão abrangente deste assunto, ver Knox (1), *op. cit.*
38. Cf. Heródoto v. 70.
39. Tucídides ii. 65: ὑπὸ τοῦ πρώτου ἀνδρὸς ἀρχή i. 139: ἀνήρ [...] πρῶτος [...] (cf. *Oedipus Tyrannus* 33: ἀνδρῶν δὲ πρῶτον). Acrescentar Plutarco, *Péricles* 3: οἴκου δὲ καὶ γένους τοῦ πρώτου κατ᾿ ἀμφοτέρους. 16: πρωτεύων. O título, entretanto, não parece ter se limitado a Péricles: cf. Cratino, Fr. 1. 3-4: πάντ᾿ ἀρίστῳ τῶν Πανελλήνων πρώτῳ Κίμωνι [...].
40. Plutarco, *Péricles* 3 (Kock, Fr. 240). Com μέγιστον, cf. *Oedipus Tyrannus* 776.

54 ÉDIPO EM TEBAS

tanta inveja, e do qual se falou como monarquia e *tyrannis*"[41]. "Seus oponentes", diz Plutarco, "chamaram seus associados de jovens Pisístratos, e desafiaram-no a jurar que nunca se tornaria um *tyrannos*, alegando que sua superioridade era por demais imponente e desproporcional às instituições democráticas"[42].

O fato de a situação de Édipo e, mais especialmente, seu título, sugerirem uma comparação com Péricles não deve, entretanto, ser por demais enfatizado[43]. Sófocles não é um poeta cômico que ataca um político contemporâneo como Aristófanes o fez com Cleon em *Os Cavaleiros*; estas similaridades são apenas detalhes acidentais de um padrão básico que alude a uma comparação entre Édipo e a própria cidade de Atenas, e não com qualquer ateniense em particular.

Édipo fala sobre seu poder (*arkhê*, 383) em termos que relembram vividamente avaliações contemporâneas, tanto hostis quanto amistosas, do poder da Atenas de Péricles. "Riqueza e *tyrannis*", ele exclama, ao decidir pela primeira vez que Tirésias e Creonte estão conspirando contra ele, "e talento superior nas rivalidades da vida, quanta inveja e ódio [*phthonos*] se fixam em torno de vós" (380-383). A riqueza e a engenhosidade eram os dois bens mais conspícuos do *tyrannos* ateniense. "Eles estão providos", diz Arquidamos, rei de Esparta, advertindo a Liga do Peloponeso de que Atenas é um inimigo perigoso, "de riqueza, pública e particular, de embarcações e de cavalos, de armas e de uma população maior do que a que pode ser encontrada em qualquer outro território helênico". "A memória perdurará", diz Péricles aos atenienses, "de que somos habitantes de uma cidade dotada de toda espécie de riqueza e grandeza"[44].

Se sua riqueza era a vanglória de seus estadistas e o terror de seus inimigos, a perícia ateniense era a fonte de sua supremacia comercial e naval. Os atenienses eram hábeis na guerra naval, no cerco aos inimigos, na manufatura – em tudo que exigisse a engenhosidade e a adaptabilidade de uma população urbana em vez das qualidades simples da população predominantemente rural de seus inimigos[45]. É contra a

41. Plutarco, *Péricles* 39: ἐπίφθονος ἰσχύς [...] μοναρχία λεγομένη καὶ τυραννίς. Cf. *Oedipus Tyrannus* 380 e ss.: ὦ πλοῦτε καὶ τυραννί [...] ὅσος παρ' ὑμῖν ὁ φθόνος φυλάσσεται [...].

42. Plutarco, *Péricles* 16. Seu professor Dámon foi condenado ao ostracismo por ser "favorável à tirania", φιλοτύραννος (*idem*, 4).

43. Earle, *op. cit.*, p. 53, resume bem o caso: "Traços de Péricles aparecem – pode-se dizer quase que inevitavelmente – no Édipo de Sófocles".

44. Tucídides i. 80: πλούτῳ τε ἰδίῳ καὶ δημοσίῳ [...] (Arquidamo); ii. 64: πόλιν τε τοῖς πᾶσιν εὐπορωτάτην [...] ᾠκήσαμεν (Péricles). Sobre a riqueza ateniense, cf. também Tucídides ii. 13 (o inventário feito por Péricles das reservas de Atenas) e vi. 31 (o comentário de Tucídides sobre o custo da expedição à Sicília). Cf. também Êupolis, Fr. 307: πόλιν [...] ἀφθονεστάην [...] χρήμασιν [...].

45. O cerco aos inimigos. Tucídides i. 102, 142. Acerca dos peloponesos como "fazendeiros", cf. Tucídides i. 141 (Péricles). Sobre a habilidade e o espírito inventivo

ATENAS   55

dinâmica da habilidade ateniense que os coríntios advertem Esparta
no congresso dos aliados do Peloponeso:

Para eles, vossa atitude é antiquada. Pois em questões técnicas e artísticas
[*tekhnês*], sempre prevalece o desenvolvimento mais recente. Para uma comunidade
que pode viver em paz, instituições inalteráveis são as melhores, mas quando situações diferentes devem ser confrontadas, fazem-se necessários muitos expedientes
habilidosos[46].

Acima de tudo, a superioridade técnica ateniense na guerra naval é reconhecida e temida por seus oponentes; comandantes inimigos não podem negá-la e, para encorajar seus próprios marinheiros,
devem tentar minimizar sua importância. "Sem coragem", diz o almi-
rante espartano a seus homens antes de uma das batalhas navais no
Golfo de Naupacto, "nenhuma proficiência técnica serve de auxílio
contra o perigo [...] a habilidade sem a bravura não traz vantagem
alguma"[47]. No debate no congresso do Peloponeso, a ênfase é diferente. "Tão logo elevemos nossa habilidade ao nível deles", dizem
os coríntios, "nossa coragem nos dará a vitória. Coragem é um dom
natural que não pode ser aprendido, mas a habilidade superior deles
é algo adquirido, que deve ser atingido pela prática"[48]. Péricles, no
entanto, não teme que os atenienses percam a longa liderança que
estabeleceram na corrida pela supremacia técnica naval. "Nossos
inimigos", ele diz,

não adquirirão a habilidade naval com facilidade; mesmo vós, que a praticais desde a
Guerra Persa, ainda não tendes domínio sobre ela [...] O poder naval, como tudo o
mais, é uma questão de habilidade; não pode ser exercitado casualmente ou como ocu-
pação secundária, ao contrário, ele exclui ocupações secundárias[49].

A "riqueza, a *tyrannis* e a habilidade" de Atenas, como as de
Édipo, fomentam *phthonos*, "ódio" e "inveja". "Quando considerais a
energia e a inteligência que exibimos então", dizem os mensageiros
atenienses a Esparta, "porventura somos merecedores do ódio e da

dos atenienses, cf. Isócrates 4. 40 (um tributo ao papel de Atenas como inventora e
transmissora do progresso técnico: καὶ μὲν δὴ καὶ τῶν τεχνῶν τάς τε πρὸς
τἀναγκαῖα τοῦ βίου χρησίμας καὶ τὰς πρὸς ἡδονὴν μεμηχανημένας, τὰς μὲν
εὑροῦσα, τὰς δὲ δοκιμάσασα χρῆσθαι τοῖς λοιποῖς παρέδωκεν, e Plutarco, *Da
Glória dos Atenienses* 345F: μήτηρ καὶ τροφὸς [...] τεχνῶν. Sobre os "ofícios"
atenienses no século V, cf. [Xenofonte], *A Constituição de Atenas* 12: δεῖται ἡ πόλις
μετοίκων διά τε τὸ πλῆθος τῶν τεχῶν [...]
    46. Tucídides i. 71: πολλῆς καὶ τῆς ἐπιτεχνήσεως δεῖ [...].
    47. *Idem*, ii. 87: ἄνευ δὲ εὐψυχίας οὐδεμία τέχνη πρὸς τοὺς κιδύνους ἰσχύει
[...] τέχνη δὲ ἄνευ ἀλκῆς οὐδὲν ὠφελεῖ.
    48. *Idem*, i. 121: ἐπιστήμη.
    49. *Idem*, i. 142: τὸ δὲ ναυτικὸν τέχνης ἐστίν, ὥσπερ καὶ ἄλλο τι [...].

56 ÉDIPO EM TEBAS

inveja excessivos que os gregos sentem por nós, por causa do império
que mantemos?"[50] "Todo aquele que", diz Péricles,

não possui [um império como o nosso] nos invejará. Ser odiados e considerados ofensivos sempre tem sido temporariamente a sina daqueles que se sentiram dignos de governar a outros. A decisão correta é aceitar essa inveja quando o poder envolvido é grande[51].

O *arkhê* ateniense, assim como o de Édipo, não é um poder herdado mas algo comparativamente novo no mundo grego, que foi ganho pelo esforço próprio. Péricles refere-se com orgulho aos antepassados dos atenienses aos quais se dirige como homens "que por seus próprios méritos, e não por herança, ganharam este poder e o mantiveram"[52]. E, como poder de Édipo, foi originalmente oferecido, não procurado. "Este poder", diz Édipo, "que a cidade pôs em minhas mãos, como um presente, sem que eu o pedisse [...]" (383-384). "Não tomamos o poder pela força", relembram os enviados atenienses aos espartanos [...] os próprios aliados vieram a nós e solicitaram que fôssemos seus líderes [...] um império nos foi oferecido, e nós o aceitamos"[53].

II

Estas semelhanças entre a supremacia ateniense na Grécia e o poder peculiar de Édipo em Tebas sugerem que a palavra *tyrannos*, conforme aplicada a ele, faz parte de um padrão mais amplo, ou seja, uma comparação entre Édipo e a própria cidade de Atenas. O caráter de Édipo é igual ao do povo ateniense. Em suas habilidades e fraquezas, suas virtudes e defeitos, ele é um microcosmo do povo da Atenas

50. *Idem*, i. 75: ἆρ' ἀξιοί ἐσμεν [...] καὶ προθυμίας ἕνεκα τῆς τότε καὶ γνώμης ξυνέσεως ἀρχῆς γε ἧς ἔχομεν τοῖς "Ελλησι μὴ οὕτως ἄγαν ἐπιφθόνως διακεῖσθαι; Os paralelos com a linguagem da peça de Sófocles são extraordinários: τῆς πάρος προθυμίας (48), γνώμη/ κυρήσας (398), τῆσδέ γ' ἀρχῆς οὕνεχ'(383), ὅσος [...] φθόνος (382). A respeito do mesmo sentimento, cf. Lísias ii. 48.

51. Tucídides ii. 64: εἰ δέ τις μὴ κέκτηται, φθονήσει [...].

52. Tucídides ii. 62: μετὰ πόνων καὶ οὐ παρ' ἄλλων δεξάμενοι.

53. *Idem*, i. 75: ἐλάβομεν οὐ βιασάμενοι [...] αὐτῶν δεηθέντων ἡγεμόνας καταστῆναι. 76 ἀρχὴν διδομένην ἐδεξάμεθα. Cf. *Oedipus Tyrannus* 383 e ss.: ἀρχῆς [...] ἣν ἐμοὶ πόλις δωρητὸν οὐκ αἰτητὸν εἰσεχείρισεν. Cf. também Tucídides vi. 76 (Hermócrates sobre os atenienses): ἡγέμονες γὰρ γενόμενοι ἑκόντων τῶν τε 'Ιώνων. Isócrates 4. 72: δόντων μὲν τῶν ἄλλων 'Ελλήνων. Dinarco i. 37.

Como Édipo, Atenas era πρῶτος (cf. *Oedipus Tyrannus* 33 e Tucídides iv. 95: ἀξίως [...] τῆς τε πόλεως ἣν ἕκαστος πατρίδα ἔχων πρώτην ἐν τοῖς "Ελλησιν ἀγάλλεται e Heródoto ix.27) e μέγας (cf. Heródoto v. 66: 'Αθῆναι ἐοῦσαι καὶ πρὶν μεγάλαι [...] ἐγίνοντο μέζονες [...] Tucídides ii. 61: πόλιν μεγάλην οἰκοῦντας. Aristófanes, *Os Cavaleiros* 178, 180, 838; *As Aves* 37; e Tucídides i. 23 e ii. 64, onde a palavra é repetida como um refrão). Como Édipo (8, 1207), Atenas era κλεινάι, cf. Sófocles, *Ájax* 861, Fr. 323; Eub. 10 (Kock ii); Píndaro, Fr. 64 (Bowra); Eurípides, *Os Heráclidas* 38).

ATENAS 57

de Péricles. Tal conceito generalizado, o "caráter ateniense", já era corrente nos fins do século V, como vemos a partir dos discursos em Tucídides (especialmente o contraste brilhante entre o caráter ateniense e o espartano, feito pelos coríntios no primeiro livro); para encontrar um exemplo de um caráter nacional retratado no palco trágico, temos apenas de olhar para *Andrômaca*, de Eurípides, onde Menelau é claramente um retrato hostil, à beira da caricatura, dos piores aspectos do caráter espartano, tal como era visto pelos atenienses em tempos de guerra[54]. A personalidade de Édipo, uma dos mais multifacetadas e amplamente desenvolvidas em toda a tragédia grega, apresenta uma semelhança extraordinária com o caráter ateniense, do modo como o encontramos retratado pelos historiadores, dramaturgos e oradores dos últimos anos do século V.

O magnífico vigor de Édipo e sua crença na ação são características acentuadamente atenienses. "Atenas", diz Péricles, "será a inveja do homem que possui a vontade de agir"[55], e esta jactância é totalmente apoiada pelo empolgante sumário de Tucídides acerca da atividade dos "cinqüenta anos". No mesmo discurso, Péricles faz um dos maiores elogios a esta espécie de ação rápida e resoluta, tão típica de Édipo: "Aqueles que, face às circunstâncias hostis, são menos adversamente afetados no seu julgamento, reagindo de forma resoluta com ação, são os cidadãos e os Estados mais eficazes"[56]. Os inimigos de Atenas, ao mesmo tempo em que reconhecem a existência do vigor ateniense, adotam naturalmente uma visão menos favorável acerca dele. "Sua idéia de um dia festivo", dizem os coríntios, "é fazer o que é necessário"[57]. E esta avaliação hostil, se bem que admiradora, da genialidade ateniense termina com o famoso epigrama: "Eles nasceram para nunca viver em paz e para impedir que o restante da humanidade faça o mesmo"[58]. Esta é uma descrição apropriada de Édipo na peça: sua

---

54. Retratos elogiosos do caráter ateniense são também comuns (O Teseu de Sófocles em *Édipo em Colono*, Demofonte e Teseu, de Eurípides).

55. Tucídides ii. 64: ταῦτα ὁ μὲν ἀπράγμων μέμψαιτ᾽ ἄν, ὁ δὲ δρᾶν τι καὶ αὐτὸς βουλόμενος ζηλώσει. Sobre δρᾶν em *Oedipus Tyrannus,* cf. capítulo 1, nota 24.

56. Tucídides ii. 64: οἵτινες πρὸς τὰς ξυμφορὰς γνώμῃ μὲν ἥκιστα λυποῦνται, ἔργῳ δὲ μάλιστα ἀντέχουσιν, οὗτοι καὶ πόλεων καὶ ἰδιωτῶν κράτιστοί εἰσιν. Cf. *Oedipus Tyrannus* 618 e ss. e também Tucídides vi. 87 (πολυπραγμοσύνη ateniense).

57. Tucídides i. 70: μήτε ἑορτὴν ἄλλο τι ἡγεῖσθαι ἢ τὸ τὰ δέοντα πρᾶξαι. Isso soa como uma alfinetada maliciosa no que diz respeito à prática espartana de evitar ação crítica celebrando um festival conveniente (cf. Heródoto vi. 106, Maratona; vii. 206, Termópilas; ix. 7, o segundo ataque persa contra Atenas).

58. Tucídides i. 70: πεφυκέναι ἐπὶ τῷ μήτε αὐτοὺς ἔχειν ἡσυχίαν μήτε τοὺς ἄλλους ἀνθρώπους ἐᾶν. Sobre ἡσυχία, cf. *Oedipus Tyrannus* 620. Acerca do vigor ateniense em geral ver (além de Tucídides i. 70), Heródoto ix. 60 (Pausânias sobre os atenienses); Tucídides i. 74 (os enviados atenienses a Esparta), vi. 18 (o apelo de Alcibíades à tradição de atividade ateniense).

58 ÉDIPO EM TEBAS

vontade de agir nunca falha, forçando Tirésias, Jocasta e o pastor, não obstante sua relutância, a desempenhar suas partes no movimento dinâmico em direção à descoberta da verdade e à queda do herói.

A atividade constante dos atenienses torna-os, bem como a Édipo, ricos em experiência, o que é fonte de orgulho para eles, de conforto para seus amigos e de temor para seus inimigos. "Quaisquer dentre vós que sois atenienses", diz Nícias às suas tropas antes da batalha final em Siracusa, "tendes a experiência de muitas guerras"[59]. É a esta famosa experiência ateniense na guerra naval que Fórmio apela em seu discurso aos marinheiros antes da brilhante vitória naval no Golfo de Naupacto[60]. Pausânias, em Platéia, conclamou os atenienses a tomar lugar na frente contra o contingente persa, lembrando-lhes que somente eles, dentre todos os gregos, já haviam enfrentado a infantaria persa em Maratona: "Vós os compreendeis [...] somos inexperientes"[61]. E os coríntios, em seu apelo para que Esparta atacasse Atenas, exigem novas atitudes, apontando para as modificações feitas pelos atenienses "como resultado de sua grande experiência"[62].

Édipo tem uma coragem magnífica e a coragem de Atenas era a admiração, bem como o terror, da Grécia. Todo orador da cidade invoca a tradição da bravura ateniense em Maratona, Salamina, Platéia e uma série de outros combates. Os atenienses em Platéia, nos diz Heródoto, exigiram que os tegeanos ocupassem uma posição periférica com base nessa reputação de coragem: "é nosso direito hereditário ficar sempre em primeiro lugar"[63]. A coragem que Atenas exibiu na Guerra Persa era, de fato, a causa do medo que os gregos em geral sentiam de Atenas; os aliados de Esparta, de acordo com Tucídides, "temiam a audácia que eles haviam exibido na guerra persa"[64]. Os espartanos também a temiam; Tucídides atribui a este medo a dissolução, pelos espartanos, das forças atenienses que eles mesmos haviam convocado para sitiar os hilotas no monte Ítome – "temendo a audácia e a originalidade dos atenienses [...] eles os enviaram de volta"[65]. Os atenienses da época de Péricles não ficavam atrás nessa tradição de

---

59. Tucídides vii. 61: ὅσοι τε ᾿Αθηναίων πάρεστε, πολλῶν ἤδη πολέμων ἔμπειροι [...].

60. *Idem*, ii. 89.

61. Heródoto ix. 46: ὑμεῖς ἐπίστασθε [...] ἡμεῖς δὲ ἄπειροι.

62. Tucídides i. 71: τὰ τῶν ᾿Αθηναίων ἀπὸ τῆς πολυπειρίας ἐπὶ πλέον ὑμῶν κεκαίνωται. Cf. também Tucídides i. 142 (Péricles sobre a experiência ateniense na terra e no mar), i. 80: θαλάσσης ἐμπειρότατοι (Arquidamo sobre os atenienses), vi. 36: δεινοὶ καὶ πολλῶν ἔμπειροι (Atenágoras sobre os atenienses), iv. 10; Isócrates 4.21: ἐμπειροτάτους.

63. Eles corroboram sua alegação por intermédio de um apelo à história antiga (as guerras contra Euristeu, as amazonas, os troianos) e à mais recente vitória em Maratona. Heródoto ix. 27: ἡμῖν πατρωίων ἐστι ἐοῦσι χρηστοῖσι ἀεὶ πρώτοισι εἶναι.

64. Tucídides i. 90; φοβουμένων [...] τὴν ἐς τὸν Μηδικὸν πόλεμον τόλμαν [...].

65. Tucídides i. 102: δείσαντες τῶν ᾿Αθηναίων τὸ τολμηρόν [...].

ATENAS 59

bravura. Os marinheiros atenienses, diz Tucídides em seu relato das vitórias navais de Fórmio, "há muito tinham esta avaliação acerca de si próprios, que pelo fato de serem atenienses, não deveriam retroceder diante de qualquer número superior de embarcações peloponesas"[66]. "Forçamos todo mar e terra a que abra caminho para nossa coragem", diz Péricles aos atenienses na Oração Fúnebre e, de acordo com Tucídides, a coragem que após dezessete anos exaustivos de guerra inspiraram o ataque ateniense contra a Sicília, era a maravilha de seus contemporâneos[67]. Uma das características constantes desta bravura era ela parecer desproporcional à força ateniense. "Nossos ancestrais", diz Péricles, "repeliram os persas com uma coragem maior que seus recursos", e esta expressão de orgulho ecoa de forma hostil na avaliação que os coríntios faziam das capacidades e habilidades atenienses – "a coragem que possuem é desproporcional ao seus recursos"[68]. Assim como Édipo, são extremamente corajosos quando a situação parece pior. "Exibimos a mais corajosa energia", dizem os enviados a Esparta (estão falando sobre Salamina) "baseada numa cidade não existente e correndo riscos por uma cidade futura que se fundamentava apenas numa tênue esperança"[69].

A presteza de decisão e ação que distingue Édipo é outra qualidade ateniense conhecida. "Eles são rápidos na elaboração de um plano e na sua execução", dizem os coríntios: "são os únicos que simultaneamente esperam e obtêm o que planejam, devido à sua rápida concretização de decisões"[70]. Como Édipo, preferem antecipar a reagir: "Quando os atenienses perceberam [que Pérdicas estava para incitar uma revolta no norte], resolveram antecipá-la", diz Tucídides. Sua ação, quando a revolta de Mitilene parecia iminente foi semelhante – "quiseram antecipá-los"[71]. A celeridade da ação ateniense era, vez após vez, uma surpresa desagradável para seus inimigos: dois exemplos famo-

---

66. *Idem*, ii.88.

67. Tucídides ii. 41: ἐσβατὸν τῇ ἡμετέρᾳ τόλμῃ (Péricles); vii. 28: τὸν παράλογον [...] τῆς δυνάμεως καὶ τόλμης.

68. *Idem*, i. 144: τόλμῃ μείζονι ἢ δυνάμει (Péricles); i. 70: παρὰ δύναμιν τολμηταί [...] (coríntios).

69. *Idem*, i. 74: προθυμίαν δὲ καὶ πολὺ τολμηροτάτην [...] ἀπό τε τῆς οὐκ οὔσης ἔτι ὁρμώμενοι καὶ ὑπὲρ τῆς ἐν βραχείᾳ ἐλπίδι οὔσης κινδυνεύοντες. Cf. [Lísias] *Epitáfio* 58: ἐπέδειξαν δὲ καὶ ἐν ταῖς δυστυχίαις τὴν ἑαυτῶν ἀρετήν. A respeito de outras referências à coragem ateniense, ver Tucídides i. 70: ἄοκνοι, ii. 39, 89, vi. 31, 33.

70. Tucídides i. 70: ἐπινοῆσαι ὀξεῖς καὶ ἐπιτελέσαι ἔργῳ ἃ ἂν γνῶσιν [...] μόνοι γὰρ ἔχουσί τε ὁμοίως καὶ ἐλπίζουσιν ἃ ἂν ἐπινοήσωσι διὰ τὸ ταχεῖαν τὴν ἐπιχείρησιν ποιεῖσθαι ὧν ἂν γνῶσιν.

71. *Idem*, i. 57: προκαταλανβάνειν, iii. 3. προκαταλαβεῖν. Cf. o conselho dos córciros (Tucídides i. 33): ἡμέτερον δέ γ᾽ αὖ ἔργον προτερῆσαι [...] καὶ προεπιβουλεύειν αὐτοῖς μᾶλλον ἢ ἀντεπιβουλεύειν com *Oedipus Tyrannus* 618-621.

60 ÉDIPO EM TEBAS

sos são a construção das muralhas após a invasão persa e a edificação do muro que cercava Siracusa, que "surpreendeu seus habitantes pela rapidez com que foi construído"[72]. "Trataram do perigo com tanta presteza", diz o autor do enredo da *Oração Fúnebre* atribuída a Lísias (ele está falando acerca de Maratona), "que os mesmos mensageiros anunciaram ao restante da Grécia tanto a chegada dos persas como a vitória de nossos antepassados"[73].

Como Édipo, os atenienses, justamente graças à sua própria rapidez de decisão e ação, ficam impacientes com o vagar de outras pessoas ou de acontecimentos. "Se não levam a cabo um plano que formaram, consideram-se privados de algo que realmente possuíam", dizem os coríntios (Tucídides i.70). Heródoto conta a história do oráculo que veio aos atenienses de Delfos, ordenando-lhes que reservassem um recinto para Éaco e esperassem trinta anos antes de começar a guerra contra Egina, sobre a qual tinham consultado o oráculo. Reservaram o recinto para Éaco, "mas", diz Heródoto, "não puderam suportar a espera de trinta anos [...] Deram início aos preparativos para a retaliação"[74].

Esta combinação de ação rápida e reflexão cuidadosa que vemos em Édipo reflete-se na confiança que os atenienses tinham na discussão como preparativo para a ação e não, como parece a certas pessoas, um elemento dissuasivo dela. "Não acreditamos", diz Péricles,

que a discussão seja um impedimento à ação. Somos únicos em nossa combinação da mais corajosa ação com uma discussão racional de novos projetos, ao passo que os outros são corajosos em demasia, seja devido à ignorância ou cautelosos pelo bom senso[75].

A inteligência da qual Édipo tanto se orgulha é outra característica ateniense reconhecida. Heródoto, comentando sobre o retorno de Pisístrato ao poder por meio de um "truque tolo", professa sua admiração de que tais coisas pudessem ter acontecido em Atenas, "entre os atenienses, sobre os quais se diz que são os primeiros dentre os gregos

72. Sobre as muralhas de Atenas, cf. Tucídides i. 93: ἐν ὀλίγῳ χρόνῳ, sobre Siracusa vi. 98: ἔκπληξιν [...] παρέσχεν τῷ τάχει τῆς οἰκοδομίας. Cf. também iv. 8 (a fortificação de Pylos): οἰκοδόμημα διὰ ταχέων εἰργασμένον, e vii. 42 (Demóstenes em Siracusa).

73.[Lísias] *Epitáfio*, 26: οὕτω δὲ διὰ ταχέων [...] Acerca da celeridade ateniense, cf. também Isócrates 4. 87; Plutarco, *Péricles* xiii (o programa de construção de Péricles): μάλιστα θαυμάσιον ἦν τὸ τάχος.

74.Heródoto v. 89: οὐκ ἀνέσχοντο ἀκούσαντες ὅκως χρεὸν εἴη ἐπισχεῖν [...] Acerca da impaciência de Édipo, cf. cap. 1, pp. 12-13. Quando Temístocles, no relato de Tucídides da construção das muralhas de Atenas, desculpa-se por não se apresentar perante a assembléia espartana, alegando que seus colegas ainda não haviam chegado, ele usa uma frase reminiscente da observação de Édipo enquanto esperava por Tirésias: θαυμάζειν ὡς οὔπω πάρεισιν (Tucídides i. 90); cf. *Oedipus Tyrannus* 289: πάλαι δὲ νὴ παρὼν θαυμάζεται.

75.Tucídides ii. 40: τολμᾶν τε οἱ αὐτοὶ μάλιστα καὶ περὶ ὧν ἐπιχειρήσομεν ἐκλογίξεσθαι.

ATENAS 61

na sabedoria"[76]. Os oradores atenienses referem-se ao papel desempenhado pela cidade nas guerras persas não só em termos de coragem como também de inteligência. Os enviados a Esparta falam da "energia e da inteligência que então exibimos"[77], e Péricles alega que a derrota persa deveu-se à "inteligência e não à sorte"[78]. Acerca de sua própria geração, ele se vangloria de que "cultivamos a mente sem perder a coragem"[79], e em seu último discurso diz aos atenienses para que contem com sua superioridade intelectual sobre o inimigo.

Enfrentai nossos inimigos não só com a confiança mas também com o desdém. A confiança pode brotar simplesmente da ignorância afortunada, e existir num covarde; o desprezo é reservado para aquele que tem confiança em sua superioridade intelectual sobre o inimigo, e este é o nosso caso. A inteligência reforça a coragem que está baseada na igualdade das probabilidades, acrescentando o desprezo, e esta inteligência não confia na esperança, que é uma fonte de força no desespero, mas num julgamento ponderado das circunstâncias, que fornece uma previsão mais confiável[80].

Tal autoconfiança magnífica, tão típica de Édipo, é a nota dominante nos discursos que Tucídides atribui a Péricles nos dois primeiros livros de sua história. A estimativa dos potenciais de guerra ateniense e espartano que Péricles apresenta em seu discurso instigando a rejeição das exigências espartanas, bem como o panegírico do temperamento e das instituições atenienses na Oração Fúnebre, são testemunhos eloqüentes da confiança ilimitada que Atenas depositava em sua capacidade de superar toda oposição e todos os obstáculos. Mesmo numa Atenas castigada pelo flagelo e pelas invasões peloponesas, Péricles pode falar das ilimitadas potencialidades atenienses: "A terra e o mar são os dois elementos úteis para o homem, e sobre o mar sois mestres absolutos, chegando aos confins de vosso império e tão longe quanto desejardes"[81]. E dos atenienses que tombaram no primeiro ano da guerra Péricles diz: "Eles consignaram à esperança a chance invisível do sucesso, mas na hora de agir, onde tudo se via claramente, pensaram que o certo era depender de si mesmos"[82]. Esta confiança pode levar os atenienses, como fez com Édipo, a esperanças extravagantes. "Quando se beneficiam de uma iniciativa", dizem os coríntios, "pen-

---

76. Heródoto i. 60: τοῖσι πρώτοισι λεγομένοισι εἶναι Ἑλλήων σοφίην.
77. Tucídides i. 75: προθυμίας ἕνεκα τῆς τότε καὶ γνώμης ξυνέσεως [...].
78. *Idem*, i. 144: γνώμη τε πλέονι ἤ τύχῃ. Cf. *Oedipus Tyrannus* 398.
79. *Idem*, ii. 40: φιλοσοφοῦμεν ἄνευ μαλακίας.
80. *Idem*, ii. 62: καταφρόνησις δὲ ὃς ἂν καὶ γνώμη πιστεύη τῶν ἐναντίων προύχειν [...].
81. *Idem*, ii. 62: δύο μερῶν τῶν ἐς χρῆσιν φανερῶν [...]. Acerca desses dois "elementos", cf. Sófocles, *Antígona* 335-338.
82. Tucídides ii. 42: σφίσιν αὐτοῖς ἀξιοῦντες πεποιθέναι. Comparar o que Tucídides diz sobre os mitilênios (iii.5): οὔτε ἐπίστευσαν σφίσιν αὐτοῖς.

62 ÉDIPO EM TEBAS

sam terem ganho pouco, em comparação ao que deve chegar"[83]. E suas esperanças, como as de Édipo, são mais fortes face ao perigo e até mesmo a um desastre iminente. "Em tais crises", diz Demóstenes sobre Esfactéria, dirigindo-se aos homens que estão prestes a atacar a infantaria espartana em solo espartano, "que nenhum de vós tente ganhar uma reputação de inteligência calculando toda a extensão do perigo que nos rodeia. Em vez disso, concordai com o inimigo numa esperança afoita"[84]. E Nícias, em circunstâncias ainda mais perigosas, antes da última batalha de Siracusa, diz às suas tropas: "Mesmo em nossa situação presente devemos ter esperanças. Homens já foram salvos de dificuldades ainda mais terríveis [...] minha esperança no futuro permanece confiante"[85]. "Em circunstâncias terríveis", dizem os coríntios, "estão cheios de esperança"[86]; tudo isso soa como um comentário acerca das esperanças manifestadas por Édipo depois da penosa despedida de Jocasta.

Ao falar da solução do enigma da Esfinge, Édipo alega ter sido ele o amador ("o Édipo que nada sabe", 397) que superou o profissional, Tirésias, envergonhando-o em seu próprio campo. Isso se assemelha às alegações arrogantes de Péricles aos cidadãos da democracia ateniense.

No treinamento militar, nossos inimigos perseguem o objetivo da coragem por meio de exercícios laboriosos que tiveram início na tenra juventude, enquanto nós vivemos uma vida livre de restrições e ainda assim encaramos os mesmos perigos [...] Preferimos enfrentar o perigo levando as coisas tranqüilamente, em vez de com treinamento laborioso, com uma coragem que advém mais do caráter do que de instituições[87].

Esta prezada superioridade do amador inteligente foi extremamente desenvolvida em Temístocles, o arquétipo tucididiano do caráter democrático ateniense em sua melhor forma.

Ele tinha competência para fazer um julgamento adequado mesmo em questões nas quais não possuía nenhuma experiência [...] Por intermédio de uma inteligência inata, sem nada aprender antes ou depois do acontecido, ele era o juiz mais eficaz da questão imediata com a menor deliberação.

Somos lembrados das avaliações da solução que Édipo deu ao enigma, tanto as dos sacerdotes – "sem saber mais do que nós e sem

---

83. *Idem*, i. 70 ὀλίγα πρὸς τὰ μέλλοντα τυχεῖν πράξαντες.
84. *Idem*, iv. 10: ἀπερισκέπτως εὐέλπις.
85. *Idem*, vii. 77: ἐλπίδα χρὴ ἔχειν [...] ἐλπὶς [...] θρασεῖα. Cf. *Oedipus Tyrannus* 835: Coro: [...] ἔχ᾽ ἐλπίδα, Édipo: καὶ μὴν τοσοῦτον γ᾽ ἐστὶ μοι τῆς ἐλπίδος [...].
86. Tucídides i. 70: ἐν τοῖς δεινοῖς ἐυέλπιδες. Cf. Εὐελπίδης, os atenienses em *As Aves*, de Aristófanes. Ehrenberg (1), p. 57, nota 2, cita este paralelo de Croiset e acrescenta Tucídides vi. 24 (εὐέλπιδες ὄντες σωθήσεσθαι) e iv. 10.
87. Tucídides ii. 39: ῥαθυμίᾳ μᾶλλον ἢ πόνων μελέτῃ [...] τρόπων ἀνδρείας.

ATENAS

ensinamento algum" – quanto as do próprio Édipo – "encontrando a resposta por meio da inteligência, não a aprendendo dos pássaros"[88].

A adaptabilidade e a versatilidade de Édipo, seu sucesso ao impor-se em ambientes não familiares, mesmo em circunstâncias desastrosas, são tipicamente atenienses. "Sintetizo tudo", diz Péricles, "afirmando que a cidade inteira é a escola da Hélade, e que o cidadão ateniense individual dirige-se aos mais variados tipos de ação como uma personalidade auto-suficiente, com versatilidade e fascínio máximos"[89]. O exemplo clássico desta adaptabilidade é novamente Temístocles que, exilado de Atenas e expulso da Grécia, refugiou-se em Sardes. Como Édipo em Tebas, ele era um forasteiro (e bastante odiado por causa disso), todavia, dentro de um ano, galgou uma posição de poder. "Obteve a melhor compreensão possível da língua persa", diz Tucídides, "e também dos costumes do país. Tinha mais poder sobre o rei do qualquer outro grego antes dele"[90].

A dedicação de Édipo à cidade é outro traço ateniense. "Sou um amante da cidade", diz Péricles[91], e na Oração Fúnebre conclama seus concidadãos a serem amantes da cidade em termos mais fortes, utilizando a palavra *erastae*, que sugere a paixão violenta do amante pelo amado[92]. "Pela causa da sua cidade", dizem os coríntios, "utilizam seus corpos como se estes não lhes pertencessem"[93].

O faro aguçado de Édipo por um conluio é tão ateniense que o público espectador pode muito bem ter desfrutado do desenvolvimento de suas suspeitas sutis[94]. Tal atitude justificava-se à luz da experiência política ateniense. A democracia estava ameaçada, já nos primeiros dias de sua existência, por conspiradores oligárquicos que não se abstinham em trocar informações com forças estrangeiras ou mesmo inimigas. O sinal de aviso para a frota persa depois da Batalha de Maratona (quem quer que tenha sido responsável por ele) foi apenas a primeira de uma longa série de manobras traiçoeiras. Uma intriga semelhante foi levada a cabo antes da batalha de Tanagra, em 457 a.C.

---

88. *Idem*, i. 138: οἰκείᾳ γὰρ ξυνέσει καὶ οὔτε προμαθὼν ἐς αὐτὴν οὐδὲν οὔτ' ἐπιμαθών [...] ὧν δ'ἄπειρος εἴη, κρῖναι ἱκανῶς. Cf. *Oedipus Tyrannus* 37-38: οὐδὲν ἐξειδὼς πλέον οὐδ' <u>ἐκδιδαχθείς</u>, 398: γνώμῃ κυρήσας οὐδ'ἀπ'οἰωνῶν <u>μαθών</u>.

89. Tucídides ii. 41: τὸν αὐτὸν ἄνδρα παρ'ἡμῶν ἐπὶ πλεῖστ'ἂν εἴδη καὶ μετὰ χαρίτων μάλιστ'ἂν εὐτραπέλως τὸ σῶμα αὔταρκες παρέχεσθαι. Cf. *Oedipus Tyrannus* 11-12: ὡς θέλοντος ἂν ἐμοῦ προσαρκεῖν πᾶν, 145: ὡς πᾶν ἐμοῦ δράσοντος [...].

90. Tucídides i. 138. Sobre outro exemplo de adaptabilidade ateniense, ver iv. 9.

91. *Idem*, ii. 60: φιλόπολις. Cf. *Oedipus Tyrannus* 510: ἁδύπολις.

92. Tucídides ii. 43: ἐραστὰς γιγνομένους αὐτῆς. Cf. *Oedipus Tyrannus* 601: ἐραστὴς τῆσδε τῆς γνώμης (Creonte). Esta é a única ocorrência da palavra em Sófocles.

93. Tucídides i. 70: τοῖς μὲν σώμασιν ἀλλοτριωτάτοις ὑπὲρ τῆς πόλεως [...].

94. Cf. Whitman, *op. cit.*, p. 268, nota 31: "Creio que os atenienses vivos teriam [...] aprovado sua argúcia em farejar uma conspiração".

64 ÉDIPO EM TEBAS

"Certos atenienses", diz Tucídides, "convidavam secretamente os espartanos, esperando que pudessem pôr fim ao regime democrático [...] os atenienses desconfiavam que a democracia seria destruída"[95]. Na época da expedição siciliana, a mutilação das hermas foi tomada imediatamente como indicação de uma ação conspiratória contra a democracia; os atenienses "reagiram a tudo com suspeita", seu espírito era "feroz e desconfiado"[96]. Péricles estava cônscio da natureza desconfiada de seus conterrâneos, e no início da guerra receou que se sua propriedade fosse poupada quando da devastação espartana da Ática, ele seria suspeito de conluio com o inimigo; anunciou, portanto, publicamente, que caso suas terras fossem poupadas, ele as daria ao Estado[97]. Sob a tensão da guerra e do flagelo, esta suspeita transformou-se numa obsessão doentia. "O homem que oferece excelentes conselhos é suspeito de fazê-lo em proveito próprio", queixa-se Diódoto, em seu discurso contra Cleon no debate sobre Mitilene; "[...] quando o homem faz o que é claramente uma boa contribuição para a política pública, sua recompensa é uma suspeita de que, de alguma forma obscura, ele esteja se beneficiando dela pessoalmente"[98].

Esse tipo particular de conspiração do qual Édipo desconfia – um conluio político que utiliza pretextos e maquinismos religiosos – pode de fato encontrar seus paralelos na história ateniense. "Iságoras", diz Heródoto em seu relato das primeiras batalhas da democracia ateniense,

derrotado por sua vez, reagiu com o seguinte artifício. Convocou Cleômenes, o espartano [...] Cleômenes, seguindo a sugestão de Iságoras, enviou um arauto exigindo que Clístenes [o oponente de Iságoras], bem como um grande número de atenienses que, segundo ele declarara, estavam sob uma maldição, fossem expulsos da cidade[99].

A palavra que Heródoto usa para caracterizar a "expulsão dos amaldiçoados" é *agêlatein*, "expulsar a mácula", exatamente a palavra utilizada por Édipo para descrever o que acredita ser a intenção de Tirésias e Creonte[100]. E este "artifício" foi novamente usado pelos espartanos. Antes do início da Guerra do Peloponeso, exigiram que Péricles fosse expulso de Atenas pelas mesmas razões[101]. A suspeita inicial de Édipo, que serve de base para as acusações explícitas e circunstanciais subseqüentes contra Tirésias e Creonte,

95. Tucídides i. 107: δήμου καταλύσεως ὑποψία.
96. *Idem*, vi. 53: πάντα ὑπόπτως ἀποδεχόμενοι [...] πάντα ὑπόπτως ἐλάμβανεν (sc. ὁ δῆμος), 60: ὁ δῆμος [...] χαλεπὸς ἦν τότε καὶ ὑπόπτης.
97. *Idem*, ii. 13: μηδεμίαν οἱ ὑποψίαν κατὰ ταῦτα γίγνεσθαι...
98. *Idem*, iii. 43: ὑποπτεύηται κέρδους μὲν ἕνεκα τὰ βέλτιστα δὲ ὅμως λέγειν.
99. Heródoto v. 70: τούς ἐναγέας ἐπιλέγων [...].
100. *Idem*, v. 72: ἀπικόμενος δὲ ἀγηλατέει ἑπτακόσια ἐπίστια Ἀθηναίων. Cf. *Oedipus Tyrannus* 402: ἀγηλατήσειν. Esta palavra ocorre em Sófocles somente aqui.
101. Tucídides i. 126: τὸ ἄγος ἐλσύνειν. Cf. 127.

ATENAS 65

advém da crença de que o assassinato de Laio nunca teria sido executado por um único homem, a não ser que este tivesse o apoio de conspiradores em Tebas. "Como poderia o malfeitor ter demonstrado tanta ousadia, sem que tivessem existido algumas negociações e corrupção em Tebas?" (124-125). Da mesma forma, o coro em *As Vespas*, de Aristófanes, excelente detetor de conspirações, não pode acreditar que Bdelycleon tivesse impedido seu pai de comparecer ao tribunal sem algum apoio conspiratório: "O homem nunca teria tido a audácia de dizer o que disse, a menos que houvesse algum conspirador que o apoiasse"[102].

A ira de Édipo é facilmente reconhecível, como a fúria terrível do povo ateniense, que os políticos da cidade haviam aprendido a temer. O relato de Heródoto acerca do apedrejamento de Lícidas (que sugeriu aceitar a abertura de diálogo proposta pelos persas antes da batalha da Platéia) e do assassinato de sua esposa e filhos pelas mulheres atenienses, é um espécime das potencialidades monstruosas da ira ateniense[103]. Péricles conhecia este temperamento muito bem. "Eu esperava por esta reação irada", diz ele a uma assembléia exasperada pela invasão e pelo flagelo; "ele quis", diz Tucídides, "reduzir seu temperamento colérico e transformá-lo num estado de espírito mais brando"[104]. "Péricles teve medo", diz o coro de Aristófanes ao público ateniense em *Paz*, "receando vossa natureza e vosso hábito de morder uma só vez"[105]. Esta cólera veio à tona contra os suspeitos mutiladores das hermas e depois do desastre siciliano contra os comerciantes de oráculos, que haviam profetizado sucesso[106]. Aristófanes nunca se cansa de reverberar as mudanças sobre este tema; seu Demos (o povo ateniense) em *Os Cavaleiros* é descrito como "um velho homem [...] de ira rude [...] irascível"[107] e Aristófanes refere-se com freqüência a um dos aspectos dessa fúria ateniense que concerne a ele diretamente, a do público teatral, da qual, por exemplo, sofreu o poeta cômico Crato[108]. Os jurados atenienses em *As Vespas* iam para o tribunal como se para a guerra, "com uma ração de fúria cruel suficiente para três dias"[109], e ao longo da comédia

---

102. Aristófanes, *As Vespas* 343-345: οὐ γὰρ ἄν ποθ᾽ οὗτος ἀνήρ τοῦτ᾽ ἐτόλμησεν λέγειν εἰ μὴ ξυνωμότης τις ἦν. Cf. *Oedipus Tyrannus* 124-125: πῶς οὖν ὁ λῃστής, εἴ τι μὴ ξὺν ἀργύρῳ ἐπράσσετ᾽ ἐνθένδ᾽ ἐς τόδ᾽ ἄν τόλμης ἔβη.
103. Esta ação é citada com aprovação por Licurgo, *Contra Leocrates*, 122.
104. Tucídides ii. 60: προσδεχομένῳ μοι τὰ τῆς ὀργῆς ὑμῶν, 59: ἐβούλετο [...] ἀπαγαγὼν τὸ ὀργιξόμενον τῆς γνώμης [...].
105. Aristófanes, *A Paz* 606-607: Περικλέης φοβηθεὶς [...] τὰς φύσεις ὑμῶν δεδοικὼς καὶ τὸν αὐτοδὰξ τρόπον.
106. Tucídides vi. 60: αὐτῶν [...] ὀργιξομένων, viii. 1: ὠργίζοντο δὲ καὶ τοῖς χρησμολόγοις.
107. Aristófanes, *Os Cavaleiros* 41-42: γερόντιον [...] ἄγροικος ὀργὴν [...] δύσκολον.
108. *Idem*, 537: Κράτης ὀργὰς ὑμῶν ἠνέσχετο [...].
109. Aristófanes, *As Vespas* 243: ἡμερῶν ὀργὴν τριῶν πονηράν [...].

66 ÉDIPO EM TEBAS

enfatizam, como o faz Filocleão, esta característica do júri ateniense. Ela era bastante conhecida nos tribunais bem como na comédia, e ali não era brincadeira. O acusado no caso do assassinato de Herodes implora ao júri para que este decida "sem ira nem preconceito"[110]. "É impossível que um homem enfurecido tome uma boa decisão. Pois a raiva destrói o julgamento do homem, o instrumento de sua deliberação". Tal advertência não era um mero lugar comum retórico, uma vez que ele acabara de lembrar o tribunal do destino dos tesoureiros da liga helênica, falsamente acusados de apropriação fraudulenta de fundos, mas todos (exceto um) foram condenados e sumariamente executados num acesso de cólera. "Sua morte deveu-se à vossa ira, mais que a vosso julgamento"[111].

A ira dos atenienses, no entanto, assim como a de Édipo, poderia arrefecer – às vezes, como no caso dos habitantes de Mitilene, a tempo de evitar uma ação violenta da qual mais tarde se arrependeriam[112], noutras, como no caso dos generais vitoriosos que não conseguiram apanhar seus marinheiros náufragos nas ilhas Arginusas, tarde demais para fazer algo exceto punir aqueles que tinham se aproveitado de seu estado de espírito irado para levá-los a extremos[113].

Uma vontade constante de agir, baseada na experiência, inspirada pela coragem, que se expressa na rapidez e na impaciência, mas que se mantém informada por uma reflexão inteligente, dotada da autoconfiança, do otimismo e da versatilidade do amador brilhante, e desfigurada por uma desconfiança extrema e por explosões de fúria demoníaca ocasionais – este é o caráter tanto de Atenas quanto de Édipo. As virtudes e os defeitos de Édipo são os da democracia ateniense. Édipo, filho de Laio, um herói mítico tebano, foi transformado numa figura contemporânea ateniense. Porém, não um indivíduo específico; as semelhanças que foram apontadas com Temístocles, Péricles e Cleon, são facetas menores de sua semelhança com a própria cidade de Atenas, em toda a sua grandeza, seu poder, sua inteligência e também seus defeitos graves. O público que observava Édipo no teatro de Dionísio contemplava a si mesmo.

III

O caráter do protagonista é, contudo, apenas um dos fatores que se combinam de modo a criar a atmosfera ateniense contemporânea da

---

110. Antífon, 5,71: μὴ μετ' ὀργῆς καὶ διαβολῆς [...].
111. *Idem*, 69: ὀργῇ μᾶλλον ἢ γνώμῃ. Cf. *Oedipus Tyrannus* 524: ὀργῇ βιασθὲν μᾶλλον ἢ γνώμῃ φρενῶν.
112. Cf. Tucídides iii. 36: μετάνοιά τις εὐθὺς ἦν αὐτοῖς [...].
113. Cf. Xenofonte, *História Grega* i. 7. 35: μετέμελε τοῖς 'Αθηναίοις [...].

ATENAS 67

peça. Outro é a natureza de um dos principais módulos da ação. A ação da peça é um processo ateniense característico: trata-se de uma investigação legal, a identificação de um assassino. O próprio Édipo é comparável a Atenas, a *polis tyrannos*, em todo o seu dinamismo político, sua inteligência, seu desejo de poder; sua conduta é apresentada nos termos de um processo legal, um aspecto da organização social civilizada na qual Atenas serviu de exemplo para toda a Grécia e para as gerações seguintes.

A pretensiosa alegação esquiliniana, de que a administração civilizada da justiça teve início no Areópago em Atenas, sob o patronato de Atena[114], ecoa em outras vozes, entre as quais a de Aristóteles[115], e o procedimento legal ático desenvolvera-se e se transformara, nos finais do século V, no mais adiantado e progressista código de lei e procedimentos, alvo de admiração de outras cidades e, para muitas, um *paradeigma*, modelo e exemplo[116]. O nome de Atenas, para os gregos do século V, estava inseparavelmente associado às instituições legais e à litigiosidade, pela qual a cidade era famosa. "Esta não é Atenas", diz Estrepsíades em *As Nuvens*, de Aristófanes, quando sua cidade natal lhe é mostrada num mapa; "não vejo tribunal algum em sessão"[117]. "Os atenienses", diz o autor crítico de *A Constituição de Atenas*, um panfleto antidemocrático do século V, "sentam-se para julgar mais ações legais, públicas e privadas, mais investigações, que o resto da raça humana em conjunto"[118]. A preocupação com formas legais, como indicado pelo tom sarcástico deste comentário, era levada a extremos, e as comédias de Aristófanes mostram que os atenienses estavam cônscios dessa falha e, entre si, sempre queriam ouvir alguma piada sobre o tema. Estavam, não obstante, convictos da superioridade de suas instituições e dos princípios sobre os quais estas se fundamentavam. A declaração feita pelos enviados atenienses ao primeiro congresso do Peloponeso, antes da guerra, não faz concessões a críticas neste ponto. "Somos supostamente amantes do litígio" dizem eles, "porque em casos que envolvem relações contratuais com cidades alia-

114. Ésquilo, *As Eumênides* 682: πρώτας δίκας κρίνοντες.
115. Ver *Diógenes Laércio* v. 17, a respeito da observação de Aristóteles: τοὺς Ἀθηναίους [...] εὑρηκέναι πυροὺς καὶ νόμους. Cf. Aeliano, *Varia Historia* iii.38: δίκας τε δοῦναι καὶ λαβεῖν ηὗρον Ἀθηναῖοι πρῶτοι. Isócrates 4. 39 (citado *infra*, nota 116); Cícero, *Pro Flacco* 62: Atenienses [...] unde [...] iura, leges ortae; Lucrécio vi. 3; Estácio, *A Tebaida* xii 501.
116. Cf. Isócrates 4. 39: αὐτὴν παράδειγμα ποιήσασα· πρώτη γὰρ καὶ νόμους ἔθετο.
117. Aristófanes, *As Nuvens* 208: δικαστὰς οὐχ ὁρῶ καθημένους.Cf. *Idem*, *A Paz* 505, *As Aves* 40-41.
118. [Xenofonte] *A Constituição de Atenas* iii.2: δίκας καὶ γραφὰς καὶ ἐνθύνας ἐπιδικάξειν ὅσας οὐδ᾽ οἱ σύμπαντες ἄνθρωποι ἐπιδικάξουσι. Cf. Xenofonte, *Memorabilia* iii.5.16: πλείστας δίκας ἀλλήλοις δικάξονται.

68 ÉDIPO EM TEBAS

das de nosso império, rebaixamo-nos a seu nível e levamos o caso a julgamento em Atenas, sob leis perante as quais ambas as partes são consideradas iguais"[119]. Conforme continuam assinalando, a queixa de que tais causas são julgadas em Atenas admite a justiça superior da lei ateniense uma vez que, pelo menos, julgamentos são realizados: "Esta não é uma censura dirigida contra outros poderes imperiais, que são menos moderados em suas atitudes para com seus súditos". Pode haver abusos de lei no sistema ateniense de administração imperial, porém ao menos existe uma lei da qual abusar.

Para o estrangeiro, Atenas era uma cidade de tribunais; para o cidadão ateniense, o processo legal fazia parte de sua vida diária, numa medida difícil de imaginar. Os grandes júris e as longas sessões, a freqüência e a multiplicidade de ações legais, públicas e particulares, em toda esfera imaginável e, acima de tudo, a ausência de uma classe profissional, os advogados, e a conseqüente obrigação de fazer pessoalmente a própria defesa, tudo isso fez com que os cidadãos atenienses se familiarizassem com o procedimento legal como parte corriqueira de sua existência como cidadãos. Tecnicalidades legais eram tão corriqueiras em sua boca quanto palavras de uso doméstico. Quase todo cidadão ateniense, mais cedo ou mais tarde, faria parte de um júri e, provavelmente, apresentaria também sua própria defesa diante de outro; o contexto legal era tão natural para o cidadão ateniense quanto o político, e em ambos ele atuava pessoalmente e não por intermédio de representantes.

É nesta atmosfera total e tipicamente ateniense contemporânea que Sófocles fixou o enredo de seu *Oedipus Tyrannus*. A caça pelo assassino de Laio é apresentada nos termos da lei ática, particular e pública. Uma vez mais, a linguagem do poeta sugere que Édipo é uma figura mais contemporânea do que mítica.

A tarefa que Édipo assume, à sugestão do oráculo – encontrar o assassino de Laio – é tal que, no contexto legal da democracia ateniense, teria envolvido tanto a ação legal particular (pois segundo a lei ática era o indivíduo, e não o Estado, quem processava por assassinato) quanto uma ação político-legal pública (pois o homem assassinado era rei de Tebas e a resposta oracular deixa claro não só que seus assassinos eram tebanos[120] mas também que a preservação da cidade dependia de sua identificação e punição). Conseqüentemente, a investigação do assassinato de Laio é investida, por Sófocles, de formas e fórmulas correntes de ambos, o processo político-legal e o privado.

Quando Creonte diz a Édipo (100-101) que Apolo exige ação, seja na forma de banimento ou morte, contra os assassinos para vingar o "sangue que traz a tempestade e o inverno para a cidade", Édipo

---

119. Tucídides i. 77: φίλοδικεῖν δοκοῦμεν [...].
120. 110: ἐν τῇδ' ἔφασκε γῇ [...].

ATENAS 69

caracteriza a declaração de Apolo e a situação resultante com uma palavra que transfere a ação da atmosfera mítica e sobrenatural originária da resposta apolínea para o contexto contemporâneo e prático da lei e da política atenienses. "Sangue de quem?", ele pergunta. "De qual desgraça ele nos informa?"[121]. "Informar" (mênyei) é uma tecnicalidade básica da lei do século V e seu significado técnico é estritamente aplicável à situação apresentada na cena de abertura da peça. "Informação" (mênysis) era o nome atribuído a uma denúncia apresentada perante a assembléia ateniense no que dizia respeito a crimes passados que o informante considerava dignos de investigação, mas que não podia ele próprio levar a juízo, uma vez que não era um cidadão[122]. Ao receber a "informação", a assembléia verificaria sua validade, e caso ela não fosse descartada como patentemente falsa, elegeria investigadores (zêtêtai). Estes ofereceriam recompensas por informações adicionais, prometeriam imunidade às pessoas envolvidas que desejassem denunciar seus cúmplices e fariam a inquirição das testemunhas. Se a investigação produzisse um caso convincente contra pessoas definidas, a transfeririam para a assembléia ou para os tribunais, para procedimentos adicionais.

Na peça de Sófocles, Apolo, um não-cidadão, apresenta informações[123] contra os assassinos de Laio (que estes deverão ser encontrados em Tebas) e exige sua punição, declarando que a morte não vingada de Laio é a causa do flagelo. Édipo responde que o crime foi cometido há tanto tempo que nenhum vestígio dos criminosos poderá possivelmente ser encontrado, mas Creonte, citando Apolo, refuta esta objeção: "Eles estão nesta terra. O que é investigado pode levar à captura e à condenação [haloton]; o que é negligenciado permite a fuga e a absolvição [ekpheugei]"[124]. A palavra traduzida "investigado" (zêtoumenon) sugere os investigadores (zêtêtai) do processo ateniense. Édipo assume suas funções e, por intermédio de mais um interrogatório, avalia a possibilidade de um resultado bem-sucedido. Ele toma conhecimento de que uma testemunha ocular do assassinato sobreviveu e o relatou aos tebanos, e pula para a conclusão de que o assassinato foi fruto de uma intriga política que teve suas raízes na própria cidade de Tebas. Esta conclusão ratifica a informação de Apolo de que Tebas é o local apropriado para investigar e também envolve Édipo pessoalmente na busca, pois seu próprio poder pode estar em jogo. Ele

121. 102: ποίου γὰρ ἀνδρὸς τήδε μηνύει τύχην.
122. E, portanto, não poderia causar um εἰσαγγελία. Ver Meier-Schömann-Lipsius, Der Attische Process, Berlin, 1883-1887, pp. 330-332.
123. Sobre o papel de Apolo como μηνυτής, cf. a história de Sófocles e Μηνυτὴς Ἡρακλῆς (Vita 12).
124. 110-111: ἐν τῆδ' ἔφασκε γῇ· τὸ δὲ ζητούμενον
ἁλωτόν, ἐκφεύγει δὲ τἀμελούμενον.

70   ÉDIPO EM TEBAS

assume responsabilidade total. A investigação é iniciada. "Retomarei o caso desde o início e eu mesmo o esclarecerei" (132).

Seu primeiro passo é o de uma comissão de investigação ateniense – ele tenta colher novas evidências, oferecendo uma recompensa e, a todo aquele que estiver pessoalmente envolvido, uma imunidade relativa[125]. Associa punições às recompensas, pronunciando uma sentença de excomunhão de todas as funções cívicas e domésticas normais sobre qualquer tebano que oculte informação (236-240), uma maldição solene sobre o assassino real (246-248)[126], a mesma maldição sobre si próprio se, conscientemente, der abrigo ao assassino e sobre todo aquele que se recusar a cooperar com seus esforços para encontrar o culpado (269-272).

A situação, as medidas adotadas e as fórmulas empregadas são exatamente paralelas àquelas na investigação das ações sacrílegas de 415 a.c., conforme descrito em Tucídides, Andócides e Plutarco. "Ninguém sabia quem o fizera", diz Tucídides acerca da mutilação das hermas,

mas os criminosos foram procurados por meio de recompensas públicas oferecidas mediante qualquer informação e a assembléia decretou que se alguém tivesse conhecimento de qualquer outro ato de impiedade, deveria apresentar esta informação voluntariamente, sem medo, fosse ele um cidadão, um estrangeiro ou um escravo[127].

A atividade e a autoridade de Édipo assemelham-se às de um investigador ateniense[128]; e o primeiro passo na busca por novas evidências é a intimação de uma testemunha, de Tirésias, o profeta.

A situação e o modo de agir do protagonista relembram o processo político-legal de denúncia e investigação, mas a linguagem de Sófocles sugere igualmente um paralelo com um processo puramente legal, a acusação de assassinato, *dikê phonou*. Tais procedimentos, na Atenas do século V, só poderiam ser iniciados por um familiar (ou

125. Cf. Demóstenes xxiv. 11: ἑλέσθαι ξητητάς, εἰ δέ τις οἶδέ τιν', [...] μηνύειν πρὸς τούτους. Sobre as recompensas (μήνυτρα), cf. Tucídides vi. 27, Andócides i. 27-28 e também *Oedipus Tyrannus* 231-232: κέρδος [...] χάρις. Acerca de *Oedipus Tyrannus* 228: αὐτὸς καθ' αὑτοῦ ver Tucídides vi. 60: ὁ μὲν [Andócides] αὐτός τε καθ' ἑαυτοῦ καὶ κατ' ἄλλων μηνύει.

126. Cf. a maldição formal sobre Alcibíades pronunciada por todos os sacerdotes e sacerdotisas em Plutarco, *Alcibíades* xxii.

127. Tucídides vi. 27: τοὺς δράσαντας ᾔδει οὐδεὶς (cf. *Oedipus Tyrannus* 293: τὸν δὲ δρῶντ' οὐδεὶς ὁρᾷ, 246: τὸν δεδρακότ') ἀλλὰ μεγάλοις μηνύτροις δημοσίᾳ οὗτοί τε ἐξητοῦντο (cf. *Oedipus Tyrannus* 232: κέρδος τελῶ 'γώ, 266: ξητῶν τὸν αὐτόχειρα) καὶ προσέτι ἐψηφίσαντο καὶ εἴ τις ἄλλο τι οἶδεν ἀσέβημα γεγενημένον (cf. *Oedipus Tyrannus* 230: εἰ δ' αὖ τις ἄλλον οἶδεν ἐξ ἄλλης χθονός) μηνύειν ἀδεῶς τὸν βουλόμενον (cf. *Oedipus Tyrannus* 227-229) καὶ ἀστῶν καὶ ξένων καὶ δούλων.

128. Cf. Andócides i. 14: ἦσθα ξητητής, ὦ Διόγνητε, ὅτε [...] μηνύσαντα 'Ανδρόμαχον [...].

ATENAS 71

pelo proprietário) da pessoa assassinada[129]. Este fato acrescenta outra dimensão à passagem (258-264) na qual Édipo enfatiza sua relação íntima com Laio: "como por meu pai", ele conclui, "hei de lutar por ele, sem medir esforços na investigação para prender o culpado". É como se Édipo estivesse tentando estabelecer uma base no relacionamento para fundamentar seu direito e dever de procurar e processar o assassino de Laio.

A maldição proferida sobre o assassino e a proclamação que tinha por intuito obter informação correspondem às medidas preliminares usuais tomadas contra "pessoa ou pessoas desconhecidas", tanto quanto podemos reconstruí-las a partir da literatura jurídica ateniense[130]. O parente fazia uma proclamação por meio de um arauto, anunciando as circunstâncias do assassinato e solicitando informações. Tal procedimento é descrito em detalhe nas *Leis* de Platão e ainda que esta obra não seja uma autoridade abalizada no que tange ao procedimento legal ático no século V, o relato ali apresentado não é inconsistente com referências dispersas ao processo típico do século V e que podem ser encontradas na literatura anterior. "Se qualquer pessoa for encontrada morta", diz a lei platônica,

e o assassino desconhecido não for descoberto após uma busca cuidadosa, serão feitas as mesmas proclamações como em outros casos, bem como a mesma interdição do assassino. Procederão contra ele e anunciarão, por meio de um arauto na praça do mercado, que o assassino de tal e tal pessoa foi condenado por assassinato e não poderá por os pés nos templos nem tampouco em qualquer parte do país do homem assassinado.

Este é exatamente o procedimento (exceto que Édipo é seu próprio arauto) e estas são as mesmas fórmulas das cenas de abertura da peça[131]. A maldição de Édipo contra o assassino recordaria ainda ao público ateniense os procedimentos usuais numa acusação de assassinato na qual

129. Há uma passagem em Demóstenes (xlvii. 68-70) que descreve o dilema de um homem que não pode acusar aqueles que ele considera culpados pela morte de uma velha serva: ele não tem com ela nenhum grau de parentesco e como ela não tem familiares vivos, não consegue encontrar ninguém que tenha o direito de processar. Ele é aconselhado pelos *exegetae* que somente pode fazer uma proclamação banindo os suspeitos de funções cívicas e religiosas, sem mencionar o seu nome; deve referir-se a eles apenas como "aqueles que fizeram ação e mataram": ὀνομαστὶ μὲν μηδενὶ ροαγορεύειν, τοῖς δεδρακόσι δὲ καὶ κτείνασιν. A respeito de uma discussão mais detalhada dessa passagem, ver R. Bonner e G. Smith, *The Administration of Justice from Homer to Aristotle*, Chicago, 1938, 2, pp. 217 e ss.

130. O processo pode ser inferido de Antifon 2. γ. 2: τὸ κακούργημα ἂν ἐκηρύσσετο e *idem* 8. 6: εἰ δὲ ἐκηρύσσοντο ἢ μὴ ἄλλοι τινὲς κακοῦργοι [...] ἀφανοῦς δὲ ὄντος τοῦ κηρύγματος. Sobre κηρύσσειν neste sentido, cf. *Oedipus Tyrannus* 737: ταῦτ᾽ ἐκηρύχθη πόλει (*i.e.*, o assassinato de Laio).

131. Platão, *As Leis* ix, 874a, b: ἐὰν δὲ τεθνεὼς μέν αὖ τις φανῇ, ἄδηλος δὲ ὁ κτείνας ᾖ (cf. *Oedipus Tyrannus* 475-476) καὶ μὴ ἀμελῶς ξητοῦσιν ἀνεύρετος

72 ÉDIPO EM TEBAS

o réu era mencionado pelo seu nome; o acusado tinha formalmente interditado, pelo magistrado que presidia o julgamento preliminar, seu acesso a templos, sacrifícios, orações e lugares públicos[132].

O coro de tebanos sente-se confiante de que as terríveis imprecações de Édipo acabarão por amedrontar o criminoso desconhecido, levando à sua rendição ou fuga (294-295), se bem que Édipo não compartilhe de sua confiança. A chegada de Tirésias, a primeira testemunha, é saudada pelo coro com entusiasmo – "Eis aquele que condenará o criminoso"[133]. Todavia, quando o apelo de Édipo ao profeta é seguido pelo arrependimento perturbante de Tirésias por ter vindo, encontramo-nos repentinamente num ambiente familiar, a inquirição de uma testemunha relutante. "Com que desânimo chegas", diz Édipo (319) e esta palavra, "chegas" (*eiselêlythas*) é o termo técnico para "comparecer ao tribunal"[134]. Tirésias responde numa linguagem similar: "Manda-me de volta" (*aphes m'*, 320); esta expressão é o termo usual utilizado no tribunal para denotar livramento, absolvição e soltura[135]. A resposta de Édipo expõe a mesma fonte: "Tua proposta é ilegal" (*out' ennom' eipas*, 322)[136]. A reiterada recusa de Tirésias em falar provoca uma acusação velada de cumplicidade – "Sabes a verdade e não a denuncias?"[137] "Tua

---

γίγνηται (cf. *Oedipus Tyrannus* 110-111) τὰς μὲν προρρήσεις τὰς αὐτὰς γίγνεσθαι καθάπερ τοῖς ἄλλοις, προαγορεύειν δὲ τὸν φόνον τῷ δράσαντι (cf. *Oedipus Tyrannus* 293, 296) καὶ ἐπιδικασάμενον ἐν ἀγορᾷ κηρῦξαι (cf. *Oedipus Tyrannus* 450) τῷ κτείναντι τὸν καὶ τὸν καὶ ὠφληκότι φόνου (cf. *Oedipus Tyrannus* 511), μὴ ἐπιβαίνειν ἱερῶν μηδὲ ὅλης χώρας τῆς τοῦ παθόντος (cf. *Oedipus Tyrannus* 236-240).

132. Cf. (por exemplo), Antífon 6. 35-36: προαγορεύειν [...] εἴργεσθαι τῶν νομίμων, e *idem*, 45-46, acerca das atividades proibidas pelo banimento.

133. 297: οὐξελέγξων.

134. Cf. (por exemplo), Demóstenes lix. 1, xviii.103, 278, xxi. 176, lvi. 4; Platão, *Apologia* 29c, *Górgias* 522b; Demóstenes xix. 2: πρὶν γὰρ εἰσελθεῖν εἰς ὑμᾶς καὶ λόγον δοῦναι. "εἰσάγω εἰσέρχομαι, εἴσοδος são os termos adequados para falar num tribunal", diz John Burnet (*Plato, Euthyphro, Apology, and Crito*, Oxford, Clarendon Press, 1924), acerca de Platão, *Apologia*, 17c5. εἰσέρχεσθαι em Sófocles significa "entrar em algum lugar" (*e.g.*, uma casa, uma tenda), exceto em *Electra* 685 e 700, onde quer dizer "entrar nas listas" para uma corrida. Em *Édipo em Colono* 907, οὖσπερ αὐτὸς τοὺς νόμους εἰσῆλθ' ἔχων, o sentido é seguramente legal, como em *Oedipus Tyrannus* 319; "ele terá de conformar-se", diz Teseu acerca de Creonte, "àquelas mesmas leis com as quais ele próprio veio ao tribunal". Na passagem do *Oedipus Tyrannus*, o significado literal "entrar" não serve: Tirésias não "entrou" em coisa alguma, pois a entrevista se dá a céu aberto. Isto não é, entretanto, uma objeção para dar à palavra uma conotação legal, pois julgamentos de assassinato, na Atenas do século V, eram realizados ao ar livre.

135. Cf. (por exemplo), Demóstenes xlii. 32, xxii. 4; Antífon, 2 *a*. 2; Aristófanes, *As Vespas* 922.

136. Cf. Demóstenes xxiii, 86: οὐ γὰρ δήπου [...] ταῦτ' ἐν ψηφίσματι γράψας τις ἔννομ' ἂν εἰρηκὼς εἴη, 95: ἔστι δ' οὐδὲν [...] τοῦτο σημεῖον τοῦ τοῦτον ἔννομ' εἰρηκέναι. Cf. também Ésquines iii.23, 48, 193, 230. Esta é a única ocorrência de ἔννομος em Sófocles.

137. *Oedipus Tyrannus* 330; ξυνειδὼς οὐ φράσεις; Cf. Platão, *As Leis* 742b: ὁ συνειδὼς καὶ μὴ φράξων. Andócides i. 41, 47.

ATENAS 73

inquirição", responde Tirésias, "é inútil" (*allôs elencheis*, 333). Édipo, à medida em que sua raiva aumenta, deixa explícita a acusação por ele antes insinuada: incrimina Tirésias por cumplicidade e responsabilidade pelo assassinato de Laio. A acusação é devolvida de imediato, fenômeno comum no tribunal ático, onde "a melhor defesa é o ataque" era claramente uma máxima consagrada pelo uso[138]. Édipo, no entanto, considera isso mais que uma reação defensiva. As partes começam a ajustar-se em sua mente rápida e desconfiada, e ele agora denuncia Creonte como a verdadeira inspiração das acusações de Tirésias. Segue-se uma passagem típica da argumentação de defesa da sala de audiência ateniense. Édipo compara o registro de seus próprios serviços em prol da cidade com o de seu adversário: no momento de crise extrema para Tebas, o aparecimento da Esfinge, Tirésias esteve calado; foi Édipo quem salvou a cidade[139].

A resposta terrível de Tirésias (408-428) começa com uma reivindicação forense a direitos iguais de livre discurso: "Tu deves me fazer teu igual ao menos nisto, no direito de dar uma resposta[140]. Pois também eu tenho o meu poder"[141]. Ele não é escravo, afirma, tampouco um estrangeiro que deve ser registrado como dependente de um cidadão livre – "Não serei inscrito nos registros como dependente de Creonte" (*Kreontos prostatou*, 411) – mas como um cidadão que tem o direito de conduzir sua própria defesa. Sua defesa, tão freqüente nos tribunais áticos, é o ataque. É uma profecia acerca da cegueira e queda futuras de Édipo, que contém uma série de alusões no que tange à terrível verdade de sua identidade. Entretanto, mesmo na invectiva divinatória do profeta ultrajado, o tom forense pode ser detectado. Quando Tirésias pergunta a Édipo se ele sabe quem são seus pais (415), somos lembrados da vituperação dos tribunais, onde uma das armas mais comuns, tanto da acusação quando da defesa, era uma insinuação de que o adversário fosse de estirpe inferior, ilegítima, estrangeira ou mesmo servil[142]. As indagações misteriosas de 420-421 –

138. Cf. Górgias, *Palamedes* 27: ἀντικατηγορῆσαι. Antífon 4 β 6; Lísias xxv. 30 e ss. Cf. Também Aristóteles, *Retórica a Alexandre* xxxvi. 1442b: τὰς πράξεις [...] εἰς τοὺς ἀντιδίκους ἀποτρέψεις [...] τὴν αἰτίαν εἰς τοὺς ἐναντίους τρέποντες.
139. Cf. Lísias vii. 30 e ss. xviii. 7, xix. 29, 57, xxi. 1 e ss., xxv. 12, acerca do registro de serviços do locutor; para contraste de registros, Antífon 2 β 12; Lísias x. 27-29.
140. *Oedipus Tyrannus* 408-409: ἐξισωστέον τὸ γοῦν ἴσ' ἀντιλέξαι. Este direito de resposta pelo mesmo tempo (ἀντιλέγειν) era precisamente regulado na corte do tribunal pelo relógio de água: a acusação e a defesa tinham exatamente a mesma quantidade de tempo.
141. *Oedipus Tyrannus* 409: τοῦδε γὰρ κἀγὼ κρατῶ. Cf. Antífon 6. 18: αἰτιάσασθαι μὲν οὖν καὶ καταψεύσασθαι ἔξεστι τῷ βουλομένῳ· αὐτὸς γὰρ ἕκαστος τούτου κρατεῖ. Também Górgias, *Palamedes* 2: τοῦ μὲν ὑνεῖς ὅλου κρατεῖτε γὰρ καὶ τούτων, ὧν οὐδεὶς ἐγώ τυγχάνω κρατῶν.
142.Cf. (por exemplo), Lísias xiii. 18, 64, xxx. 1-2.

74 ÉDIPO EM TEBAS

"Que porto, que montanha do Citero não ecoará teus lamentos?"[143] – trazem à mente as perguntas retóricas indignadas que são fórmula recorrente do orador forense. "Que processo não levariam a julgamento, que tribunal não ludibriariam [...]?", pergunta Antífon no discurso *Para os Coreutas*; "Que opinião acreditais formariam a seu respeito ou que tipo de voto dariam [...]?", pergunta Lísias no discurso contra Agorato[144]. Tirésias conclui qualificando o discurso de seu oponente como um abuso vulgar (*propêlakizein*, 427), um artifício regular do orador da sala de audiência[145]. O que provoca a resposta padrão: "Devo tolerar tal coisa deste homem?"[146]. Furioso e de forma insultuosa, Édipo ordena que Tirésias se vá, e a resposta do profeta contém uma palavra que define a relação entre os dois homens e sua situação: "Eu não teria vindo se não me tivesses *chamado*". A palavra que utiliza (*'kaleis*) é o termo legal usual para "intimar" uma testemunha[147].

Quando o coro, na segunda metade do estásimo seguinte, discute as acusações do profeta, o processo legal dá um passo adiante em seu desenvolvimento. Suas deliberações são formuladas em termos apropriados para uma comissão de juízes que pesa a acusação e contra-acusação do promotor e do réu[148]. Não consegue decidir entre eles – "Não afirmo nem nego" (485). Um desenvolvimento relevante, todavia, teve lugar. Édipo foi o primeiro acusador, mas o coro considera

143. *Oedipus Tyrannus* 420-421; ποῖος οὐκ ἔσται λιήν / ποῖο Κιθαιρὼν οὐχὶ σύμφωνος τάχα.

144. Antífon 6, 49: ποίαν δίκην οὐ δικάσαιντ᾽ ἂν ἢ ποῖον δικαστήριον οὐκ ἐξαπατήσειαν; Cf. *idem*, 51, Lísias xiii, 46: ποίαν τινα οἴεσθε γνώμην περὶ τούτου ἔχειν, ἢ ποίαν τινα ἂν ψῆφον θέσθαι [...]; *Idem*, xxxi. 31: ποίων [...] ὅρκων φροντίσαι [...] ἢ ποῖα ἂν ἀπόρρητα τηρῆσαι; *Idem*, vi. 33.

145. Cf. Demóstenes xviii. 12, xxiii. 89; [Andócides] 4. 16, 21; etc.

146. *Oedipus Tyrannus* 429: ἦ ταῦτα δῆτ᾽ ἀνεκτὰ πρὸς τούτου κλύειν; Cf. Aristófanes, *Os Acarnianos* 618: ὦ δημοκρατία, ταῦτα δῆτ᾽ ἀνασχετά; Demóstenes xxv. 17; Ésquines i. 34.

147. *Oedipus Tyrannus* 432: εἰ σὺ μὴ 'κάλεις Cf. (por exemplo), Andócides 1. 14: καί μοι κάλει Διόγνητον, *idem*, 18 etc. Outras reminiscências da atmosfera legal na cena de Tirésias são as seguintes: *Oedipus Tyrannus* 351, κηρύγματι [...] ἐμμένειν (cf. Demóstenes lvii. 12: τούτοις ἐμμένειν, *idem*, xli. 14, xxv. 17, xxvii. 1); *Oedipus Tyrannus* 363: οὔ τι [...] χαίρων (cf. Andócides 1. 101; δοκεῖς οὖν χαιρήσειν); *Oedipus Tyrannus* 378: Κρέοντος ἢ σοῦ ταῦτα τάξευρήματα (cf. Antífon i. 15: αὐτῆς μὲν τοῦτο εὕρημα, ἐκείνης δὲ ὑπηρέτημα); *Oedipus Tyrannus* 401; χὠ συνθεὶς τάδε (cf. Górgias, *Palamedes* 3: συνέθηκε ταύτην τὴν αἰτίαν, Antífon 5.25: ἐξ ἐπιβουλῆς συνέθεσαν ταῦτα, Aristófanes, *As Vespas* 693: ξυνθέντε τὸ πρᾶγμα); *Oedipus Tyrannus* 441: τοιαῦτ᾽ ὀνείδιξ᾽ οἷς ἔμ᾽ εὑρήσεις μέγαν (cf. Demóstenes xlv. 78: μὴ οὖν μοι ταῦτ᾽ ὀνείδιξε, ἐφ᾽ οἷς ἐπαίνου τύχοιμ᾽ ἂν δικαίως); *Oedipus Tyrannus* 445: παρὼν [...] ὀχλεῖς (cf. Demóstenes xliv. 45, xxi, 189, xviii. 4; Dinarco i. 2); *Oedipus Tyrannus* 455: πτωχὸς ἀντὶ πλουσίου ξένην ἔπι (cf. Antífon 2. β. 9: γέρων καὶ ἄπολις ὢν ἐπὶ ξενίας πτωχεύσω; Lísias xxxii. 17: ἀντὶ πλουσίων πτωχούς).

148. Sua intervenção na altercação em si (404-407) era judiciosa no tom, opondo-se à fúria e tentando restaurar a relevância.

ATENAS 75

ser ele o acusado, e não Tirésias: não menciona as acusações de Édipo contra Tirésias, estando apenas preocupado em examinar as acusações de Tirésias contra Édipo. A ação se move rumo a uma reversão; nos termos do modo legal da ação, o investigador e acusador transformou-se em réu.

O coro procura, sem conseguir encontrar, um motivo que tornasse a acusação contra Édipo plausível. "Que discórdia pode ter havido entre o filho de Lábdaco [Laio] e o filho de Pólibo [Édipo]? Nunca soube nada – agora ou no passado"(489-493). É naturalmente deste material que são feitos os julgamentos por assassinato; o promotor tenta provar e o réu negar qualquer inimizade entre a vítima e o acusado. "Qual foi, de acordo com eles, meu motivo para matar Herodes?", pergunta o réu no famoso discurso de Antífon. "Não havia nenhum vestígio sequer de inimizade entre nós"[149].

O coro não pode encontrar nenhum motivo para sustentar a acusação; sua autoridade deve apoiar-se unicamente na credibilidade de Tirésias como profeta. Está disposto a acreditar que Zeus e Apolo conhecem a verdade (498-500), mas Tirésias, ainda que profeta, é somente um homem, e entre sua palavra e a de outro homem não pode haver "um julgamento verdadeiro" (501)[150]. O registro dos feitos de Édipo contrapõe-se à palavra de Tirésias; ele foi testado e considerado sábio e benquisto pela cidade (509-510)[151]. "Diante disso, jamais o acusarei de qualquer crime". O coro fala como uma comissão de juízes atenienses; revê as evidências até então apresentadas e rejeita o caso contra Édipo. Mas é significativo o fato de considerar ser Édipo o réu; o acusador é agora o acusado.

Édipo, porém, dirigiu suas incriminações contra um novo alvo; Tirésias, argumenta ele, é apenas o porta-voz de Creonte. E Creonte surge em cena, pronto para refutar a acusação. "Cidadãos, fui informado de que Édipo lança acusações terríveis contra mim [...][152] Estou aqui para refutá-las. Se ele crê que lhe causei danos em palavras ou em ato [...] Não desejo mais seguir vivendo sujeito a tal reputação" (513-519). Este é o tom familiar de indignação, o clichê utilizado pelo réu ateniense ao fazer sua argumentação introdutória, em toda sua inocência injuriada. "Se qualquer pessoa", diz Ésquines, "um dos espectadores aqui [...] ou um dos juízes, estiver convicta de que agi de tal

149. Antífon 5.57: αὐδὲ γὰρ ἔχθρα οὐδεμία ἦν ἐμοὶ κἀκείνῳ. Cf. idem, 2. a. 5: ἐκ παλαιοῦ γὰρ ἐχθρὸς ὢν αὐτοῦ (do discurso do acusador).
150. Oedipus Tyrannus 501: κρίσις οὐκ ἔστιν ἀληθής. Cf. Antífon 3. β. 2: δόξῃ καὶ μὴ ἀληθείᾳ τὴν κρίσιν ποιήσασθαι [...] Górgias, Palamedes 35: μετὰ [...] τῆς ἀληθείας τῆς κρίσιν ποιήσατε. Platão, As Leis ii. 663c: τὴν δ᾽ ἀλήθειαν τῆς κρίσεως [...].
151. Sobre σοφὸς ὤφθη, cf. Lísias xxvii. 3: ὤφθησαν ἀδικοῦντες, idem, 6.
152. Oedipus Tyrannus 513-514: δειν᾽ ἔπη [...] κατηγοθεῖν. Cf. Andócides 1. 7: δεινὰ κατηγορήσαντες. Demóstenes xix. 9: πολλά δὲ καὶ δεινὰ κατηγορεῖν ἔχων.

76 ÉDIPO EM TEBAS

maneira, considero que o resto de minha vida não é digno de ser vivido"[153].

O diálogo exploratório de Creonte com o coro é interrompido pela entrada de Édipo que brutalmente denuncia Creonte por traição e tentativa de homicídio. "Ainda ousas vir a mim [...] tu que tão claramente te mostras meu assassino [...]" (532-534). Tanto o protesto indignado contra o atrevimento do oponente em aparecer para argumentar sua causa quanto o emprego ilógico da palavra "assassino" são lugares-comuns na sala de audiência ateniense. "Estou atônito diante da ousadia de meu irmão", diz o promotor no discurso de Antífon *Against the Stepmother for Poisoning (Contra a Madrasta por Envenenamento)*[154]. "Por meio destas ações", diz Demóstenes no discurso contra Mídias, "ele transformou-se, a meu ver, em meu assassino". "Estão planejando minha morte por meios injustos, contrariando as leis, e transformando-se em meus assassinos", diz o réu numa das tetralogias forenses de Antífon, e seu oponente retruca com êxito ao exagero retórico do clichê – "Vivo, e com os olhos bem abertos, ele nos chama de seus assassinos"[155].

Na acalorada troca de palavras que se segue a esta explosão, Édipo questiona Creonte, usando as respostas para atacar Tirésias sob novos fundamentos – o fato de ele não ter acusado Édipo quando a investigação inicial foi realizada. Tal atraso na acusação era sempre utilizado no tribunal ateniense para proveito da defesa[156]; neste caso, a inferência é óbvia – trata-se de uma acusação forjada e Creonte está por detrás dela. Creonte, por sua vez, pede permissão para questionar Édipo e esta lhe é concedida. "Descobre o que queres. Nunca serei condenado como o assassino"[157]. As perguntas de Creonte conduzem ao famoso discurso em sua própria defesa, uma obra-prima da nova retórica sofística; ele utiliza o argumento do motivo (probabilidade) ou melhor, neste caso, da ausência de motivo. Esta era a arma forense mais amplamente empregada naquele período. As *Tetralogias* de Antífon, uma espécie de livro texto para aspirantes a oradores legais é uma coleção de argumentos engenhosos a favor e contra acusações hipotéticas, to-

153. *Oedipus Tyrannus* 518: οὗτοι βίου μοι τοῦ μακραίωνος πόθος. Cf. Ésquines ii. 5: ἀβίωτον εἶναί μοι τόν λοιπὸν βίον νομίζω. Górgias, *Palamedes* 20: πῶς οὐκ ἄν ἀβίωτος ἦν ὁ βίος μοι πράξαντι ταῦτα.

154. *Oedipus Tyrannus* 533: τόλμης πρόσωπον. Antífon 1. 28: θαυμάξω δὲ ἔγωγε τῆς τόλμης τοῦ ἀδελφοῦ, *idem*, 3. γ. 1: τολμηρός, 2: τολμῶν, 5: ἐς τοῦτο [...] τόλμης ἥκει, *idem*, 4. γ. 4: ἐτόλμησε, 6: ἐς τοῦτο τόλμης, *idem*, 5. 15; Andócides 1. 100; Lísias xii. 22; Górgias, *Palamedes* 24.

155. *Oedipus Tyrannus* 534; φονεὺς ὢν τοῦδε τἀνδρὸς ἐμφανώς. Cf. Demóstenes xxi. 106: αὐτὸν [...] νομίζω αὐτόχειρά μου γεγεῆσθαι. Antífon 4. β. 7: φονῆς τέ μου γίγνονται, 4. γ. 1: ξῶν τε καὶ βλέπων φονέας αὐτοῦ φησιν εἶναι. Cf. também *idem*, 5. 59.

156. Cf. Antífon 6. 34.

157. *Oedipus Tyrannus* 576: οὐ γὰρ δὴ φονεὺς ἁλώσομαι. Cf. Antífon 2. β. 2: αὐτὸς καταδοχθεὶς φονεὺς εἶναι ἀνοσίως ἁλώσομαι.

ATENAS 77

dos eles baseados no princípio da probabilidade. É uma coincidência extraordinária o fato de que o único fragmento subsistente do grande (se bem que malogrado) discurso de Antífon em sua própria defesa contra a acusação de traição[158] tenha apresentado um argumento exatamente paralelo ao de Creonte na peça. Após descartar muitos motivos que poderiam tornar plausível a acusação de atividade antidemocrática, Antífon prossegue:

> Meus acusadores declaram que minha profissão era escrever discursos para pessoas envolvidas em processos legais e que os Quatrocentos lucraram com minhas atividades. Não é verdade, porém, que sob um regime oligárquico eu não poderia exercer minha profissão, ao passo que numa democracia tenho autoridade na cidade, mesmo como indivíduo particular? Que numa oligarquia meus poderes de oratória seriam tão destituídos de valor quanto são valiosos numa democracia? Dizei-me, qual é a probabilidade de eu ansiar por uma oligarquia? Acreditais que eu não poderia conceber isto sozinho? Seria eu, porventura, o único homem em Atenas incapaz de ver o que pode ser lucrativo para si próprio?[159].

Este são exatamente o tom e o intuito do argumento de Creonte: o apelo sensato e realista de um homem do mundo a outro – "Não sou tão tolo a ponto de desejar mais que o adequado – e o vantajoso" (*ta syn kerdei kala*, 595); a ênfase sobre as razões materiais do orador para estar satisfeito com o regime existente – "Agora sou acolhido por todos, todos me saúdam, os homens que de ti precisam a mim bajulam" (596-597); e sobre as desvantagens que teria se o regime fosse mudado – "Se eu fosse governante, teria de fazer muitas coisas contra a minha vontade" (591).

Depois de rejeitar a acusação de Édipo como desprovida de lógica devido à sua improbabilidade psicológica, Creonte oferece algo mais substancial. "Para comprovar minhas declarações [*tônd' elenchon*, 603], vai a Delfos e indaga o que disse o oráculo, para ver se meu relato foi fiel"[160]. Este apelo à evidência objetiva corresponde à intimação das testemunhas numa causa legal ática; num certo sentido, Creonte está arrolando Apolo como testemunha de sua honestidade. A conclusão de seu discurso é uma antologia em miniatura dos clichês com os quais o réu ateniense rebuscava costumeiramente seu apelo final perante os juízes. "Se me provares culpado de conspiração com o profeta, merecerei dupla condenação à morte: meu voto somo ao teu" –

---

158. Ver Tucídides viii. 68 acerca da alta estima que tinha por isso.

159. Texto em K. J. Maidment, *Minor Attic Orators*, London, 1941, *1*, pp. 294, 296. A respeito de um argumento similar, cf. Heródoto v. 106.

160. Sobre as responsabilidades de um embaixador, cf. Demóstenes xix.4 (um texto político-legal que lança luz sobre o *impeachment* de Édipo e a defesa de Creonte): λογίσασθε τίνων προσήκει λόγον παρὰ πρεσβευτοῦ λαβεῖν· πρῶτον μὲν τοινυν ὧν ἐπήγγειλε, δεύτερον δὲ ὧν ἔπεισε [...]. Cf. *Oedipus Tyrannus* 604: εἰ σαφῶς ἤγγειλά σοι [...], 555: ἔπειθες ἢ οὐκ ἔπειθες [...].

78 ÉDIPO EM TEBAS

assim tem início a argumentação de defesa de Creonte; "Se agi com desrespeito ao sagrado, condenai-me à morte", diz Andócides em seu discurso *Sobre os Mistérios*[161]. A última sentença de Creonte é: "Conhecerás seguramente a verdade com o tempo, pois somente ele mostrará quem é o homem justo"; "Fazei uma concessão ao tempo, com a ajuda do qual aqueles que buscam a verdade certamente terão êxito em encontrá-la", diz Antífon em seu discurso sobre o assassinato de Herodes[162].

Embora o coro aprove o discurso de Creonte e aconselhe cautela, Édipo retruca com uma ação contrária vigorosa. Num lampejo de cólera característico do tribunal e da assembléia atenienses, ele passa a sentença – a morte. A chegada de Jocasta interrompe o argumento apaixonado subseqüente, e então ela e o coro, agora em conjunto, encorajam Édipo a absolver Creonte. É a ela que ambas as partes dirigem suas alegações, como se fosse um juiz. "Minha irmã, teu marido Édipo julga justo [*dikaioi*, 640] tomar medidas terríveis contra mim [...]", diz Creonte, e Édipo explica suas razões: "Flagrei-o tramando maldosamente contra mim, com sordidez" (*sun technêi kakêi*, 643). Esta expressão é uma tecnicalidade legal da sala de audiência do século IV, e sua utilização como termo técnico data quase que certamente do século V[163]. Como terminologia legal (*kakotechnia*) significa "induzir por suborno ao perjúrio", e esta é precisamente a natureza da acusação de Édipo contra Creonte, que ele está usando Tirésias para prestar falso testemunho[164].

Creonte jura solenemente, protestando inocência e colocando-se sob uma maldição caso estiver mentindo. Ambos, Jocasta e o coro, encorajam Édipo a respeitar o juramento. "Não submetas à acusação e à desonra, fundamentado em boatos, [*aphanei logôi*, 657] um amigo que prestou juramento", diz o coro. "Procurais destruir-me", diz o réu a seus acusadores, no processo do assassinato de Herodes, "por meio de rumores obscuros" (*aphanei logôi*)[165].

---

161. 32: εἰ μὲν τι ἠσέβηκα [...] ἀποκτείνατέ με. Cf. *Oedipus Tyrannus* 605-606: ἐάν με [...] λάβῃς [...] μὴ μ' ἀπλῇ κτάνῃς ψήφῳ, διπλῇ δὲ [...] Cf. também Demóstenes xviii. 10: εἰ μὲν ἴστε με τοιοῦτον ὄντα οἷον οὗτος ᾐτιᾶτο [...] ἀναστάντες καταψηφίσασθ'ἤδη. Isócrates 15. 51; Lísias iii. 4.

162. *Oedipus Tyrannus* 613-615: ἀλλ' ἐν χρόνῳ γνώσῃ τάδ' ἀσφαλῶς ἐπεὶ χρόνος δίκαιον ἄνδρα δείκνυσιν μόνος. Antífon 5. 86: ἀλλὰ δότε τι καὶ τῷ χρόνῳ μεθ' οὗ ὀρθότατα εὑρίσκουσιν οἱ τὴν ἀκρίβειαν ζητοῦντες τῶν πραγμάτων. Cf. *idem*, 71. Cf. Também Lísias xix. 61: πιστεῦσαι [...] τῷ χροτνῳ. Górgias, *Palamedes* 34.

163. Parece ter este sentido técnico em Górgias, *Palamedes* 3: εἰ δὲ φθόνῳ καὶ κακοτεχνίᾳ καὶ πανουργίᾳ συνέθηκε ταύτην τὴν αἰτίαν [...].

164. Sobre κακοτεχνεῖν, cf. Demóstenes xliii. 2, xlvi. 25, κακοτεχνία xlvii.2, xlix. 56; Platão, *As Leis* xi. 936d.

165. *Oedipus Tyrannus* 656-657: τὸν ἐναγῆ φίλον μήποτ' ἐν αἰτίᾳ σὺν ἀφανεῖ λόγῳ σ'ἄτιμον βαλεῖν. Antífon 5.59: ἐν ἀφανεῖ λόγῳ ζητεῖς ἀπολέσαι. Sobre ἐναγής, cf. Ésquines iii. 110.

ATENAS 79

Édipo cede e suaviza a pena de morte de Creonte não, conforme diz, por nutrir qualquer sentimento de piedade com relação a ele, mas por ter-se comovido até a compaixão diante dos apelos do coro. "São as tuas palavras, não as dele, que me levam à compaixão [...]" (671). Percebemos uma vez mais a atmosfera do tribunal: trata-se de uma tática tediosa e comum da oratória forense ática apelar para a misericórdia dos juízes ou, no caso do promotor, tentar questionar a piedade que sentem do réu. "Se começarem a lamentar-se", diz Demóstenes em nome da acusação, "considerai a vítima mais digna de piedade do que aqueles que serão punidos"[166]. O réu, à famosa exceção de Sócrates, nunca omite esta apelação, por mais convincente que seja a sua causa, e ela é geralmente formulada em termos lamuriosos que explicam por que Sócrates se recusou a humilhar-se e dela fazer uso – "Tende piedade de meus infortúnios", "Tende piedade de minha criança"[167].

O julgamento de Creonte chega ao fim, se não com uma absolvição, ao menos com a suavização de sua pena, porém Édipo ainda é o acusado. "Ele afirma que sou o assassino de Laio", diz ele a Jocasta (703). Quando Jocasta descobre que uma declaração de Tirésias é a base da acusação, descarta-a de imediato. Pois ela pode provar a falta de confiabilidade geral de todos os profetas. "Absolve-te desta acusação de que falas"(*apheis seauton*, 707), é o verso de abertura de seu discurso, que tem por objetivo livrar Édipo da ansiedade. Antes dela concluí-lo, Édipo é um homem amedrontado. Jocasta mencionou, quase que casualmente, um detalhe de terrível relevância, o fato de Laio ter sido morto na confluência dos três caminhos. Numa série de perguntas rápidas, Édipo estabelece, com precisão legal, o local e a hora do assassinato, a idade e a descrição da vítima, e o número de pessoas que a acompanhava[168]. As respostas de Jocasta correspondem exatamente às circunstâncias de seu encontro sangrento na encruzilhada. "Ó Zeus, que planejaste fazer comigo?"

"Que assunto é esse que tanto te atormenta?" (*enthymion*, 739), pergunta Jocasta. Esta expressão está repleta de um significado sinistro. É uma palavra característica de julgamentos por assassinato do século V e descreve o distúrbio mental que o espírito vingativo do homem

166. Demóstenes xlv. 88: τὸν πεπονθότ' ἐλεινότερον τῶν δωσόντων δίκην ἡγεῖσθε. Cf. Antífon i. 25-27, Górgias, *Palamedes* 33. Demóstenes xxv. 76 contém a análise que um acusador faz de um apelo à misericórdia e seu ataque contra ele.

167. Antifon 3. β. 2, 11. Cf. também *idem*, 2. β. 13, 3. a. 2, 5. 73; Lísias iv. 20; Andócides 1. 67; Demóstenes xxi. 99; Ésquines ii. 179. Sobre a recusa de Sócrates de pedir piedade, cf. Platão, *Apologia*. 34c.

168. *Oedipus Tyrannus* 732: ποῦ 'σθ' ὁ χῶρος [...]; 735: καὶ τίς χρόνος [...]; 740: τὸν δὲ Λάιον φύσιν τίν' εἶρπε, φράξε, τίνα δ' ἀκμὴν ἥβης ἔχων; 750: πότερον ἐχώρει βαιός, ἢ πολλοὺς ἔχων [...]; Cf. Górgias, *Palamedes* 22; φθάσον τούτοις <τὸν τρόπον> τὸν τόπον, τὸν χρόνον, πότε, ποῦ, πῶς [...] e sobre <τρόπον>, cf. *Oedipus Tyrannus* 99: τίς ὁ τρόπος τῆς ξυμφορᾶς.

assassinado supostamente produz em seu assassino. "Se absolveis injustamente o réu", diz a acusação aos juízes na primeira tetralogia de Antífon, "não será sobre nós que a ira do assassinado recairá, ao contrário, vós sereis atormentados". E na segunda tetralogia, a defesa utiliza o mesmo argumento ao inverso: "Se meu filho, que é inocente, for executado, aqueles que o condenaram serão atormentados"[169]. A palavra que Sófocles coloca nos lábios de Jocasta é um belo exemplo de economia poética; é apropriado no sentido por ela pretendido, mas aponta ironicamente para a situação verdadeira de Édipo, da qual ela não tem consciência.

A intervenção de Jocasta faz com que a ênfase seja mudada de Tirésias para uma nova testemunha, cuja veracidade não pode ser impugnada por ataques à profecia, pois ele não é profeta mas um servo da casa de Jocasta e, neste momento, um pastor. Ele é uma testemunha ocular do assassinato de Laio. Édipo insiste em que seja trazido de imediato e então, seguindo a sugestão de Jocasta, faz seu próprio relato do acontecido na confluência dos três caminhos e dos eventos que o levaram até lá. Ele começa do início: "Meu pai era Pólibo de Corinto, minha mãe Mérope, era dória" (774-775). A abrangência de seu relato tem sido geralmente censurada como dramaticamente implausível. Ainda que seja concebível o fato de Jocasta desconhecer a briga de Édipo na confluência dos três caminhos ou a resposta oracular (podemos bem imaginar que ele tenha suprimido e até mesmo tentado esquecer destes fatos desconfortáveis), ela certamente conhece a identidade dos supostos pais de Édipo. Esta implausibilidade é, em certa medida, atenuada pelo fato da formalidade e brusquidão deste início de relato fazer recordar a oratória da sala de audiência, especialmente aquela parte que se segue à introdução e que tem como intuito apresentar os fatos relevantes, investigando-os desde o começo. É dessa forma que Lísias, no grande discurso contra Eratóstenes, faz sua introdução retornando depois ao início do assunto, a decisão de seu pai de emigrar de Siracusa para Atenas. "Meu pai Céfalo foi persuadido por Péricles a vir para este país e aqui viveu por trinta anos"[170]. "Diódoto e Diogeiton, cavalheiros do júri, eram irmãos, nascidos do mesmo pai e mãe", diz o acusador de Diogeiton no discurso que Lísias escreveu para ele (xxxii. 4). E Euxiteus, cliente de Demóstenes, que apela para reter sua cidadania, retrocede mais ainda: "Meu avô, homens de Atenas, o pai de minha mãe, era Demostrato de Mélite"[171].

---

169. 2. γ. 10: ἡμῖν μὲν προστρόπαιος ὁ ἀποθανὼν οὐκ ἔσται, ὑμῖν δὲ ἐνθύμιος γενήσεται. *Idem*, 3. δ. 9: τοῖς καταλαμβάνοσι μεῖζον τὸ ἐνθύμιον γενήσεται.

170. Lísias xii. 4: οὑμὸς πατὴρ Κέφαλος ἐπείσθη μὲν ὑπὸ Περικλέους εἰς ταύτην τὴν γῆν ἀφικέσθαι.

171. Demóstenes lvii. 37: Ἐμοὶ γὰρ ἦν πάππος, ὦ ἄνδρες Ἀθηναῖοι, τῆς μητρὸς πατήρ, Δαμόστρατος Μελιτεύς. Cf. também *idem*, xxvii. 4: Δημοσθένης γὰρ οὑμὸς πατήρ, xl. 6: ἡ γὰρ μήτηρ ἡ ἐμὴ [...].

ATENAS 81

A abertura da narrativa de Édipo, após sua locução preliminar a Jocasta, recorda-nos uma vez mais da atmosfera do tribunal. Mas em circunstâncias irônicas, pois o discurso de Édipo é uma auto-acusação. Ele apresenta o assassinato do homem que agora teme fosse Laio como autodefesa, porém, apesar disso, se realmente era Laio, Édipo é excomungado por sua própria maldição e banido de Tebas por sua própria sentença. E não pode retornar a Corinto, por temer o oráculo: "Tampouco posso por de novo os pés em minha pátria" (825); a palavra que ele usa (*embateusai*) é outra terminologia legal, cujo significado técnico na lei ática é "tomar posse do patrimônio paterno"[172].

Édipo não pode receber sua herança em Corinto e agora está para perder o que ganhou, por esforço próprio, em Tebas. "Erra quem julga que isto é infligido sobre mim por algum poder cruel?", pergunta ele amargamente (828-829). Mesmo aqui reverbera um eco do tribunal, pois *ômos* (cruel) é a palavra habitualmente utilizada pela defesa para descrever um promotor implacável e brutal. Demóstenes, por exemplo, no discurso contra Aristogeiton, refere-se à "atitude cruel e amarga" do acusador, à "sua amargura, sua sede de sangue e crueldade"[173].

O acusador é cruel, entretanto, a evidência é contraditória, ou ao menos incompleta. Há uma discrepância entre o relato feito por Jocasta do assassinato de Laio por bandidos e o conhecimento de Édipo de ter estado sozinho na confluência dos três caminhos. O depoimento da testemunha ocular é agora vital. Jocasta não vê necessidade de questioná-la. "Asseguro-te que esta foi a sua versão pública da história e agora não irá mudar o seu relato"[174]. Édipo, contudo, insiste e Jocasta finalmente concorda em convocar a testemunha.

O famoso estásimo coral posterior é um comentário sobre a situação e a conduta de Édipo e Jocasta em termos políticos, éticos e religiosos. Mas também em termos legais. O coro apela para leis mais elevadas que as do homem, para aquelas "cujo pai é o Olimpo, e só o Olimpo – nenhum mortal as gerou e jamais o oblívio as adormecerá. Nelas há um poderoso deus, que nunca envelhece" (867-872). Este apelo a uma lei superior é ditado pelas revelações da cena precedente. Jocasta mostrou-se ao menos a par, senão responsável, pela morte de um bebê real, filho seu e de Laio, e Édipo é visto agora como responsável pelas mortes de quatro (ou como ele pensa, de cinco) homens, um dos quais era

---

172. Cf. Demóstenes xliv. 16, 19. Sobre uma discussão ampla, ver a nota de W. Wyse acerca de Isócrates iii. 62. 4 (*The Speeches of Isaeus*, Cambridge, 1904, p. 345). Este sentido técnico é adequado a Eurípides, *Electra* 595 e 1251.

173. *Oedipus Tyrannus* 828-829: ἆρ' οὐκ ἀπ' ὠμοῦ ταῦτα δαίμονος τις ἂν κρίνων [...]; Demóstenes xxv. 83: ὠμῶς καὶ πικρῶς εἶχε. *Idem*, 84: πικρία καὶ μιαιφονία καὶ ὠμότης. Cf. também *idem*, xxi. 97: τὸν οὕτως ὠμόν, *idem*, 109.

174. *Oedipus Tyrannus* 848-849: φανέν γε τοὔπος [...] κοὐκ ἔστιν αὐτῷ τοῦτό γ' ἐκβαλεῖν πάλιν. Cf. Platão, *Crítias* 46b: τοὺς δὴ λόγους οὓς ἐν τῷ ἔμπροσθεν ἔλεγο οὐ δύναμαι νῦν ἐκβαλεῖν [...].

82 ÉDIPO EM TEBAS

muito provavelmente seu predecessor Laio. Quaisquer que sejam as circunstâncias atenuantes, tanto num caso quanto noutro, de acordo com a concepção de responsabilidade por tirar a vida de alguém vigente no século V, Édipo é certamente (e Jocasta possivelmente) sujo, impuro. É por esta razão que o coro reza por *hagneia* (864), "pureza, castidade", em palavras e ação. Tal expressão figura com freqüência nos discursos de Antífon que tratam de casos de assassinato; não só o assassino é impuro (quaisquer que tenham sido seus motivos e as circunstâncias), mas ele deixa toda a comunidade que lhe dá abrigo tão impura quanto ele. "É antagônico a vossos interesses", diz uma variação típica sobre este tema, "que este infeliz desprezível e impuro polua a pureza dos recintos divinos ao neles penetrar"[175].

O apelo à lei divina é estimulado também pelo fato de que a lei humana parece ter falhado. Tanto o abandono do filho de Laio quanto o assassinato aconteceram há muito tempo, sem que nenhuma autoridade humana interviesse ou punisse. As leis do homem tornaram-se arcaicas e impotentes, foram ludibriadas e esquecidas. Quanto à lei divina, no entanto, jamais o esquecimento a fará adormecer, ela não pode ser enganada, e o deus nunca envelhece. Édipo e Jocasta "palmilham a trilha da soberba, quer no falar ou no fazer, sem recear a justiça" (*dikês*, 885) – o termo significa também julgamento, processo e penalidade. Menosprezam a profecia e, portanto, a Apolo. O coro apela para uma autoridade superior, para Zeus, como juiz supremo. "Ah! Zeus todo-poderoso, se és digno de assim ser chamado, não permitas que estas coisas escapem à observação de teu poder eterno" (*mê lathoi*, 904). A palavra *lathoi* é um lugar-comum utilizado na apelação feita pelo promotor aos juízes. "Que não escape à vossa observação", diz Demóstenes numa passagem típica, "que ele está mentindo"[176].

Este estásimo assinala um desenvolvimento adicional na atitude do coro. Depois da discussão entre Édipo e Tirésias, o coro falou como um juiz, agora fala como um promotor diante de um tribunal supremo, reivindicando a condenação como a única justificativa possível da autoridade daquele tribunal. "A não ser que estes oráculos sejam confirmados pelos fatos, de modo que todos os mortais o indiquem[177], não mais irei em reverência ao centro intocável da terra"[178].

Antes que a testemunha ocular seja trazida ao tribunal, toda a direção do inquérito e com ele a apresentação de seu testemunho é mo-

175. Antífon 2. a. 10: ἄναγνον...ἁγνείαν, 2, β. 11.

176. Demóstenes xxiv. 191: μὴ λανθανέτω ψευδόμενος ὑμᾶς. Cf. *idem*, xix. 239, xlviii. 40, xxvii. 64, xxxiv. 31.

177. *Oedipus Tyrannus* 902: χειρόδεικτα. Cf. Demóstenes xxv. 68: δακτυλοδεικτεῖτ' ἐπὶ τῷ πονηρότατον τῶν ὄντων ἁπάντων δεικνύναι.

178. Cf. o final do primeiro discurso de Demóstenes contra Aristogeiton (xxv. 98 e ss.), em que pergunta aos juízes como, se chegarem ao veredito de inocência, podem

ATENAS 83

dificada. O mensageiro coríntio revela que Édipo não é filho de Pólibo e Mérope; ele é de origem tebana. Jocasta percebe o que isso significa, e retira-se precipitadamente para enforcar-se mas Édipo, cheio de esperança irracional (da qual o coro compartilha), está determinado a interrogar o pastor, que agora é uma testemunha da sua identidade bem como do assassinato de Laio.

A inquirição desta testemunha é conduzida de formas inequivocamente legais[179]. Sua identidade é estabelecida por meio de um apelo ao coro e ao mensageiro coríntio (1115-1120). Ele então é invitado a confirmá-la. "Olha-me bem, ancião, e responde às minhas perguntas" (1121-1122). Do mesmo modo Sócrates faz a reinquirição de Meleto: "Olha para mim, Meleto, e diga-me [...]"[180]. A pergunta e a resposta assemelham-se às medidas semiformais do *erôtêsis*, a inquirição de testemunhas[181], conforme preservado numas poucas passagens dos oradores áticos. "Serviste anteriormente a Laio?" "Servi". Assim também Andócides em seu discurso *Sobre os Mistérios*: "Foste membro da comissão de investigadores?" "Fui". E Lísias interroga Eratóstenes: "Estiveste na câmara do conselho?" "Estive"[182].

A memória da testemunha, contudo, é falha e ela deve ser estimulada. "Vou lembrá-lo", diz mensageiro coríntio (1133)[183]. O pastor reluta em admitir que conheceu anteriormente o coríntio e quando lhe perguntam sobre uma criança que ele dera outrora a seu interrogador insistente, manifesta perplexidade total. O coríntio, com condescendência, faz ressaltar ao aparentemente tolo e velho homem a importância da evidência que ele está retendo. "Este homem, meu caro senhor [ô tan], é aquela criança" (1145). Este complacente ô tan – "meu caro senhor, meu bom homem" – é uma expressão coloquial característica do orador ateniense. Em Demóstenes é geralmente colocada nos lábios de um opositor imaginário ao argumento do orador, que é ele próprio um ignorante, sendo refutada pela réplica do orador – um homem sem valor, de fato. No primeiro discurso contra Aristogeiton, por exemplo, após elaborar o caso contra seu alvo, Demóstenes trata

---

"ir ao santuário da deusa-mãe [...] a fim de consultar as leis como se ainda fossem válidas", ou "subir à Acrópolis no primeiro dia do mês e orar aos deuses".

179. Ver a discussão sobre a passagem no cap. 1, p. 14.

180. *Oedipus Tyrannus* 1121-1122: οὗτος σὺ πρέσβυ δεῦρό μοι φώνει βλέπων ὅσ' ἂν σ' ἐρωτῶ. Platão, *Apologia* 24c: μοι δεῦρο ὦ Μέλητε εἰπέ. Cf. Andócides 1. 18: βλέπετε εἰς τούτους καὶ μαρτυρεῖτε [...]

181. Sobre ἐρωτᾶν, cf. *Oedipus Tyrannus* 740, 1119, 1122.

182. *Oedipus Tyrannus* 1122-1123: Λαῖον ποτ' ἦσθα σύ; ἦ. Andócides 1. 14: ᾿Ησθα ξητητής [...]; ἦ. Lísias xii. 25: ᾿Ησθα δ' ἐν τῷ βουλευτηρίῳ [...] ἦ.

183. *Oedipus Tyrannus* 1133: ἀναμνήσω νιν. Sobre ἀναμιμνήσκω nos oradores, cf. Demóstenes xviii. 17, 60, *idem*, xxiv. 12. Similarmente, ὑπομνῆσαι em Górgias, *Palamedes* 28, 31, 37. Acerca de testemunhas "esquecidas", cf. Licurgo, *Contra Leocrates* 20.

84 ÉDIPO EM TEBAS

dos fundamentos sobre os quais se esperaria que ele pedisse clemência, colocando tais motivos nos lábios de um amigo imaginário do acusado.

"O que pode ele dizer que seja verdade?" "Ele pode elogiar alguma ação de seu pai, por Zeus". "Porém, cavalheiros do júri, condenastes seu pai à morte nesta mesma sala de audiência" [...] "Bem, por Zeus, se esta questão acerca de seu pai lhe é difícil, ele recorrerá à sua própria vida, tão autocontrolada e moderada". "O quê? Onde é que ele levava tal tipo de vida? Todos vós o vistes; ele não é esta espécie de homem". "Mas, meu caro senhor [ô tan], ele passará a discorrer sobre seus serviços prestados ao Estado". [E agora vem o grande golpe]. "Serviços? Quando e onde? Os de seu pai? Inexistentes. Os seus próprios? Encontrareis denúncias, aprisionamentos, o passar de informações – mas nenhum serviço"[184].

O emprego dessa expressão condescendente pelo mensageiro coríntio sugere um efeito irônico. Ele, não o pastor, é o homem ignorante e sua condescendência poderia ser posta a nocaute com uma única palavra – uma palavra que o pastor prefere não pronunciar. "Dane-se", ele exclama, "não vais calar tua boca?" (1146). Édipo rapidamente censura essa testemunha recalcitrante e ofensiva. "São tuas palavras que merecem punição, mais que as dele" (1147-1148). O vocábulo que Édipo utiliza (*kolazein*) é mais forte do que o justificado pelo contexto; é de fato o termo legal para punição. "É possível punir [*kolazein*] por meio de multas, aprisionamento e morte", diz o acusador de Alcibíades, e Platão, ao falar de criminosos incorrigíveis, diz "Em tais casos somos forçados a prescrever ao legislador, enquanto responsável pela punição [*kolastên*] de seus crimes, a morte"[185]. Esta ameaça de punição é deixada mais explícita ainda alguns versos depois. "Se não falares para me agradar, falarás em lágrimas", diz Édipo (1152), e o pastor compreende o significado destas palavras. "Não me tortures, sou um velho homem"(1153). Mas ele é torturado. "Que alguém lhe amarre logo as mãos às costas" (1154). E o velho homem finalmente responde às perguntas de Édipo, sob a ameaça iminente e as preliminares físicas da tortura.

Esse também é o procedimento legal ático. A evidência de um escravo (e o pastor identifica-se como tal no início da cena, 1123) era admissível nos tribunais áticos apenas se apresentada sob tortura[186]. Na maioria dos casos, ela não era administrada, sendo mais uma medida que permitia maquinações complexas – exigências e contra-ordens

---

184. Demóstenes xxv. 77-78. Sobre ὦ τᾶν utilizada da mesma forma (na boca de um objetor imaginário e rapidamente refutado), cf. *idem*, i. 26, iii. 29, xviii. 312.

185. *Oedipus Tyrannus* 1147; κόλαχε, 1148; κολαστοῦ. Cf. Andócides 4. 4: κολάξειν ἐξὸν [...], Platão, *As Leis* 863a. Sobre κολάξειν, cf. também Antífon 4. a. 6 e 7, 3. d. 8; Lísias xii. 36, Aristófanes, *As Vespas* 258, 406, 927 e sobre κολαστής Lísias xxvii.3.

186. A palavra técnica βάσανος é empregada metaforicamente (*Oedipus Tyrannus* 494 e 510) no resumo judicioso do coro.

ATENAS 85

pela tortura de escravos, que serviam simplesmente como pontos preliminares que a acusação e a defesa poderiam usar para humilhar uma à outra. Por vezes, porém, era realmente infligida: a evidência no caso do assassinato de Herodes, por exemplo, foi em grande parte extraída de escravos sob tortura pela acusação, antes mesmo do início do julgamento.

A defesa rotineira contra tais evidências era que o escravo torturado naturalmente fazia a confissão que seus torturadores gostariam de ouvir. "Não tenho que vos lembrar", diz o réu acusado de assassinar Herodes, "que geralmente, no caso de evidência dada sob tortura, ela é em favor dos torturadores". "Ele sabia o que era de seu próprio interesse", diz o mesmo réu, ao falar de um escravo torturado pela acusação; "ele sabia que deixaria de ser atormentado tão logo dissesse o que eles queriam ouvir"[187]. No caso de Édipo, todavia, a situação normal aparece ao inverso. Ele força o escravo, relutante mesmo sob tortura, a confessar a verdade que revelará o torturador como o criminoso. "Estou frente a frente com o terrível, e devo dizê-lo", diz o velho homem (1169). "E eu", responde Édipo, "devo ouvi-lo". A revelação final é extraída do pastor pela mais extrema das medidas legais, mas o torturador sofre mas que sua vítima. "Fui revelado [*pephasmai* – outra terminologia legal], nascido de pais equivocados, casado com a esposa errada, assassino do homem que não devia matar".

O estásimo coral faz uma súmula do caso de Édipo. "O tempo que tudo vê, te descobriu – ele faz o julgamento do matrimônio inatural que é ambos, o gerar e o gerado"[188]. O investigador encontrou o criminoso, o acusador obteve a condenação e o juiz passou a sentença mas, como o matrimônio, também o processo legal é ambos, o gerar e o gerado. Édipo encontra a si mesmo, condena a si próprio e, em suas últimas palavras antes de sair correndo em direção ao palácio, passa sua própria sentença. "Luz, que esta seja a derradeira vez que te contemplo". Sua condenação é, nas palavras do coro, um exemplo, *paradeigma*, o exemplo que o promotor ateniense exige, discurso após discurso[189]. Édipo é um exemplo para todos os homens.

187. Antífon 5.32, 50. A respeito de uma discussão geral deste aspecto de evidência dada sob tortura, cf. Aristóteles, *Retórica* i. 15.26 (1376b-1377a). Cf. também *idem, Retórica a Alexandre* xvi. 1432a; βάσανος δ' ἐστὶ μὲν ὁμολογία παρὰ συνειδότος ἄκοντος δέ.

188. *Oedipus Tyrannus* 1214-1215: δικάζει τὸν ἄγαμον γάμον [...].

189. Acerca da condenação do réu como um παράδειγμα, cf. Lísias xiv. 12, 45, xvi. 14; Demóstenes xxi. 76, 97, 227; Licurgo, *Contra Leocrates* 27, 150.

Outras passagens que reforçam a ênfase legal da língua são: *Oedipus Tyrannus* 136: γῆ τῆδε τιμωροῦντα τῷ θεῷ θ' ἅμα (cf. Antífon i. 24: τιμωρήσω τῷ τε πατρὶ τῷ ἡμετέρῳ καὶ τοῖς νόμοις τοῖς ὑμετέροις); *Oedipus Tyrannus* 220: τοῦ πραχθέντος (cf. Antífon i. 6, 13); *Oedipus Tyrannus* 227: τοὐπίκλημ' (cf. Antífon 3. a. 1, β.5, 9 etc.: ἐπικαλεῖν); *Oedipus Tyrannus* 249: οἴκοισιν εἰ ξυνέστιος [...] (cf.

86 ÉDIPO EM TEBAS

IV

Édipo *tyrannos* é, pois, mais que um herói trágico individual. Por seu título, *tyrannos*, pela natureza e base de seu poder, por seu caráter e pelo modo de sua ação dramática, ele se assemelha a Atenas, a cidade que almejava (e estava a um passo de) transformar-se no *tyrannos* da Grécia, no rico e esplêndido autocrata de todo o mundo helênico. Tal semelhança, seja ela conscientemente reconhecida ou não, deve ter feito com que angariasse a simpatia do público ateniense, engajando suas emoções no que concerne à ação e ao sofrimento do herói. Contudo, ela faz algo mais. Acrescenta uma dimensão extra de significância não só à sua carreira mas também à sua queda, que sugere, em termos simbólicos proféticos e enigmáticos, a queda da própria Atenas. Como Édipo, Atenas justifica sua ação incessante e cada vez mais vigorosa por meio de um apelo a sucessos anteriores; como Édipo, se recusa a parar, a transigir, a retroceder; como ele, segue os ditames de sua energia e inteligência com confiança suprema no futuro; e, como Édipo, a tragédia parece sugerir que Atenas conhecerá a derrota, aprenderá a dizer "devo obedecer", como agora diz "devo governar". Atenas, nas palavras dos maiores de seus estadistas, reivindicava ser um exemplo para outros, um *paradeigma*; também Édipo é chamado de exemplo, mas quando de sua queda. "Com o teu destino como meu exemplo [*paradeigma*]", canta o coro, "não chamo nenhum mortal de feliz"[190].

Esta semelhança entre Édipo e Atenas sugere a solução do principal problema interpretativo apresentado pela peça – o significado e a aplicação do magnífico estásimo central (863-911). O problema está no fato de este estásimo (que em mais de sua metade trata, em termos gerais, da origem, natureza e queda do *tyrannos*), conter algumas expressões que só podem ser aplicáveis a Édipo com grande sofisticação (que naturalmente não tem faltado), e outras que, para citar Bruhn, "nenhuma técnica de interpretação no mundo poderia torná-las aplicáveis a Édipo e a Jocasta". Tais versos constituem para o editor ou

---

Platão, *Eutífron*. 4b, c: ἐάνπερ ὁ κτείνας συνέστιός σοι [...] ἢ [...] ἴσον γὰρ τὸ μίασμα γίγνεται ἐὰν συνῇς τῷ τοιούτῳ συνειδώς); *Oedipus Tyrannus* 702: τὸ νεῖκος ἐγκαλῶν (cf. Demóstenes xli. 7, 11; Antífon 2. δ. 11: ἔγκλημα, *idem*, 3. β. 9, γ. 11); *Oedipus Tyrannus* 705: εἰσπέμψας (cf. Platão, *Eutidemo* 305b); *Oedipus Tyrannus* 677: ἐν δὲ τοῖσδ' (cf. a nota de Earle *op. cit.*). Muito interessante neste aspecto é a variante registrada pelo escólio em 134: γράφε τῇδε θεσπίξει γραφήν. Isso faria sentido: "muito adequadamente Febo (e também tu) aconselha, a partir do oráculo, este processo em nome do homem morto".

190. *Oedipus Tyrannus* 1193: τὸν σόν τοι παράδειγμ' ἔχων, τὸν σὸν δαίμονα. Tucídides ii. 37 παράδειγμα δὲ μᾶλλον αὐτοὶ ὄντες (cf. Licurgo, *Contra Leocrates* 83). Cf. também Tucídides v. 90 (melianos a atenienses): σφαλέντες ἂν τοῖς ἄλλοις παράδειγμα γένοισθε.

ATENAS 87

para o crítico da peça um problema central, pois sua solução determina ou é determinada por sua interpretação da peça como um todo. Muitas soluções foram propostas. Para aqueles que consideram Édipo um exemplo ético cuja queda se deve a uma falha, estas frases condenatórias, ainda que talvez estejam à beira da irrelevância, constituem evidência corroboratória da exatidão de sua pressuposição da culpa de Édipo. Os que acreditam que Édipo não esteja, em termos éticos, pagando por seus próprios crimes ou atitudes incorretas, têm diante de si uma tarefa mais difícil. Sir John Sheppard, cuja edição da peça é uma tentativa pioneira de compreendê-la em termos do século V, explica tais frases estranhas como parte da moral e da avaliação literária geral do *tyrannos*. Édipo pode não ter feito o que o coro dá a entender, porém o estereótipo do *tyrannos* como governante totalmente ilegal exerce tanta influência sobre o espírito da época que tais reflexões são, nestas circunstâncias, quase que inevitáveis. Essa explicação, mantida com uma riqueza de citações e comentários judiciais elucidativos é, entretanto, fundamentalmente desesperada; a marca de um grande poeta é exatamente o fato de ele ser mestre, e não escravo, da tradição dentro da qual opera. Mais recentemente, uma explicação brilhante e, à primeira vista convincente, foi oferecida pelo erudito espanhol Ignácio Errandonea, em sua monografia "O segundo estásimo de *Édipo Rei*"[191]. Ele sugere que a pessoa mencionada na seção central do estásimo não é Édipo e sim seu pai Laio. A linguagem utilizada por Sófocles (especialmente as expressões "obter lucro" e "tocar o intocável") é apropriada à história insípida de Laio e Crisipo. Essa explicação tem o grande mérito de dar um propósito claro e relevante aos versos em questão, mas o faz a um custo desastroso. Pois se o estásimo se refere a Laio, o efeito é sugerir enfaticamente que Édipo esteja pagando pelos pecados de seu pai[192]. Esta era a versão corrente da história, utilizada por Ésquilo; Sófocles, contudo, no *Oedipus Tyrannus*, ignora resolutamente este ônus tradicional do mito. Na trilogia de Ésquilo, Apolo ordena a Laio por três vezes que não gere filhos, e este desobedece; na peça de Sófocles, "um oráculo veio a Laio uma vez [...] de que ele morreria nas mãos de seu filho". Sófocles se cala acerca da questão da responsabilidade de Laio, silêncio este muito mais digno de nota e enfático, uma vez que se dirigia a um público familiarizado com a abordagem esquiliniana do material. Se este estásimo central é interpretado como uma referência aos pecados de Laio, tudo o que esta explicação logrou alcançar é a substituição de uma peça coerente,

---

191. Publicado em *Textos y Estudios*, Instituto de Lenguas Clasicas, Ministerio de Educacion, Universidad Nacional de la Ciudad Eva Péron, Eva Péron (La Plata), Argentina, 1952. Cf. p. 57: "sinteticemos nuestra tesis: el estasimo segundo [...] se refiere a Layo e se refiere solamente a Layo".

192. *Idem*, pp. 79 e ss.

88 ÉDIPO EM TEBAS

que contém alguns poucos versos corais enigmáticos por uma ode coral coerente, colocada no centro uma peça totalmente desconcertante. A solução do problema comumente aceita é que estes versos referem-se a Atenas, não a Édipo. Pressupõe-se, em geral, que Sófocles, ao menos nestes dois versos (889-890), senão em todo o estásimo, esteja falando diretamente aos atenienses, numa espécie de *parabasis* trágica, sobre Atenas e que Édipo é, momentaneamente ignorado. A fissura na textura dramática é admitida como um fato deplorável mas inegável, e a discussão fica confinada (se é que esta palavra é adequada, tendo em vista a volumosa literatura sobre o tema) a uma disputa acerca dos aspectos da política ateniense aqui mencionados – disputa cada vez mais acirrada, porque para a maior parte dos críticos estes versos constituem a evidência principal para datar a peça.

Mas, se Édipo é, ao longo da peça, detalhe após detalhe, edificado com base numa figura que sugere Atenas, a fissura no texto dramático, ainda que possa ter deixado uma cicatriz, é efetivamente sanada. O estásimo é uma avaliação da origem, natureza e queda inevitável do *tyrannos*; quando o coro canta suas linhas solenes de abertura, a semelhança entre Édipo e Atenas já está clara e firmemente estabelecida, de modo que o poeta possa falar de ambos como se fossem um só. Quando o coro passa de um apelo às leis humanas para a justiça de um tribunal supremo, o Édipo *tyrannos* e a *tyrannis* ateniense estão tão intimamente associados na mente e na linguagem do poeta que ele pode atribuir a Édipo falhas que não são encontradas no herói da peça mas nas ações da cidade da qual ele é o símbolo dramático.

Tal como Édipo, que persegue um assassino de acordo com os procedimentos da lei, sendo ele próprio um assassino que não foi punido, da mesma forma Atenas, berço e centro mais desenvolvido da lei, governa com um poder fundamentado na injustiça, que está além do alcance da lei humana. À medida em que a fúria e a paixão do espírito de guerra aumentavam, as ações de Atenas tornavam-se cada vez mais violentas e injustas; a contradição entre as leis da cidade e uma lei superior que está além daquela feita pelo homem, contradição já explorada na *Antígona* de Sófocles, tornou-se mais explícita, insistente e opressiva. O apelo do coro em *Oedipus Tyrannus* para leis "cujo pai é o Olimpo, e só o Olimpo", que não pode "ser ludibriado, esquecido ou que o esquecimento jamais fará adormecer" é, como a *Antígona*, um lembrete de que há padrões além dos da pólis, que Atenas, justa a seus próprios olhos e justificada por seus próprios tribunais, pode ainda ter de encarar um juiz superior e imparcial.

"*Hybris phyteuei tyrannon*. Violência e soberba engendram o *tyrannos*". Ninguém podia negar que a *tyrannis* ateniense estivesse fundamentada na violência; o próprio Sófocles tomara parte numa guerra contra Samos, cidade aliada que tentara se apartar do império ateniense. A linguagem que se segue é metafórica e o texto, infeliz-

ATENAS 89

mente, corrompido; apresenta, ao que parece, o destino desta violência e soberba na figura de um lutador que, imprudentemente, empanturra-se de alimento inadequado, vai à competição decisiva e é derrotado.

Hybris, quando se farta desenfreadamente[193] de muitas coisas que são inadequadas ou que não lhe trazem vantagem alguma, galga os cimos mais elevados e se precipita no abismo da mais absoluta necessidade, onde seus pés de nada lhe valem. Rogo ao deus que faça perdurar a luta gloriosa que visa ao benefício da cidade. O deus que sempre será meu paladino (873-882).

Esta é uma discussão figurativa acerca da dinâmica da política imperial ateniense. Ela não rejeita a ação inteiramente; roga-se ao deus que aquiesça, que faça perdurar "a luta gloriosa que visa ao benefício da cidade". Mas ela vaticina a derrota quando a ação é inspirada pela soberba ébria e, face a tal ação, o coro apela para a orientação divina; *prostatên* ("paladino, protetor") é uma palavra que descreve a posição não oficial de liderança ocupada pelos estadistas que em Atenas dirigiam a política e aplicava-se igualmente a Péricles e a Cleon[194].

Na próxima estrofe os crimes de *hybris* são definidos, e é nesta passagem que a linguagem pode ser aplicada totalmente a Édipo apenas à luz de sua comparação com a *polis tyrannos*. "Mas aquele que prossegue assim[195], ostentando orgulho nos atos e palavras, sem temer a justiça, sem respeitar as estátuas dos deuses, está fadado a um doloroso destino, em paga por seu orgulho e fausto malfadados" (883-888). A palavra traduzida por "orgulho e fausto" (*chlidas*) relembra a riqueza e o relativo alto padrão de vida que se tornaram possíveis graças à supremacia comercial ateniense, bem como à riqueza que Édipo associa à *tyrannis* (380); a referência às "estátuas dos deuses" pode, num sentido forçado, adequar-se aos sentimentos anti-religiosos expressados por Édipo e Jocasta, mas é exatamente aplicável no sentido mais literal a uma *cause célèbre* dos anos imediatamente pré-guerra – o *impeachment* de Fídias por desonestidade e conduta sacrílega em rela-

193. 874: ὑπερπλησθῇ. Esta mesma palavra é usada na cena precedente (779) de embriaguez: ὑπερπλησθεὶς μέθης. Cf. Hipócrates, *Da Doença* ii. 53: ἀπεχέσθω θωρηξίων καὶ μὴ ὑπερπίμπλασθαι. Platão, *A República* iii. 426a: μεθύων καὶ ἐμπιμπλάμενος [...].

194. Ehrenberg (2) analisa longamente a passagem e o uso que se fazia, no século V, do termo *prostatês* (*op. cit.*, pp. 99-103). Ele conclui que em 882, "não há idéia de se opor o *prostatês* divino a um líder político humano". Mas mesmo que ele prove, sem muita dúvida, que o termo *prostatês* não era, em nenhum sentido, um título oficial no século V, ainda é certamente uma palavra que sugere o estado democrático e nele a posição do líder estadista. E nos versos 880 e ss. não vejo qual o sentido da passagem, a não ser que haja um forte contraste entre as lideranças divina e humana.

195. 884: πορεύεται. Uma palavra fortemente associada às jornadas de Édipo; cf. 787 e também 801 (ὁδοιπορῶν).

90 ÉDIPO EM TEBAS

ção à sua famosa estátua de Atena. A ação contra Fídias tinha como alvo Péricles, líder do partido imperial ateniense; ele era o homem cuja efígie Fídias supostamente teria gravado no escudo da deusa. A referência contemporânea dessas frases torna-se mais explícita à medida em que estásimo prossegue. "Se não obtiver seu lucro de forma justa, abstendo-se de ações ímpias, ou se lançar as mãos imprudentemente sobre o que é intocável, quem, nestas circunstâncias, será capaz de por-se a salvo dos dardos divinos e defender sua vida?" (889-895). Não há nada na peça que faça com que a observação sobre lucro seja adequada a Édipo, mas Atenas mantinha seu poder graças ao tributo forçado dos membros do que fora a Liga Délia e era agora o império ateniense. O dinheiro coletado era utilizado para o embelezamento da cidade e para a manutenção da frota que garantia uma coleta contínua; grandes somas tinham sido convertidas em ouro para adornar a estátua de Atena no Partenon. Péricles manifestara abertamente sua intenção de utilizar este ouro para propósitos de guerra em casos de emergência. O dinheiro, que em primeiro lugar era um lucro injusto, fora dedicado ao embelezamento da estátua da deusa; retirá-lo do templo poderia muito bem ser considerado, por vários atenienses religiosos, como um ato ímpio, que "lançaria as mãos sobre o que é intocável". Este é um detalhe (se bem que pareça se adequar aos termos da formulação do coro); a verdade é que a Atenas imperial, tanto na época de Péricles quanto depois dele, demonstrara de várias formas um grande desprezo por escrúpulos religiosos de todos os tipos.

Nesses versos, as terríveis implicações da semelhança entre Édipo e Atenas são tornadas explícitas; as palavras do coro são uma advertência e uma profecia da derrota ateniense. O fato de Sófocles, já neste primeiro estágio da guerra, contemplar a possibilidade de uma derrota não parece surpreendente; a elaboração e a energia dos argumentos de Péricles, de confiança na vitória, sugerem que havia um setor importante da população que estava longe de considerar garantida a vitória de Atenas. Mesmo Péricles, o arquiteto da política de guerra e o constante profeta da vitória eventual, podia admitir, no discurso após o flagelo, a possibilidade de que Atenas fosse derrotada.

Mesmo que na luta presente sejamos forçados a nos render (pois todas as coisas nascem para depois fenecer) perdurará a memória de que, sendo gregos, governamos a maior parte da nação grega, sustentamos o ônus das guerras contra nossos inimigos, tanto como indivíduos quanto como membros de uma liga unida, e que habitamos uma cidade que, em todos os aspectos, era a maior e a mais rica de seu tempo[196].

196. Tucídides ii. 64: ἣν καὶ νῦν ὑπενδῶμέν ποτε (πάντα γὰρ πέφυκε καὶ ἐλλασσοῦσθαι) μνήμη καταλείψεται [...]. A palavra ὑπενδῶμεν é muito forte; Tucídides usa a forma ἐνδιδόναι para descrever a rendição ateniense em 404 a.C. (ii. 65).

As palavras que Tucídides coloca nos lábios do mais perspicaz estadista de Atenas contemplam a possibilidade de derrota na linguagem da visão trágica: "todas as coisas nascem para fenecer", a cidade heróica tanto quanto o herói trágico.

Tudo isso não significa que *Oedipus Tyrannus* seja uma propaganda derrotista, tampouco que seja um apelo a uma paz negociada, como o são em certa medida *Os Acarnianos* e a *Paz*, de Aristófanes. *Oedipus Tyrannus* é uma tragédia e a tragédia trata do irremediável, *to anêskeston*; a peça é uma visão trágica do esplendor, do vigor e da inevitável derrota de Atenas, que não vê possibilidade de escape – a derrota é imanente ao esplendor. A visão profética do poeta penetra através das aparências do poder ateniense para a realidade da reversão trágica, a queda em direção à qual Atenas força caminho com toda a energia criativa e cruel, a lógica intransigente, a iniciativa e a ousadia que a conduziram ao auge do poder mundial. Tudo que os atenienses tiveram que fazer para ganhar a guerra, como Péricles lhes disse, foi abster-se de atividade (*hêsuchazein*)[197]; mas o futuro demostraria, e o caráter ateniense de todo modo certificaria que, assim como Édipo, Atenas não podia mais se abster de agir. Atenas e Édipo aceleram até chegar às conseqüências lógicas de sua energia e iniciativa. Ambos chegam ao desastre apesar do exercício valoroso das mesmas qualidades que os tornaram grandes; sua ruína é resultado de uma insistência obstinada e heróica em ser genuínos. "Qual o homem", canto o coro, depois que Édipo conhece a verdade, "qual o homem que obtém mais prosperidade do que aquela que, tão logo aparece, declina?" Essas palavras não são apenas um comentário sobre a ruína de Édipo, são também um epitáfio trágico da era de ouro ateniense, um período breve de esplendor intelectual, artístico e imperial que em seu momento supremo esteve prenhe de sua própria destruição que, como a prosperidade de Édipo, baseava-se num fundamento calamitosamente doentio e injusto e que, como ele, se estilhaçaria pelo exercício heróico dos grandes talentos e poderes que o haviam criado.

---

197. Tucídides ii, 65.7.: ἡσυχάζοντας [...] περιέσεσθαι [...].

3. O Homem

I

Édipo, em seu caráter e forma de agir, é uma representação simbólica da Atenas de Péricles. Mas aquela Atenas não era somente a magnífica *polis tyrannos* e a fonte da lei, era também o centro da revolução intelectual do século V. "Atenas", diz o sofista Hípias no *Protágoras* de Platão (337d), "é o *prytaneion*, a câmara do conselho, da sabedoria da Grécia". Este é um elogio feito por um retórico visitante a seus anfitriões (e colocado em seus lábios por um mestre sutil da ironia), todavia, não deixa de ser a verdade. A rica metrópole atraía para si descobridores, cientistas e mestres de todo o mundo helênico. Ao espírito inovador e prático do ateniense democrático na política, no comércio e na guerra, combinavam-se agora as inovações intelectuais de filósofos e mestres que exploravam e explicavam uma visão revolucionária da estatura e da importância do homem. Foi em Atenas que a nova atitude antropológica e antropocêntrica atingiu seu mais elevado grau de confiança e assumiu seu tom mais abalizado. A idéia de que o homem era capaz de compreensão plena e do eventual domínio de seu ambiente, encontrou eco na cidade que não via limites para a sua própria expansão sem precedentes[1]. O esplendor e o poder da *polis tyrannos* encorajou uma concepção audaz do *anthrôpos tyrannos*, o homem como mestre do universo, um governante autodidata, que

---

1. Cf. Tucídides ii. 62, 2 (*Péricles*) e iv. 65. 4, acerca da confiança ateniense.

94 ÉDIPO EM TEBAS

venceu por esforço próprio e que tem a capacidade, utilizando as palavras que o coro aplica a Édipo, de "conquistar felicidade e prosperidade completas"[2].

A essência do novo espírito otimista está presente na poesia do famoso coro em *Antígona* (332-375). Os primeiros dois terços desta ode coral bem poderiam intitular-se "Um Hino ao Homem", pois é uma relação dos triunfos do homem em sua luta desassistida para civilizar a si próprio e afirmar sua mestria.

Muitos milagres há, mas o mais portentoso é o homem. Ele, que singra o mar sorrindo ao tempestuoso Noto, galgando vagalhões que escancaram em torno o abismo; e que a deusa suprema, a Terra, a eterna infatigável, ano após ano, rasga a arado e pisa com cavalos. E da espécie dos pássaros volúveis faz sua presa, e à raça das bestas-feras, e à nadante no oceano estende as malhas que teceu e, destro, as aprisiona; e com artifícios doma a agreste fera do monte, e laça o cavalo de farta crina, e o touro incansável das montanhas. Palavras e pensamentos, fugazes como o ar, e leis a si mesmo ensinou; e do gelo e da chuva inóspitos, de tudo se defende; e assim armado, nada do que pode acontecer receia. Somente à morte não sabe como fugir, embora às piores doenças saiba achar remédio. Senhor de arte e de engenho que ultrapassam qualquer sonho*.

Estes famosos versos traçam o progresso do homem desde a ignorância primitiva até o poder civilizado. Ele conquista os elementos, o mar e a terra; controla a natureza viva, os pássaros, as bestas e os peixes; comunica-se e combina-se com seus semelhantes de modo a formar uma sociedade; protege-se dos elementos; começa a vencer a doença – parece não haver limites ao seu progresso, exceto sua própria morte. Esta visão orgulhosa da história do homem é uma invenção do século V. Está particularmente associada ao nome de Protágoras, que escreveu o famoso livro denominado *Condições Primitivas*[3] e que, no diálogo platônico que leva seu nome, conta a história do desenvolvimento do homem através de estágios similares aos descritos na ode de Sófocles. O Protágoras de Platão foi influenciado pelo relato do mesmo processo histórico feito por Prometeu na peça de Ésquilo. Há porém uma diferença acentuada entre a versão de Sófocles e a encontrada em Ésquilo e Platão. Ambos os relatos enfatizam o papel desempenhado pelos seres divinos, que são responsáveis pelo progresso do homem. Em Ésquilo, Prometeu, sem nenhuma ajuda dá, a uma humanidade passiva, todas as artes e técnicas da civilização; "todas as artes chegaram aos mortais vindas de Prometeu", proclama o paladino divino (506). No mito, relatado por Protágoras no diálogo de Platão, os deu-

---

2. *Oedipus Tyrannus* 1197-1198: ἐκράτησας τοῦ πάντ' εὖ δαίμονος ὄλβου.

* Extraído de *Três Tragédias Gregas* – Guilherme de Almeida e Trajano Vieira, Tradução de Guilherme de Almeida. São Paulo, Perspectiva, Coleção Signos nº 22, 1997, pp. 58-59. (N. da T.)

3. περὶ τῆς ἐν ἀρχῇ καταστάσεως. Cf. Diógenes Laércio ix. 55.

O HOMEM 95

ses criam os homens, Prometeu os salva ao roubar para eles o fogo (e assim a proficiência técnica), o homem distingue-se dos outros animais por sua crença nos deuses, e a primeira coisa que supostamente fez, foi erigir altares e estátuas em sua honra. (Na versão de Ésquilo, Prometeu ensina o homem a rezar, a fazer sacrifícios, a interpretar sonhos e presságios). Finalmente, Zeus, no relato platônico, dá ao homem "um senso de vergonha e de justiça" que torna possível a vida comunal civilizada. Na versão de Sófocles, entretanto, esta é uma invenção humana, não havendo menção alguma aos deuses, exceto que a terra, "a deusa suprema", está desgastada pelos arados do homem. Todo o processo de desenvolvimento humano, até atingir a maestria técnica e a civilização, é apresentado como realização do homem e somente sua: para utilizar um termo moderno e em voga, esta é uma visão totalmente "secular" do progresso humano[4]. "O homem", diz o coro de Sófocles, "a si mesmo ensinou".

Não é nisto, naturalmente, que o próprio Sófocles acreditava. As palavras de encerramento do estásimo suscitam dúvidas que questionam a orgulhosa confiança da abertura e os eventos subseqüentes da peça destroem completamente a possibilidade de uma visão "secular" da condição humana. Mas o hino do coro certamente representa um ponto de vista corrente e, nos círculos intelectuais, provavelmente dominante, nos dias do poeta. É encontrado, por exemplo, na oração de Górgias, as *Palamedes*, onde o orador especifica as invenções que tornaram "a vida do homem cheia de recursos em vez de sem recursos e ordenada em vez de desordenada"[5], sem mencionar a intervenção, a ajuda ou a inspiração divinas; e no tratado hipocrático *Da Antiga Medicina*, há um relato "secular" similar do progresso humano nos campos da medicina e da nutrição (*A. M.* 3). Tal concepção do progresso humano está provavelmente mais próxima das verdadeiras idéias de Protágoras do que as atribuídas a ele por Platão, pois Protágoras é o homem que, acima de todos os outros sofistas, definiu a nova perspectiva antropocêntrica na famosa expressão "o homem é a medida de todas as coisas" e que também descartou os deuses como irrelevantes. "Quanto aos deuses", ele disse, "não tenho meio de saber se existem ou não".

Os versos da *Antígona* descrevem a ascensão ao poder do *anthrôpos tyrannos*: autodidata, sem qualquer ajuda externa, ele assume o controle do seu ambiente; por meio da inteligência e da técnica, torna-se mestre sobre os elementos e os animais. A linguagem do *Oedipus Tyrannus* associa o herói da peça a este progresso triunfante do homem. Édipo é comparado não só à cidade que o homem, com suas

---

4. Ver Ehrenberg (2), *op. cit.*, pp. 61 e ss.
5. 30: πόριμον ἐξ ἀπόρον. Cf. Sófocles, *Antígona* 360: παντόπορος· ἄπορος ἐπ᾽ οὐδὲν ἔρχεται [...].

96 ÉDIPO EM TEBAS

"leis que lhe permitem viver em comunidades" criou, mas também ao homem conquistador e inventor, com todas as realizações que o elevaram ao nível da civilização e o transformaram no *tyrannos* do mundo. Três das mais extraordinárias imagens da peça, por exemplo, são extraídas dos três primeiros itens da relação de conquistas humanas do estásimo da *Antígona*. Édipo é metaforicamente apresentado como timoneiro, conquistador do mar; lavrador, conquistador da terra; e caçador, perseguidor e domador da natureza selvagem. Estas imagens ampliam o significado simbólico do herói trágico para além dos limites da comparação com Atenas, centro da civilização, de modo a incluir as realizações mais impressionantes e revolucionárias de toda a raça humana.

Como caçador, Édipo é uma imagem que se origina naturalmente e de forma quase que inevitável, da natureza do enredo – uma busca. É uma difícil procura pelo assassino de um homem morto há muito tempo: o cheiro da caça desapareceu. É nesses termos que Édipo caracteriza pela primeira vez a tarefa que a resposta apolínea lhe apresenta: "Onde estará a trilha deste delito antigo, difícil de rastrear?"[6] "Se o procurares", responde Creonte, "o encontrarás, mas se o negligenciares, ele escapará"[7]. Édipo anuncia sua decisão de procurar o assassino empregando os mesmos termos: "Farei uma proclamação – pois só e sem indício não poderia seguir o seu rastro"[8].

Porém, já no início da perseguição, na entrevista com Tirésias, ele se vê diante de uma virada inesperada dos acontecimentos: Tirésias identifica o assassino caçado com o próprio Édipo. A resposta furiosa de Édipo descreve esta acusação por meio de um termo técnico extraído do vocabulário da caça. "Com que despudor!", ele diz. "Lançar tais palavras às ocultas!" (*exekinêsas*, 354)[9]. A caça pelo assassino de Laio,

---

6. *Oedipus Tyrannus* 109 ἴχνος [...] δυστέκμαρτον. Sobre a força de παλαιᾶς, cf. Xenofonte, *Cinegético* vi. 4: ἐξιέναι δὲ πρωὶ ἵνα τῆς ἰχνεύσεως μὴ ἀποστερῶνται. [sc. αἱ κύνες] [...] οὐ γὰρ ἐπιμένει τοῦ ἴχνους ἡ φύσις λεπτὴ οὖσα [...] Acerca de δυστέκμαρτον, cf. *idem*, viii. 1: εἰ δ᾽ ἐνέσται μελάγχιμα [*i.e.*, pequenos pedaços de terra, não cobertos pela neve] [...] δυσξήτητος ἔσται [sc. ὁ λαγώς]. Sobre εὑρεθήσεται, cf. *idem*, vi. 4, 18, vii. 7 etc.

7. *Oedipus Tyrannus* 110-111: τὸ δὲ ξητούμενον ἁλωτόν. Os estágios da caça são resumidos numa sentença famosa de Xenofonte (*Cinegético* v. 33): "a visão é tão agradável, que ver a lebre rastreada, encontrada, perseguida e capturada é suficiente para fazer com que o homem esqueça de quem ama". (ἰχνευόμενον, εὑρισκόμενον, μεταθεόμενον, ἁλισκόμενον). A respeito de ἁλωτόν, cf. também *idem*, vi. 10, 18; sobre ξητούμενον *idem*, viii. 1, vi. 19, 24, 25.

8. *Oedipus Tyrannus* 221: ἴχνευον [...] μὴ οὐκ ἔχων τι σύμβολον. Cf. Pólux E. 11: ἴχνος, ἰχνηλασία, σημεῖα ποδῶν, σύβολα ἐντετυπωμένα τῇ γῇ.

9. "ἐκκινεῖν é usado em relação ao jogo se desencadeando", diz Jebb sobre esta passagem, e compara com *Electra* 567: ἐξεκίνησεν ποδοῖν [...] ἔλαφον. Trata-se de uma das metáforas favoritas de Sófocles, e peculiarmente sua; ao que parece, a palavra não ocorre em nenhum outro autor clássico grego, exceto Plutarco. As outras vezes que

O HOMEM 97

que ele no início pensava ser impossível porque os vestígios haviam desaparecido, acaba por revelar-se rica demais em pistas, complexa demais e cheia de surpresas.

Édipo é o caçador, e o coro, apropriadamente, descreve o assassino caçado como um animal selvagem:

> Já é hora de ele mover em fuga seus pés, com mais vigor que corcéis velozes como os ventos [...] a ordem divina já lampeja no Parnaso, para que sigamos o rastro, com todos os meios em nosso poder, do homem que não deixou vestígio[10]. Pois ele corre errante pelas florestas, entre cavernas e rochas, como um touro, solitário em sua desgraça, com seu pé desgraçado.

Estas palavras do coro, com seu trocadilho inconsciente com nome de Édipo[11], enfatiza a terrível e até então insuspeita verdade, que o caçador e a caça são um só, que Édipo é ambos, o rastreador e o touro selvagem. Édipo, porém, aplica confiantemente a metáfora a circunstâncias diferentes, à suposta tentativa de Creonte de ganhar o poder: "Não é uma insensatez a tua iniciativa – caçar, sem o apoio do povo e dos amigos, o poder supremo [*tyrannis*] – algo que se conquista somente com as massas e a riqueza?"[12] Ele vê Creonte como o caçador tolo que não está equipado para a perseguição, em contraposição a si próprio, que há muito capturou a presa. Agora, contudo, ele está engajado noutra caça, e a captura da presa levará à queda do seu poder. As pistas conduzem a uma terrível descoberta: o caçador é a presa. No relato do mensageiro acerca da catástrofe há dois vislumbres que relembram a comparação feita pelo coro entre o criminoso desconhecido e um touro selvagem. "Ele correu errante", diz o mensageiro, empregando o mesmo termo que, na passagem anterior descrevia o movimento do touro caçado[13], acrescentando que, ao ver Jocasta pendurada numa corda,

---

figura em Sófocles num sentido metafórico também sugere sua força como termo de caça: *As Traquínias* 979: κἀκκινήσεις [...] φοιτάδα δεινὴν νόσον (onde φοιτάδα reforça o contexto de caça, bem como o médico), e *idem*, 1242: σὺ γάρ μ' ἀπ' εὐνασθέντος ἐκκινεῖς κακοῦ, onde εὐνασθέντος sugere o covil da fera selvagem. Cf. Xenofonte, *Cinegético, passim*, acerca deste sentido de εὐνή, e em especial ix. 3: εὐνάσειν (de uma corça colocando seu filhote para dormir) e ix. 4: τὸν νεβρὸν [...] εὐασθέντα.

10. 475-476 τὸν ἄδηλον ἄνδρα πάντ' ἰχνεύειν. ἄδηλος é o termo de caça usado para denotar uma pista que desapareceu; cf. Xenofonte, *Cinegético* viii. 6: ἕτερον δὲ ξητεῖν πρὶν τὰ ἴχνη ἄδηλα γένεσθαι (comparar viii): τὰ ἴχνη [...] δῆλα. Cf. agora J. C. Kamerbeek, *The Plays of Sophocles, Part I, Ajax* (Leiden, 1953), p. 24 (sobre 31).

11. 468: πόδα, 479: ποδί. Sobre uma discussão de todo o complexo de trocadilhos com o nome de Édipo, ver cap. 4, pp. 161-163.

12. 541-543: τυραννίδα θηρᾷ [...] ἁλίσκεται.

13. 1255: φοιτᾷ γάρ [...] Cf. 476: φοιτᾷ γάρ [...] ὁ ταῦρος. Earle (sobre 1254: περιπολοῦντ') vê essa sugestão na linguagem e observa: "Sêneca expressa de forma deselegante o que Sófocles deixa insinuado (qualis per arva Libycus insanit leo etc. Sêneca, Édipo 918 e ss.)". Acerca de φοιτᾶν, cf. Kamerbeek, *op. cit.*, p. 30 (sobre 59).

Édipo "desatou o nó [...] com um urro *apavorante*"[14]. E suas próprias palavras, no final da peça, sugerem que ele se vê como um habitante adequado da selva: "Deixa-me viver nas montanhas"[15].

Como piloto, Édipo é também uma imagem apropriada, pois como *tyrannos*, é naturalmente considerado o timoneiro que conduz o navio do Estado. A cidade é, por inferência, comparada a um navio nos versos de abertura da peça, "com uma carga de incenso ardente, súplicas por cura e hinos fúnebres" (4-5)[16], e um pouco adiante, a metáfora é amplamente desenvolvida. "Naufraga a cidade [...] e nem consegue erguer sua cabeça por sobre as ondas sanguinolentas"[17]. Creonte, trazendo notícias de Delfos, fala sobre o sangue de Laio, "que traz esta tempestade sobre a cidade" e associa Édipo a seu predecessor no leme do Estado através da mesma metáfora: "Outrora tivemos [...] um capitão, Laio, antes que conduziste a cidade num rumo reto" (103-104)[18]. E o coro, depois da altercação entre Édipo e Creonte, reafirma sua lealdade a Édipo como piloto bem-sucedido: "Colocaste minha terra amada num rumo certo, quando ela se encontrava agitada pela turbulência, e agora vem mostrar-te seu guia afortunado" (694-696)[19]. Logo fica claro que este desejo é em vão; "Ele é um homem desesperado", diz Jocasta, "e inquietamo-nos ao vê-lo, como passageiros diante de um piloto transtornado" (922-923). Édipo não pode mais dirigir o navio do Estado, pois tem razões para temer que tenha conduzido o navio de sua própria sina com resultados terríveis. E ele ainda não descobriu toda a extensão da verdade atemorizante. Quando o fizer, compreenderá finalmente as perguntas enigmáticas de Tirésias. "Que porto", perguntara-lhe o profeta, "não ecoará a sinfonia de teus gritos [...] quando conheceres a verdade sobre o ancoradouro fatal em direção ao qual zarpaste, tuas núpcias nesta casa, ao fim de uma viagem tão feliz?" (420 e ss.). Édipo traçou seu rumo com cuidado, "medindo

---

14. 1265: δεινὰ βρυχηθείς. Com relação a βρυχᾶσθαι sobre o touro, cf. Sófocles, *Ajax* 322: ταῦρος ὣς βρυχώμενος, Teócrito xxv. 137, Eurípides, *Helena* 1557, Hesíodo, *Teogonia* 832.

15. 1451: ἔα με ναίειν ὄρεσιν. Outras palavras que reforçam a imagem do caçador são: ἄγριος (344 sobre a fúria de Édipo, 476 sobre a floresta selvagem, por onde o touro vaga errante, cf. também 1205, 1349), ματεύω (1052, 1061, cf. Sófocles, *Os Investigadores* 13), e possivelmente ἐκτρέπεσθαι (851: εἰ δ' οὖν τι κἀκτρεπ-οιτο τοῦ πρόσθεν λόγου, cf. Plutarco, *De cur.* 11, 520E: καθάπερ οἱ κυνηγοὶ τοὺς σκύλακας οὐκ ἐῶσιν ἐκτρέπεσθαι καὶ διώκειν πᾶσαν ὀδμήν).

16. 4: θυμαμάτων γέμει [...] A respeito de γέμω. v. Liddell e Scott s. v.

17. 22-24: σαλεύει κἀνακουφίσαι κάρα βυθῶν ἔτ' οὐχ οἵα τε φοινίου σάλου. Contrastar com o marinheiro bem-sucedido no estásimo da *Antígona*, χωρεῖ περιβρυχίοισιν περῶν ὑτ' οἴδμασιν (336-337).

18. 101: χείμαξον. Sobre ἡγεμών, "capitão", cf. Pólux A: 98: ὁ τῆς νεὼς ἡγεμών, Tucídides vii. 50: τοῦ πλοῦ ἡγεμόνας, "pilotos", e acerca de ἀπευθύνειν, Platão, *Crítias* 109c: ἐκ πρύμνης ἀπευθύνοντες οἷον οἴακι.

19. 694 e ss. lê (com Pearson) σαλεύουσαν, acerca do ἀλύουσαν dos MSS.

O HOMEM 99

a distância de Corinto pelas estrelas" (794-795), mas isso o levou a um porto inexprimível. "Édipo ilustre", canta o coro quando a verdade é conhecida, "um só porto bastou para abrigar-te como filho e esposo" (1207-1210)[20]. O imaginário da peça apresenta Édipo também como lavrador e semeador. Essa metáfora agrícola está sempre relacionada ao seu nascimento e à forma como foi gerado. A transferência de termos agrícolas ao processo de procriação humana é lugar-comum na poesia grega[21], assim como o foi no inglês do século XVII ("a semente de Abraão", "o fruto do ventre" etc.) e na verdade, na linguagem figurativa que qualquer povo que viva em contato íntimo com o trabalho do campo. Aqui, entretanto, a metáfora é levada aos limites da sua capacidade. "As imagens que Sófocles utiliza ao descrever a situação de Jocasta, em sua nova relação com o filho", diz um editor vitoriano eminente[22], "nem sempre suportam uma explicação meticulosa"; com isso ele quer dizer, é claro, que elas são terrivelmente acuradas. É verdade que essas metáforas são empregadas para adumbrar enormidades físicas que seriam intoleráveis no discurso comum[23], mas que extraem parte de sua força da extraordinária adequação desse tipo de imaginário à situação dramática. Tebas está afligida por uma geada que se abate sobre as colheitas e os rebanhos, bem como por um flagelo que afeta a população. O ciclo normal de lavrar, semear e germinar foi rompido – "não cresce mais o fruto de nossa terra" (171-172) – acompanhado pela interrupção do ciclo da procriação humana e do nascimento – "a terra morre [...] na agonia dos abortos das mulheres" (25-27). Esta relação entre os frutos do solo e o fruto do ventre reflete-se na transferência dos termos agrícolas para a impureza do casamento de Édipo e Jocasta, e o que a reflexão sugere é a responsabilidade daquele casamento profano pela colheita mirrada[24]. Esta era uma concepção que não necessitava de ênfase maior para o público grego; a relação mágica entre o rei e a fertilidade de seus domínios era uma crença antiga na Grécia. Um exemplo famoso é o do "rei inocente", descrito por Odisseu, que "mantém a justiça, e a terra negra produz

20. 1207 e ss.: μέγας λιμήν. Sobre λιμήν num sentido sexual, cf. Diels-Kranz, Empédocles B 98. 3: Κύπριδος ὁρμσθεῖσα τελείοις ἐν λιμένεσσιν.
21. É comum também na prosa: cf. a fórmula legal ἐπὶ παίδων γνησίων ἀρότῳ (citada por M. Nilsson (2), op. cit., p. 120).
22. T. Mitchell, The Oedipus Tyrannus of Sophocles, Oxford, 1841, nota sobre 1208.
23. Tais metáforas, entretanto, são às vezes mais terríveis que o mais franco dos discursos. A linguagem de Leontes em The Winter's Tale, por exemplo, ("represado", "lago de peixes" etc.), revela a enfermidade de sua mente de forma mais eloqüente que o faria qualquer palavra pejorativa.
24. Cf. Earle (op. cit., p. 144): "os tipos de geada seca [...] descritos podem ser considerados como um julgamento simbólico do matrimônio incestuoso".

100 ÉDIPO EM TEBAS

trigo e cevada, as árvores estão pesadas de frutos, os rebanhos procriam incessantemente, e o mar fornece peixes, tudo graças a seu bom governo [...]"[25]. A cerimônia de um casamento sagrado, que quase certamente começara como uma garantia mágica da renovação das colheitas, era muito difundida na Grécia em tempos históricos[26]. Tal cerimônia, de fato, tinha lugar regularmente em Atenas na época de Sófocles; o casamento sagrado entre Dionísio e sua noiva ateniense fora celebrado poucas semanas antes do festival trágico no qual *Oedipus Tyrannus* foi encenado[27]. O casamento de Édipo é um antítipo blasfemo deste "casamento sagrado". "Ah! Conúbio", grita ele em sua agonia, "deste-me a existência e então, tu que me geraste, fizeste brotar minha própria semente [...]" (1403-1405)[28].

A primeira declaração de Édipo sobre sua relação com Laio é feita nos termos desta metáfora. "Tenho os poderes que outrora lhe pertenciam, seu leito e sua esposa *homosporon*" (259-260) – uma palavra que, nessa sentença, pode somente significar "que é semeada pelo sêmen de nós dois", pois Édipo acrescenta a qualificação de que o sêmen de Laio, de todo modo, não tinha gerado frutos. Este emprego da palavra distorce seu significado usual, que é "semeados juntos, do mesmo sêmen" portanto, "irmão" ou "irmã". O significado inusual forçado sobre essa palavra pelo contexto revive uma metáfora que provavelmente estava moribunda, se não morta, através do uso excessivo, e a metáfora revivida é assim mantida quando Tirésias utiliza a mesma palavra num sentido diferente, mas ainda inusual. Ele profetiza que o assassino será revelado como "o co-semeador [*homosporon*] e assassino de seu pai" (460). Todavia, é depois da concretização dessa profecia que a metáfora atinge os estágios horripilantes de seu desenvolvimento pleno. "Como", canta o coro, "como o campo semeado por teu pai te acolheu em silêncio por tanto tempo?" (1210-1212). Édipo transtornou-se, nos relata o mensageiro, perguntando onde poderia encontrar "a seara maternal que dera frutos duplos, ele próprio e

---

25. *Odisséia* xix. 109-114. Cf. Sir James G. Frazer, *The Golden Bough*, 3ª ed., Londres, 1935, vol. 2, *The Magic Art*, cap. 11, especialmente p. 115.

26. Cf. Frazer, 2, *op. cit.*, pp. 135-141. Sobre mais evidência (porém com uma avaliação diferente), ver L. R. Farnell, *Cults of the Greek States* (Oxford, 1896-1909), *1*, pp. 184-192 (Zeus e Hera), 3, 176 (Elêusis), 5, 217 e ss. (Dionísio). Cf. também Nilsson (2), *op. cit.*, pp. 121-122, 429-430, (Hera), 661-662 (Elêusis).

27. Cf. Farnell, 5, 217 e ss., L. Deubner, *Attische Feste*, Berlin, 1932, pp. 104 e ss., A. W. Pickard-Cambridge, *The Dramatic Festivals of Athens*, Oxford, Clarendon Press, 1953, p. 11: "Era indubitavelmente uma amostra de magia de fertilidade, e simbolizava a união do deus da fecundidade com a comunidade, representada pela mulher de seu chefe religioso".

28. 1405: ἀνεῖτε ταὐτοῦ σπέρμα (acompanhando Jebb). Acerca de ἀνεῖτε, cf. 270: μήτ' ἄροτον αὐτοῖς γῆς ἀνιέναι τινὰ μήτ' οὖν γυναικῶν παῖδας e o hino homérico a Demétrio, 332: γῆς καρπὸν ἀνήσειν.

O HOMEM   101

todos os seus filhos" (1256-1257). O próprio Édipo explica seu estado impuro a suas filhas nos termos desta mesma imagem: "vosso pai, pela mãe em cujo ventre eu mesmo fui semeado" (1485). E em palavras similares, ele resume a acusação que toda a humanidade lhe fará: "lavrou o campo em que fora ele mesmo semeado" (1497-1498)[29].

O imaginário, pois, associa Édipo aos três estágios básicos do progresso da humanidade descritos no estásimo da *Antígona*, a conquista do mar, do solo e dos animais. Édipo é apresentado figurativamente como um piloto, um lavrador e um caçador. As três imagens somam-se à estatura de Édipo, que surge como representante simbólico não só da energia tirânica e da criatividade legal de Atenas, mas também da humanidade como um todo, em seu progresso difícil rumo ao domínio sobre a natureza. E a reversão do herói trágico, do *tyrannos* e do acusador, encontra seu paralelo no desenvolvimento dessas metáforas que ampliam o seu significado. Édipo, o piloto, conduziu o navio do Estado em direção a uma tempestade que ameaça destruí-lo, e seu próprio destino a um porto inexprimível. O caçador capturou a presa seguindo seus rastros, para acabar descobrindo que ele era a própria presa. E o semeador é também a semente.

II

Estas imagens de Édipo como caçador, piloto e lavrador funcionam como um comentário irônico acerca da concepção orgulhosa e otimista da história e da supremacia humanas, corrente no século V. Esta concepção era, por si só, uma das maiores realizações de várias gerações de atividade crítica e criativa sem paralelos na história do mundo antigo. E a linguagem da peça identifica Édipo como o representante simbólico do novo espírito crítico e inventivo. Continuamente o associa à atitude científica, questionadora e ao mesmo tempo confiante do homem grego da época, especialmente do ateniense, cuja cidade era "a câmara do conselho da sabedoria grega".

O enredo da tragédia, uma busca pela verdade perseguida sem temer as conseqüências até o mais amargo fim, reflete a procura científica intelectual da época. A fama de Édipo baseia-se em sua solução a um enigma; quando ele acusa Tirésias de falar por enigmas, este ironicamente lhe recorda sua reputação: "Não és o mais hábil homem vivo para descobrir as respostas para eles?" (440). Górgias, o sofista, em seu discurso aos gregos reunidos no Olimpo, também falou de enigmas. "Nossa luta exige duas virtudes, a coragem e a sabedoria; coragem para enfrentar o perigo e sabedoria para solucionar o enig-

---

29. Cf. também 717: βλάστας, 1376: βλαστοῦσ᾽ ὅπως ἔβλαστε e χέρσους 1502 (sobre os quais ver Earle, *op. cit.*).

102 ÉDIPO EM TEBAS

ma"[30]. A solução à pergunta da esfinge era "o homem"[31] e, no século V, a mesma resposta fora proposta para um enigma ainda maior: "O homem", disse Protágoras, o sofista, "é a medida de todas as coisas". Édipo, em seu discurso, utiliza continuamente palavras que tipificam o espírito científico e sua dedicação à verdade, qualquer que seja o custo. "Nada poderia persuadir-me a não aprender isso plena e claramente" (1065). "Irrompa o que tiver de vir. Por mais vil que seja, insisto em conhecer a semente que me gerou" (1076-1077). E, numa nota mais sombria, responde ao grito agonizante do pastor, "Estou a ponto de dizer a horrível verdade" com as palavras, "E eu de ouvi-la. Mas antes de tudo é preciso ouvir" (1169-1170).

A atitude e a atividade de Édipo são imagens do espírito crítico e das grandes realizações intelectuais de uma geração de sofistas, cientistas e filósofos. Édipo investiga, examina, questiona, infere; usa a inteligência, a mente, o pensamento; ele sabe, descobre, revela, esclarece, demonstra; aprende e ensina; e seu relacionamento com seus semelhantes é o de um libertador e salvador. As palavras gregas às quais os itens dessa relação correspondem avultam no vocabulário da peça; são aquelas que resumem o espírito e servem aos propósitos da nova atividade e atitude científicas.

A palavra *zêtein* – "procurar, investigar" – ocupa naturalmente um lugar proeminente no vocabulário da peça[32], tanto no sentido literal e (como vimos), no legal, pois Édipo está investigando um assassinato e procurando um assassino. Esta palavra, porém, não é oriunda do vocabulário poético tradicional[33], e na época era um dos termos mais característicos da nova perspectiva científica. "Investigando coisas sobre a

---

30. Diels-Kranz, B8. τὸ αἴνιγμα γνῶναι (assim também os MSS). A emenda de Diels, πλίγμα (mantida, com um ponto de interrogação, na última edição), é arbitrária e desnecessária; cf. sua análise dela, feita por Kathleen Freeman (1), p. 362. Sobre γνῶναι τὸ αἴνιγμα no sentido de "solucionar um enigma", cf. Anáxilas ap. Ath. xiii 558d: ἀλλ᾽ ἐν αἰνιγμοῖς τισιν [...] εἶθ᾽ ὃ μὲν γνοὺς ταῦτ᾽ ἀπῆλθεν εὐθὺς ὥσπερ Οἰδίπους. Cf. também Eurípides, *As Fenícias* 1506; μέλοϖ ἔγνω Σφιγγός, *idem*, 1759.

31. O texto do enigma e sua resposta, ainda que preservados na íntegra apenas num autor posterior, eram familiares ao público do século V. O enigma é aludido claramente em Ésquilo, *Agamêmnon* 80-81 (ver E. Fraenkel, *The Agamemnon of Aeschylus*, Oxford, 1950, *op. cit.*, e sobre 1258) e em Eurípides, *As Troianas* 275. Ademais, a referência de Creonte à Esfinge no *Oedipus Tyrannus* (conforme visto por Hermann) sugere o conteúdo do enigma: ἥ [...] Σφὶγξ τὸ πρὸς ποσὶ σκοπεῖν [...] ἡμᾶς [...] προσήγετο (130). Earle vê em ῥαψῳδὸς [...] κύων (391) uma referência à forma hexametral do enigma.

32. ζητεῖν e seus cognatos são muito mais freqüentes no *Oedipus Tyrannus* do que em outras peças de Sófocles: oito ocorrências em *Oedipus Tyrannus*, três em *Ajax*, duas em *Édipo em Colono* e uma em *As Traquínias*. Nos fragmentos, apenas em 843: τὰ δ᾽ εὑρετὰ ξητῶ.

33. Ocorre somente uma vez em Homero (e no sentido literal) – *Ilíada* xiv. 258: ἐμὲ [...] ξήτει. Não em Píndaro, só uma vez em Hesíodo (*Os Trabalhos e os Dias*, 400). Em Ésquilo aparece só em *Prometeu Acorrentado* (262, 316, 776).

O HOMEM 103

terra e no céu", diz a paráfrase de Sócrates da acusação que lhe é dirigida[34], e na apresentação satírica que Aristófanes faz dos cientistas em seu trabalho em *As Nuvens*, este termo desempenha papel proeminente. Sócrates é descrito como "investigador dos caminhos e dos circuitos da lua" e seus alunos, com suas costas no ar, "investigam o subterrestre"[35].

As conotações científicas da palavra são enfatizadas no *Oedipus Tyrannus* pelo uso de duas formas dela que chamam a atenção para as associações técnicas que o vocábulo adquiriu em finais do século V. "O que se busca", diz Creonte, ao relatar a resposta de Apolo, "pode ser encontrado; o que é negligenciado, escapa" (110-111). As conotações legais desta fórmula já foram discutidas; a palavra inicial, *to zêtoumenon*, "a coisa procurada", é associada aos novos processos investigativos da filosofia e da ciência. "O objeto de nossa presente investigação", *to nyn zêtoumenon*, é uma frase utilizada pelos eleatas na obra *Sofista*, de Platão (223c). "Isto poderia lançar luz sobre o objeto de nossa investigação", *to zêtoumenon*, diz Sócrates no *Teeteto* de Platão (201a)[36]. À parte a qualidade científica da palavra inicial, a declaração de Creonte como um todo é uma expressão eloqüente da atitude científica, com sua insistência sobre a busca e o esforço, bem como a promessa de que estes serão recompensados[37]. "Descobrir sem procurar é difícil e raro", diz Arquitas de Tarento em sua obra sobre a matemática, "mas se procuramos, a descoberta é freqüente e fácil". Esta sentença, formulada no dialeto dórico do sul da Itália, foi escrita muito tempo depois do *Oedipus Tyrannus*, mas o sentimento (e a palavra-chave) é o mesmo que o do discurso de Creonte na peça[38].

Outra forma da palavra *zêtein* ocorre no *Oedipus Tyrannus*, *zêtêma*, "investigação", um substantivo abstrato que explicitamente faz parte da terminologia da discussão científica e filosófica. "Quanto à investigação", diz o coro, "era responsabilidade de Apolo, que enviou o oráculo, dizer quem cometeu o crime" (278-279). A palavra *zêtêma* é encontrada somente aqui, em Sófocles, não figurando em Ésquilo; ao que parece, não foi usada em grego antes do século V. Mas

---

34. Platão, *Apologia* 19b: ζητῶν τά τε ὑπὸ γῆς καὶ οὐράνια [...]

35. Aristófanes, *As Nuvens* 171-172 (Sócrates), 188 (alunos). Cf. também *idem*, 761, 1398.

36. Cf. também Platão, *O Sofista* 224c, *O Político* 261e, *Mênon* 79d, *A República* vii. 528c.

37. Plutarco, *Da Fortuna dos Romanos* 98a, cita estes versos juntamente com Sófocles Fr. 759, como expressão de uma atitude que seria totalmente destituída de sentido se o universo fosse governado pelo acaso cego.

38. Diels-Kranz, B3. ἐξευρεῖν δὲ μὴ ξατοῦντα ἄπορον καὶ σπάνιον, ξατοῦντα δὲ εὔπορον καὶ ῥάδιον. A tradução segue Kathleen Freeman, *Ancilla to the Pre-Socratic Philosophers*, Cambridge, Harvard University Press, 1948, p. 80. Esta sentença é citada por Jâmblico como um encorajamento ao matemático, *Communi Mathematica Scientia* xi. pp. 45, ll. 10 e ss.

é comum em Platão[39] e também no tratado hipocrático do século V, *Da Medicina Antiga*, onde é utilizada para descrever todo o longo processo de tentativa e erro que levou ao desenvolvimento da ciência médica. "Para essa descoberta e pesquisa [*zêtêmati*] que nome mais justo ou mais apropriado poderia ser dado que medicina?", pergunta o autor no fim de seu relato[40].

Édipo é desafiado a "procurar", e depois de avaliar o problema, aceita o desafio. "Não medirei esforços na busca" (*zêtôn*, 266). Ele nada "negligênciará" na procura pela verdade. Eis um exemplo daquele espírito científico que Tucídides alega ser tão raro entre os homens: "a maior parte das pessoas pouco se empenha em sua busca pela verdade – prefere voltar-se ao que está pronto, à mão"[41]. Nada porém pode desviar Édipo do caminho escolhido; Jocasta pode contentar-se com explicações prontas e não testadas, mas Édipo irá "até o fim". A verdade que ele descobre é terrível. Ele não é só a pessoa que procura, é também a coisa procurada, o objeto da investigação bem como o investigador. Ele é *to zêtoumenon*, o que estava buscando. "Édipo", diz Plutarco em seu ensaio *Da Curiosidade*, "em sua busca por si mesmo (pois acreditava não ser um coríntio e sim um estrangeiro), encontrou Laio, o matou, recebeu além de um reino sua própria mãe como esposa e, pensando ser um homem feliz, começou novamente a procurar por si mesmo"[42]. A *peripeteia* do herói trágico reflete-se na *peripeteia* de uma de suas palavras características[43].

Os métodos de investigação de Édipo são aqueles do espírito crítico da era que ele representa: *skopein*, "contemplar, examinar"; *historein*, "questionar, inquirir"; *tekmairesthai*, "julgar a partir de evidências, inferir". A primeira dessas palavras, *skopein*, tem importância especial no novo vocabulário científico. Ela descreve um escrutínio calculador e crítico, que avalia e tira conclusões. É um dos termos favoritos de Tucídides. "A partir de evidência que, após o mais extensivo escrutínio [*epi makrotaton skopounti*] é tida como confiável [...]", diz ele nas frases de abertura de sua *História* (i. I. 3), e o elemento de ponderação da palavra surge claramente do uso que dela faz em sua tentativa de avaliar o tamanho do exército grego em Tróia. "Em todo

---

39. Cf. *A República* iii. 411d, ii. 368c, *Teeteto* 191a, *Crátilo* 421a, *O Sofista* 221c etc.

40. Hipócrates, *De Vetere Medicina* 3 (traduzido por W. H. S. Jones, *Hippocrates*, Londres, Loeb Classical Library, 1923): τῷ δὲ εὑρήματι τούτῳ καὶ ξητήματι. Cf. *idem*, 5: οἱ δὲ ξητήσαντες καὶ εὑρόντες ἰητρικήν. A palavra ξητεῖν é usada em toda a obra no sentido de "pesquisa": ver em especial 2 (acerca do método científico correto).

41. Tucídides i. 20: ἡ ξήτησις τῆς ἀληθείας [...]

42. Plutarco, *De cur.* 522c: ξητῶν γὰρ ἑαυτὸν ὡς οὐκ ὄντα Κορίνθιον ἀλλας ξένον [...] καὶ πάλιν ἑαυτὸν ἐξήτει.

43. Cf. também (ξητεῖν) 362, 450, 658, 659, 1112. Em 1112: ὄνπερ πάλαι ξητοῦμεν, cf. Platão, *A República* iii. 392b, iv. 420b, *Crátilo*, 424a.

O HOMEM   105

caso, se examinares a média [*to meson skopounti*] entre [as tripulações] dos maiores e dos menores navios, o número de homens que partiu na expedição não parece grande" (i. 10.5). Mais tarde, utiliza a mesma palavra para distinguir entre julgamentos emocionais e uma visão histórico-científica:

> Os homens sempre julgam a guerra na qual ora estão batalhando como a maior, mas depois de terminada ficam mais impressionados com acontecimentos anteriores; esta guerra, entretanto, para aqueles que a examinam com base nos fatos em si [*ap'autôn tôn ergôn skopousi*] ficará comprovada como tendo sido maior que as que a precederam[44].

Édipo emprega esta palavra precisamente neste sentido crítico. Ele a aplica tanto ao exame de uma situação concebendo a ação ("o único remédio que descobri, após cuidadosa consideração", *eu skopôn*, 68), quanto ao exame crítico de declarações sobre a morte de Laio ("Examino todas as palavras", *panta* [...] *skopô logon*, 291). É com este mesmo termo que o coro, com censura, tenta distrai-lo quando ele agride Tirésias por acreditar que este não cumpriu sua tarefa: "Não é disso que necessitamos. Como encontrar a melhor solução para o oráculo divino: eis o que deverias examinar" (*tode skopein*, 407). Os sobretons críticos de *skopein* (somos lembrados de que os filósofos céticos adotaram seu nome de uma palavra parecida) revelam-se mais claramente quando Jocasta anuncia ter a prova de que o oráculo estava equivocado. "Ouve este homem e escutando-o, observa aonde levam os consagrados oráculos dos deuses" (*skopei*, 952). E Édipo segue adiante. "Qual o sentido de observar a morada profética de Píton ou as aves que cantam céu acima?" (*skopoito*, 964). Para ele, elas não valem o trabalho de um exame crítico. Conforme diz alguns versos depois, elas não valem "nada" (972)[45].

Historein, "fazer perguntas", é uma palavra particularmente associada ao espírito investigativo jônico, sobretudo a Heródoto, cuja *historiai* (pesquisas, perguntas e respostas) marca o início do que conhecemos por "história". Em Heródoto, esta palavra geralmente significa "questionar", ainda que em dois casos ela se transforme gradativamente de modo a significar "conhecer como resultado de indagação"[46]. Em *Oedipus Tyrannus*, o primeiro desses significados é o dominante.

---

44. i. 21. 2. Cf. Também i. 22: τὸ σαφὲς σκοπεῖν, ii. 48, v. 20 etc.; Aristófanes, *As Nuvens* 231: τἄνω κάτωθεν ἐσκόπουν, *idem*, 742: ὀρθῶς διαιρῶν καὶ σκοπτῶν. Aristóteles (*Metafísica* 3. 1005ª31) define o "objeto das especulações" do φυσικοί como περὶ τῆς ὅλης φύσεως σκοπεῖν. (Citado por Werner Jaeger, *The Theology of the Early Greek Philosophers*, Oxford, Clarendon Press, 1947, p. 198, nota 4). Cf. também Hipócrates, *De Aera, Aquis, Locis* 3: σκοπεῖν καὶ βασανίζειν. Aristófanes, *As Rãs*, pp. 974 e ss.

45. Cf. também 130: τὸ πρὸς ποσὶ σκοπεῖω (Creonte), 286: σκοπῶν [...] ἐκμάθοι.

46. Ver J. Schweighaeuser, *Lexicon Herodoteum*, s. v., J. E. Powell, *A Lexicon to Herodotus*, Cambridge, 1938, s. v.: ἱστοπεῖν ἱστορίη. Cf. M. Croiset, *Histoire de la*

106 ÉDIPO EM TEBAS

O tom característico de Édipo nos primeiros dois terços da peça é o de um interrogador exigente e impaciente[47]. A tragédia tem início com uma pergunta que Édipo coloca ao sacerdote. Quando Creonte chega, ele é inundado de perguntas (onze das quais em 89-129) que exaurem suas informações sobre o oráculo e o assassinato de Laio. Na altercação com Tirésias, Édipo lança uma série de perguntas ao profeta cego, algumas práticas, outras imperativas, outras ainda retóricas: cinco na breve escaramuça inicial entre eles (319-340) e seis antes de Édipo fazer seu longo discurso (370-403) que, por si só, contém duas perguntas. À resposta de Tirésias segue-se uma explosão de quatro perguntas violentas (429-431) que são na verdade imprecações, e a referência de Tirésias aos pais de Édipo (435-436) é seguida por duas perguntas genuínas e sinceras (437), que o profeta responde com enigmas. A segunda aparição de Creonte é saudada com uma explosão furiosa de onze versos, que consiste inteiramente de perguntas retóricas, e subseqüentemente, por um exame rápido do conhecimento de Creonte sobre a atitude anterior de Tirésias, formulado em seis perguntas (555-568). O relato de Jocasta do oráculo malogrado é seguido por uma série de perguntas rápidas e precisas (732-765), exatamente sete; as respostas são suficientes para fazer Édipo temer o pior. A próxima pessoa a ser interrogada é o mensageiro coríntio, cuja inquirição é introduzida pela questão tipicamente prática, "Quem é este homem e o que tem a me dizer?"[48]. Isso nos faz recordar de Estrepsíades em *As Nuvens*, de Aristófanes, que saúda seu filho, quando este retorna das aulas no "pensadouro", com o comentário alegre: "Aquele olhar local de 'o que me dizes?' está positivamente brotando nele"[49].

O mensageiro coríntio dá suas notícias, mas seu interrogatório verdadeiro não começa até que ele tenha dito a Édipo que Pólibo não era seu pai. A revelação é seguida por não menos que catorze perguntas investigativas (1017-1045), que preparam o caminho para a inquirição da última testemunha, o pastor. No curso deste último interrogatório, o pastor se recusa diretamente a responder e Édipo reforça suas perguntas com ameaças e força física[50]. É neste ponto que o pastor faz uma tentativa final para interromper o interrogatório implacável. "Não,

---

littérature Grecque, 3ª ed., Paris, 1913. 2, p. 613 (citada em How e Wells, *A Commentary on Herodotus*, Oxford, 1912, 1, p. 53: "Le mot ἱστορίη [...] implique e signale une révolution littéraire [...]".

47. A respeito de um estudo estatístico das perguntas no *Oedipus Tyrannus*, em comparação a outras peças de Sófocles, ver John P. Carroll, "Some Remarks on the Questions in the *Oedipus Tyrannus*", *CJ*, 32, n. 7, abr. 1937, pp. 406-416. Carroll atribui a tendência de Édipo de fazer perguntas à sua hereditariedade; ele desenvolve a idéia de que também Laio costumava fazer perguntas.

48. 954: οὗτος δὲ τίς ποτ᾽ ἐστὶ καὶ τί μοι λέγει.

49. 1173-1174: καὶ τοῦτο τοὐπιχώριον ἀτεχνῶς ἐπανθεῖ τὸ τί λέγεις σύ.

50. πᾶσαν προσφέρων ἀνάγκην, conforme Plutarco (*De cur.* 522c).

O HOMEM 107

pelos deuses, senhor, não me interrogues mais"[51]. A resposta é outra ameaça e mais perguntas, culminando nas rápidas perguntas de meia linha que extraem a terrível verdade (1173-1176). "Se és aquele de quem ele fala, saiba que nasceste desafortunado", é a última resposta do pastor. Édipo não é só o interrogador, mas também a resposta à pergunta[52].

Tekmairesthai é uma palavra que (muito embora utilizada por Homero num sentido diferente) resume, em seu significado no século V – "formar um juízo a partir de evidência" – o novo espírito científico. É um termo usado pelos dois grandes historiadores do século, para descrever o processo de inferir uma série de condições a partir da existência de outra: assim, Heródoto "infere", do discurso atual dos pelasgos, a linguagem antiga da Grécia e Tucídides "infere" a futura grandeza da Guerra do Peloponeso a partir do potencial atual dos combatentes[53]. Os escritores hipocráticos faziam uso do vocábulo para descrever "prognóstico", o processo de inferir o futuro curso da doença a partir dos sintomas atuais[54], e um famoso médico e filósofo do mundo ocidental grego, Alcméon de Cróton, utilizou a palavra (provavelmente o primeiro emprego do verbo em seu sentido científico) para descrever o conhecimento humano em contraposição ao dos deuses: "Os deuses têm certeza, para o homem existe inferência"[55]. A relutância original de Édipo em assumir a investigação da morte de Laio se expressa nos termos desta palavra: a trilha de um delito antigo, ele diz, são *dystekmarton*, "é difícil de inferir" (109)[56]. Mais tarde se convence de que há evidência suficiente para justificar todo o seu engajamento na busca mas, com o relato feito por Jocasta da morte de Laio, ele se encontra face a face com uma inferência que o aterroriza. Neste ponto, Jocasta

51. 1165: μὴ πρὸς θεῶν μὴ δέσποθ' ἱστόρει πλέον. Acerca de ἱστορεῖν, cf. também 1144, 1150, 1156.

52. O interrogatório foi interrompido e Édipo interveio pessoalmente, quando o pastor recusou-se a admitir ter dado uma criança ao mensageiro coríntio (1150; οὐκ ἐννέπων τὸν παῖδ' ὃν οὗτος ἱστορεῖ). A admissão final da verdade pelo pastor é formulada de tal modo que relembra as palavras com as quais Édipo interveio pela primeira vez: εἰ γὰρ οὗτος εἶ ὃν φησιν οὗτος [...] (1180-1181).

53. Heródoto i. 57: εἰ δὲ χρεόν ἐστι τεκμαιρόμενον λέγειν τοῖσι νῦν ἔτι ἐοῦσι Πελασγῶν [...] Cf. *idem*, ii. 33: τοῖσι ἐμφανέσι τὰ μὴ γινωσκόμενα τεκμαιρόμενος [...] Eurípides, *Fr.* 574; Tucídides i. 1: ἐλπίσας μέγαν τε ἔσεσθαι [...] τεκμαιρόμενος ὅτι [...].

54. Cf. Hipócrates, *Prognosticum* 24, *De diaeta in morbis acutis* 68.

55. Diels-Kranz, B1: σαφήνειαν μὲν θεοὶ ἔχοντι, ὡς δὲ ἀνθρώποις τεκμαίρεσθαι. Sobre esta passagem, ver Hermann Fränkel, *Dichtung und Philosophie des Frühen Griechentums* (New York, 1951), p. 439, nota 2. "Der neue Sinn in dem es [das Verbum] Alkmaion verwendete, blieb von nun an an dem Wort haften".

56. δυστέκμαρτος somente aqui em Sófocles; em Ésquilo, apenas em *Prometeu Acorrentado* 497: δυστέκμαρτος εἰς τέχνην ὥδωσα θνητούς – uma técnica "difícil de inferir", a técnica da profecia. Cf. Eurípides, *Helena* 711-712: ὁ θεὸς [...] ποικίλον καὶ δυστέκμαρτον.

108 ÉDIPO EM TEBAS

critica Édipo por seu fracasso em fazer uma inferência adequada a partir dos fatos. "Ele já não faz, como um homem lúcido, o julgamento do novo por inferência do antigo" (*tekmairesthai*, 916)[57]. Ela está falando sobre os oráculos. O velho oráculo de Apolo dado a Laio estava errado (conforme ela provou) e Édipo deveria ser capaz de inferir que o oráculo dado a ele mais tarde, bem como as acusações do profeta de Apolo, isto é, de Tirésias, são igualmente falsas. Suas palavras são uma formulação típica da perspectiva científica e existe, no tratado hipocrático denominado *Prorrhetics*, uma sentença que assinala explicitamente o contraste implícito na sentença dita por Jocasta, aquele entre a profecia (que não trata de lógica) e o processo científico de inferência. "Não farei profecias", diz o autor médico; "Registro simplesmente os sintomas, a partir dos quais inferências deverão ser feitas" (*hoisi chrê tekmairesthai*)[58].

O instrumento destes procedimentos científicos – a investigação, a inquirição, e a dedução – é a inteligência humana, *gnômê*. Prometeu, na peça de Ésquilo, descreve o estágio primitivo da história humana em termos da ausência desta faculdade: "tudo fizeram sem inteligência" (*ater gnômês*, 456). A grande reputação de Édipo baseia-se em sua resposta ao enigma da Esfinge e, se bem que o sacerdote sugira que ele recebeu ajuda de um deus, Édipo orgulhosamente a define como obra apenas de sua inteligência, sem nenhuma ajuda. "Encontrei a resposta pela inteligência [*gnômê*, 398] – não a aprendi dos pássaros". A inteligência humana é aqui colocada em contraposição à percepção inspirada e não científica do profeta[59], contraste este fundamental não só para a peça mas para uma compreensão da época na qual foi escrita.

Esta inteligência, *gnomê*, é a capacidade de distinguir, de reconhecer, *gignôskein*[60] (assim como a palavra latina "inteligência" sig-

---

57. οὐδ' ὁποῖ' ἀνὴρ ἔννους τὰ καινὰ τοῖς πάλαι τεκμαίρεται. Esta palavra é encontrada alhures em Sófocles apenas em Fr. 330; em Ésquilo, só em *Prometeu Acorrentado* 336.

58. Hipócrates, *Prorrheticus* ii. 1: ἐγὼ οὐ [...] μαντεύσομαι, σημεῖα δὲ γράφω οἷσι χρὴ τεκμαίρεσθαι [...]

59. Édipo faz o mesmo contraste, se bem que num espírito mais reverencial, na obra posterior *Édipo em Colono* (403: κἄνευ θεοῦ τις τουτό γ' ἂν γνώμῃ μάθοι). Acerca do mesmo contraste (γνώμη contra a profecia), ver também Xenofonte, *Memorabilia* i. 1. 7-9. Sobre γνώμη em oposição ao acaso (τύχη), cf. Tucídides i. 144; Ésquilo Fr. 389. Nos escritos hipocráticos, a oposição entre γνώμη e σῶμα é comum (cf. *De Vetere Medicina* 10, *De Arte* 7, *De Flatibus* 1). Cf. também Hipócrates, *De Arte* 2, onde é feito um contraste entre as coisas que são percebidas pelos olhos e as que são percebidas pelo γνώμη.

60. A peça contém palavras relacionadas a γιγνώσκειν, raramente encontradas em outras obras de Sófocles: γνωτός, 58, 396 (alhures apenas em Fr. 282; não em Ésquilo); ἄγνωτος, 58 (não alhures em Sófocles; não em Ésquilo); γνωστός, 361 (alhures somente em Fr. 203; cf. Hipócrates, *De Vetere Medicina* 2: γνωστὰ λέγειν τοῖσι

O HOMEM 109

nifica, etmologicamente, "escolher entre"). É uma palavra relevante no contexto dramático, pois Édipo eventualmente se reconhecerá a si próprio. "Que jamais possas reconhecer tua identidade" (*gnoiês*, 1068)[61], diz Jocasta pouco antes de sair precipitadamente do palco, e Édipo, no discurso que acompanha o ato de sua automutilação (um discurso relatado pelo mensageiro), consigna às trevas aqueles olhos que "não conseguiram distinguir aqueles que ele procurava" (1273-1274)[62]. Porém, antes que o fracasso da inteligência de Édipo seja revelado, o coro, numa sentença de ironia suprema, reúne numa só unidade a inteligência do homem e a apreensão religiosa do profeta, que Édipo havia separado. O coro celebra a revelação iminente de que o nascimento de Édipo será comprovado como de origem divina. "Se sou profeta e meu conhecimento se baseia na inteligência" (*kata gnôman idris*, 1087)[63] – essas são as palavras de abertura do estásimo que precede a grande descoberta da verdade da profecia e a inadequação daquela inteligência humana que Édipo representa.

O *gnômê*, a inteligência ativa que distingue e reconhece, é uma função do *nous*, a mente. Esta palavra, *nous*, na Atenas de Péricles, estava imbuída de significado científico e filosófico, no mínimo devido às teorias amplamente discutidas de Anaxágoras que, em seu sistema filosófico, transformou o *nous* na força motriz do universo e foi ele próprio apelidado de *Nous* por seus contemporâneos.

A mente de Édipo é a força motriz por detrás da ação do drama de Sófocles, e do mesmo modo que ele contrapõe sua *gnômê* à inspiração divina do profeta, escarnece de Tirésias pelo fracasso de seu *nous*. "És cego nos ouvidos, na mente e nos olhos" (371). Esta frase extraordinária reverbera muitas fórmulas de tradições filosóficas e religiosas. "A Mente vê e a Mente ouve", diz Epicarmo; "todo o resto é mudo e cego"[64]. "A divindade", diz Xenófanes, "é toda visão, mente e audição"[65]. O escárnio cruel de Édipo nega a Tirésias o discernimento religioso bem como o poder de raciocínio humano. A resposta do profeta é uma advertência de que muito em breve os mesmos motejos serão

δημότῃσι); γνωρίζω, 538 (somente aqui em Sófocles; em Ésquilo, só em *Prometeu Acorrentado* 487).

61. εἴθε μήποτε γνοίης ὃς εἶ.

62. οὓς δ' ἔχρηξεν οὐ γνωσοίατο. Sigo a interpretação de Jebb a respeito desta sentença enigmática.

63. μάντις [...] καὶ κατὰ γνώμαν ἴδρις. Cf. *Electra* 472 e ss. acerca da mesma colocação do modo mântico e "secular" de cognição.

64. τυφλὸς τά τ' ὦτα τόν τε νοῦν τά τ' ὄμματ' εἶ. Epicarmo (Diels-Kranz, B12): νοῦς ὁρῇ καὶ νοῦς ἀκούει. τἆλλα κωφὰ καὶ τυφλά. Com respeito à segunda metade desta frase, cf. *Oedipus Tyrannus* 290: καὶ μὴν τά γ' ἄλλα κωφὰ καὶ παλαί' ἔπη.

65. Diels-Kranz, B24: οὖλος ὁρᾶι, οὖλος δὲ νοεῖ, οὖλος δέ τ' ἀκούει. Sobre τυφλός, cf. também Demócrito (Diels-Kranz B175): διὰ νοῦ τυφλότητα.

110 ÉDIPO EM TEBAS

lançados contra o próprio Édipo – e antes que a peça termine, ele fura os próprios olhos, desejando ter podido causar também sua surdez, de modo a isolar sua mente da cognição de seus desastres. Entrementes, sob o impacto das revelações de Jocasta, a mente de Édipo começa a perder o controle. "Ele não julga mais o presente à luz do passado", diz ela, "como um homem que tem controle sobre sua mente" [*ennous*] (915-916). A palavra *ennous* indica uma pessoa cuja mente tem controle total de suas faculdades: é utilizada por Agave em *As Bacantes*, de Eurípides, para descrever seu retorno à sanidade do êxtase dionisíaco e por Platão para descrever a mente racional e controlada, incapaz de profecia inspirada[66]. A palavra não aparece em outras obras de Sófocles; em Ésquilo, figura apenas uma vez, mas num contexto significativo. É o termo que Prometeu utiliza ao descrever o estado da raça humana depois que sua intervenção levou à transição da selvageria para a civilização: "Antes, eles eram ingênuos; eu os transformei em seres racionais" (*ennous*, 444)[67].

Mas quando Jocasta fala de Édipo, ele não é mais uma criatura racional; é presa da dor e do medo. A próxima referência à sua mente vem após a revelação da verdade e de sua violenta reação. Ao tentar justificar em fundamentos racionais o impulso que o levou à cegueira auto-infligida, o coro lhe diz: "Sinto piedade de ti – de tua mente e de teus males igualmente" (1347)[68].

A inteligência e a mente de Édipo estão sempre ativas; sua atividade é *phrontis*, "pensamento". "Vaguei por muitas vias do pensamento" (*phrontidos*, 67), diz ele ao sacerdote no início da peça[69]. Esta palavra estava intimamente associada, na consciência popular, aos novos desenvolvimentos científicos, conforme transparece na ofensiva satírica de Aristófanes contra a nova perspectiva em *As Nuvens*. Nesta comédia, a "escola" de Sócrates é denominada de *phrontistêrion*, "pensadouro". "Silêncio!", diz um dos estudantes a Estrepsíades, quando este golpeia a porta. "Acabaste de abortar um pensamento [*phrontid'*, 137] que eu havia descoberto"[70]. E Sócrates, na mesma

---

66. Eurípides, *As Bacantes* 1269: γίγνομαι δὲ πως ἔννους, μετασταθεῖσα τῶν πάρος φθενῶν. Platão, *Timeu* 71e: οὐδεὶς γὰρ ἔννους ἐφάπτεται μαντικῆς ἐνθέου καὶ ἀληθοῦς.
67. νηπίους ὄντας τὸ πρὶν ἔννους ἔθηκα. Cf. Demócrito (Diels-Kranz A111): ξητήσεως δὲτὴν εννοιαν [εἶναι κριτήριον].
68. τοῦ νοῦ τῆς τε συμφορᾶς ἴσον. Ver a observação perspicaz de Jebb sobre este verso.
69. ὁδοὺς [...] φροντίδος.
70. φροντιστήριον (*As Nuvens* 94); φροντίδ' (*idem*, 137). Cf. também *idem*, 101: μεριμνοφροντισταί, 155: φρόντισμα, 226: φροντιστῇ e 414, 695, 700, 723, 735, 763, 1345. O *Connos*, de Amipsias, produzido no mesmo ano que *As Nuvens*, tinha um coro de φροντισταί. Cf. Êupolis, Fr. 352: μισῶ δὲ καὶ τὸν Σωκράτην [...] ὃς τἄλλα μὲν πεφρότικεν, ὁπόθεν δὲ καταφαγεῖν ἔχοι τούτου κατημέληκεν.

O HOMEM   111

peça, descreve a si próprio como "suspendendo a operação de sua mente e de seu pensamento" (*phrontida*, 229)[71].

Édipo vagou por muitos cursos do pensamento em sua tentativa de encontrar uma solução para o flagelo, mas o coro, que não ouviu esta sua declaração, fornece um eco irônico de suas palavras. "Todo o meu povo está adoecido, e meu pensamento [*phrontidos*, 170] não possui arma que nos permita a defesa"[72]. O pensamento de Édipo finalmente alcança seu objetivo, a verdade, mas sua reação à descoberta é cegar-se. Teria também provocado sua surdez, diz ele, se houvesse alguma maneira de bloquear o sentido auditivo – "a fim de ficar cego e totalmente surdo ao mesmo tempo. Seria tão doce se meu pensamento [*phrontid'*, 1390] não hospedasse o mal em sua morada"[73]. Ele quer, por um momento, isolar seu pensamento de todo contato com o universo de seus sentidos, e tornar-se aquilo de que ele chamou Tirésias, "cego nos ouvidos, na mente e nos olhos".

A busca pela verdade, guiada pela inteligência, produz o conhecimento. "Saber" (*oida, eidenai*) é uma palavra formada com a textura do nome de Édipo e ironicamente enfatizada verso após verso na peça. Ele fala não só de seu conhecimento[74] como também, com uma ironia consciente e cruel, de sua ignorância. "Eu lhe impus silêncio", diz ele sobre a Esfinge, "eu, o Édipo que nada sabe" (*ho mêden eidôs Oidipous*, 397)[75]. Esta expressão sarcástica denota todo o seu desprezo pelo conhecimento inútil de Tirésias e o insulto é devolvido a ele com juros. "Sabes [*oisth'*, 415] quem são teus pais?" Édipo ignora o que a maioria dos homens conhece, sua ascendência. Não passa muito tempo até que ele comece a temer que sua arrogância irônica acerca da ignorância tenha sido uma declaração literal da verdade. "Parece", diz ele a Jocasta, "que lancei contra mim mesmo, há pouco, as terríveis maldições – sem saber" (*ouk eidenai*, 745). Com a chegada do mensageiro coríntio, a ignorância de Édipo é enfática e reiteradamente acentuada: "Não sabes o que fazes" (1008). "Não sabes que não tem fundamento o teu temor?" (1014). "Sabe que ele te recebeu como uma dádiva de

---

71. *As Nuvens* 229: τὸ νόημα καὶ τὴν φροντίδα. A declaração de Burnet (p. 76), de que "o uso de φροντίς para 'pensamento' [...] é mais jônico que ático" e que a palavra "soou estranha aos ouvidos atenienses" parece exagerada em vista das muitas passagens em Ésquilo onde φροντίς parece significar "pensamento" e não "cuidado" ou "prestar atenção" (que Burnet alega ser o sentido ático da palavra). Cf. Ésquilo, *Os Persas* 142, *Agamêmnon* 912, 1530, *As Suplicantes* 407, 417.

72. νοσεῖ [...] πρόπας στόλος, οὐδ' ἔνι φροντίδος ἔγχος ᾧ τις ἀλέξεται. O metafórico ἔγχος pode ter sido sugerido pelas conotações militares de στόλος precedente.

73. τὸ γὰρ τὴν φροντίδ' ἔξω τῶν κακῶν οἰκεῖν γλυκύ.

74. *E. g.* 59, 105; e cf. 129, onde ele censura Creonte por não ter obtido conhecimento pleno acerca das circunstâncias do assassinato de Laio.

75. ὁ μηδὲν εἰδὼς Οἰδίπους. Ele está adaptando a frase admirativa do sacerdote, οὐδὲν ἐξειδὼς πλέον (37).

minhas mãos" (1022). E é com esta última palavra, "sabe" (*isthi*, 1181) que o pastor anuncia a verdade monstruosa: "se és aquele de quem ele fala, sabe que nasceste desafortunado"[76]. No final da peça Édipo resume o conhecimento que com ele permanece. "Uma coisa ao menos sei" (*tosouton g' oida*, 1455), diz o cego e arruinado homem; "nem a doença, nem outra coisa qualquer, pode me destruir. Se me salvei da morte, foi para mim um mal terrível". Parece muito pouco mas, em contraposição ao conhecimento que alegava ter antes da catástrofe, este é verdadeiro.

O conhecimento obtido pela investigação inteligente adequava-se aos expoentes da nova perspectiva científica, de modo a executar grandes serviços para os semelhantes. Eles estavam preparados para encontrar, descobrir (o vocábulo grego correspondente a esses dois termos significa também "inventar"), revelar, esclarecer, demonstrar, ensinar. Sua tarefa autonomeada era levar a luz onde havia trevas, a certeza onde havia a dúvida, substituir a confusão pela clareza, e treinar outros em seus métodos e pontos de vista. Estas são as atitudes e as atividades de uma revolução intelectual, uma era de iluminismo, e as palavras que as descrevem avultam no vocabulário do *Oedipus Tyrannus*.

Heurein, "encontrar", é um termo familiar até mesmo ao leitor que não conhece o grego, como uma palavra associada à descoberta científica, devido à história de Arquimedes no banho e seu grito de *(h)eurêka*, "eu o descobri". Porém, muito antes de Arquimedes sair correndo nu pelas ruas de Siracusa no século III a.C.[77], esta palavra era de uso comum para descrever descobertas e invenções científicas. O pendor do grego em atribuir cada descoberta ou invenção a um inventor específico (e geralmente lendário) (*heuretês*) é muito conhecido; *prôtos hêure*, "ele foi o primeiro a descobrir" (ou a "inventar"), é uma fórmula que se repete incessantemente em histórias gregas da filosofia, da matemática e da ciência[78].

É uma palavra utilizada por Tucídides para descrever o resultado de seu método histórico – a descoberta do passado. O leitor, diz ele, ao falar de sua própria tentativa de reconstruir a história antiga, deveria "considerar que os fatos foram descobertos [*heurêsthai*] com base na mais clara das evidências, tão satisfatoriamente quanto possível, con-

---

76. 1008: οὐκ εἰδώς, 1014: ἄρ' οἶσθα [...], 1022: ἴσθι, 1181: ἴσθι δύσποτμος γεγώς.

77. A origem desta história famosa parece ser Vitrúvio, *Da Arquitetura* ix. (prefácio) 10: nudus vadens domum currens [...] graece exclamabat ευρηκα, ευρηκα.

78. Cf. *e.g.* Heródoto, i. 25: σιδήρου κόλλησιν ἐξεῦρε, *idem*, 94, ii. 4, Platão, *Fedro* 267a sobre Euenus (πρῶτος ηὗρεν) e outros "inventores" retóricos. Ver A. Kleingünther, "Πρῶτος εὑρέτης", *Phil. Suppl.*, 26, 1933, Heft 1. Virgílio faz uso desta fórmula grega em *Eneida* vi. 663: inventas, aut qui vitam excoluere per artis.

O HOMEM 113

siderando terem acontecido há tanto tempo"[79]. Neste sentido, é uma palavra acuradamente apropriada à busca conduzida por Édipo; também ele é um historiador, tentando descobrir os fatos sobre o passado, com base na mais clara das evidências disponíveis. O termo, contudo, aplica-se também à descoberta no campo da astronomia, da técnica, da matemática, de fato a todo o âmbito de descobertas e invenções que tornaram a civilização humana possível. É o verbo que ocorre com mais freqüência no relato de Prometeu acerca de suas dádivas civilizatórias ao homem; ele o utiliza no que diz respeito à sua descoberta dos números e da escrita (460), dos navios (468), e dos metais (503)[80]. A palavra figura com freqüência também no mito do progresso humano relatado por Protágoras no diálogo platônico: "o homem [...] inventou [*hêureto*, 322a] casas, roupas, sapatos, cobertores e colheitas". Assim, Palamedes, na oração de Górgias, alega ter inventado (*heurôn*, 30) "formações como de guerra [...] leis escritas [...] pesos e medidas [...] números [...] sinais de fogo e o jogo de xadrez". A mesma palavra aparece nos fragmentos de duas peças de Sófocles que tratavam de Palamedes, *Palamedes* e *Náuplio*[81]. É usada também numa magnífica passagem em um dos tratados hipocráticos, que resume o espírito confiante e racional da nova era. "A medicina", diz o autor da obra intitulada *Da Antiga Medicina*,

não é como alguns ramos de investigação [ele forneceu, como exemplos, investigações sobre coisas que estão acima e abaixo da terra] nos quais tudo se sustenta numa hipótese improvável. A medicina encontrou um princípio e um método, por meio dos quais muitas grandes descobertas foram feitas durante um longo período de tempo, e o que resta também será descoberto, se o investigador for competente, se conhecer as descobertas já feitas e as adotar como ponto de partida para sua investigação[82].

Na cena de abertura da peça, como resposta ao sacerdote que lhe pede para agir, Édipo diz que enviar Creonte a Delfos é "o único tratamento de cura que descobri, após cuidadosa consideração" (*hêuriskon*, 68). O resultado daquela ação é um chamado para uma descoberta adicional, a investigação do assassinato de Laio, uma tentativa de descobrir o passado. No início, Édipo está atemorizado pela dificuldade da tarefa – "Onde será descoberta a trilha?" (*heurêthêsetai*, 108) – mas à medida em que seu interrogatório de Creonte começa a elicitar

79. i. 21. 1. Acerca de εὑρίσκειν utilizado sobre a descoberta histórica, cf. também *idem*, i. 1. 3.

80. Cf. Também *idem*, 469 e 59, 267, 475.

81. *Palamedes*: Fr. 479.3: ἐφηῦρε. *Náuplio*, Fr. 432.1: ηὗρε, 2: εὑρήματα, 5: ηὗρε, 8: ἐφηῦρε.

82. Hipócrates, *De Vetere Medicina* 2: ἀρχὴ καὶ ὁδὸς εὑρημένη, καθ' ἣν τὰ εὑρημένα πολλά τε καὶ καλῶς ἔχοντα εὕρηται ἐν πολλῷ χρόνῳ, καὶ τὰ λοιπὰ εὑρεθήσεται, ἤν τις ἱκανός τε ἐὼν καὶ τὰ εὑρημένα εἰδὼς ἐκ τούτων ὁρμώμενος ζητῇ. Com respeito a εὑρεθήσεται, cf. *Oedipus Tyrannus* 108.

114 ÉDIPO EM TEBAS

os fatos, ele recupera a confiança. A testemunha presente na morte de Laio sabia apenas uma coisa, diz Creonte com desprezo, mas Édipo insiste em sabê-lo. "Pois um único detalhe talvez nos leve a descobrir [o caminho] de muitos outros" (*exeuroi*, 120).

Édipo começa como o descobridor, contudo, à medida que a investigação prossegue, a confiança com a qual utiliza a palavra se evapora. "São tuas estas invenções [*táxeurêmata*, 378] ou de Creonte?", pergunta ele a Tirésias (378), quando o profeta o acusa; a expressão é profundamente irônica, pois a acusação não é uma invenção, mas a descoberta da verdade. Tirésias, em sua réplica, zomba da reputação de Édipo. "Falas por enigmas", diz Édipo ao profeta, e a resposta é: "Não és o mais hábil homem vivo para descobrir as respostas para eles?" (*heuriskein*, 440).

Édipo aceita o escárnio com orgulho. "Insultas-me, mas é nisso que, descobrirás, está minha grandeza" (*heurêseis*, 441). Ele se empenha com energia, na tentativa de primeiro descobrir o segredo do assassinato de Laio e, mais tarde, de resolver o enigma de seu próprio nascimento, a charada que lhe foi posta por Tirésias. Quando o mensageiro coríntio deixa claro que o pastor que acompanhou Laio é a chave do enigma da sua identidade, Édipo pergunta onde ele pode ser encontrado. "Este é o momento vital para que essas coisas sejam descobertas" (*heurêsthai*, 1050)[83].

Entrementes, uma mudança ocorreu no relacionamento entre Édipo e o processo da descoberta. "Te encontrei", diz o mensageiro coríntio, "no vale estreito e escuro do Citero" (*heurôn*, 1126)[84]. É uma mentira, e posteriormente ele volta atrás, mas ela suscita pela primeira vez a perspectiva de Édipo não ser o descobridor e sim o descoberto. E o coro, em suas especulações otimistas acerca da possibilidade de Édipo ser de origem divina, repete a idéia. "Teria o divino Baco, que habita nos altos cumes, te acolhido como descoberta afortunada de uma das ninfas de Hélicon, com as quais seguidamente se entretém?" (*heurêma*, 1106)[85].

Quando se dá a grande descoberta, a sugestão inerente a esta mudança de relacionamento transforma-se numa declaração explícita. "O tempo, que tudo vê, te descobriu, contra tua vontade" (*ephêure*, 1213), canta o coro e o próprio Édipo expressa a transição completa do ativo

---

83. Cf. ηὑρῆσθαι em Tucídides i. 21.

84. Pode realmente ser, como diz Robert (*op. cit.*, p. 76), um "rudimentärer Rest einer älteren Sagenversion", mas é também dramaticamente eficaz e típico do oportunismo inescrupuloso do mensageiro coríntio.

85. A nota de Jebb ilustra como o uso da palavra εὕρημα nesta passagem é forçado. O contexto mostra claramente que Édipo é considerado filho de Dionísio e de uma das ninfas, mas a palavra εὕρημα parece contradizer esta idéia. Sua presença nesta passagem sugere a força de intrusão do significado metafórico de εὑρεῖν ao longo da peça.

O HOMEM   115

para o passivo, a *peripeteia* da palavra. "Agora sou descoberto como vil de nascimento" (*heuriskomai*, 1397); "Sou descoberto como vil em tudo" (*ephêurêmai*, 1421). Aquele que procurava transformou-se na coisa procurada, o descobridor no descoberto.

Phainein, "trazer à luz, tornar visível", é outra das palavras típicas do espírito científico da época. Trata-se, naturalmente, de um termo associado ao processo legal (trazer um criminoso, ou um crime, à luz, informando as autoridades), e este significado opera plenamente na peça, como também suas amplas conotações científicas, que são bem demonstradas pela passagem na qual Górgias, em sua defesa de Helena, elogia o poder das palavras e menciona, como exemplo, "as palavras dos astrônomos que tornaram coisas incríveis e obscuras, visíveis [*phainesthai*] aos olhos das pessoas"[86].

A verdade sobre o assassinato de Laio pertence à esfera das coisas invisíveis, não reveladas. "A Esfinge", diz Creonte, ao falar do assassinato de Laio, "nos forçou a ignorar tudo o que era obscuro, invisível" (*taphanê*, 131). Mas Édipo anuncia que ele "recomeçará do início, e trará tudo à luz" (*egô phanô*, 132). As revelações iniciais, contudo, vêm de outros. Tirésias se recusa a "revelar meus pesares, para não falar dos teus" (*ekphênô*, 329), mas é induzido a falar pelo próprio Édipo e termina seu encontro com ele com uma profecia de revelações futuras. "O homem que procuras está aqui [...] irá se revelar um tebano nato [*phanêsetai*, 453] [...] será revelado como pai e irmão de seus próprios filhos" (*phanêsetai*, 457). A próxima revelação vem de Jocasta, em termos que forçosamente sugerem não só a forma como também o conteúdo das novas doutrinas científicas: "Ouve-me e ficarás sabendo que a nenhum mortal foi concedido o dom da profecia. Revelarei [*phanô*, 710] evidência como prova, sem demora". A evidência que ela apresenta é, na melhor das hipóteses, ambígua, pois parece provar que muito embora Apolo pudesse estar equivocado, Tirésias poderia estar certo. "Ah! Tudo agora está muito claro", diz Édipo, ao ouvir os detalhes da morte de Laio; a palavra que ele utiliza, *diaphanê* (754), é oriunda do vocabulário científico[87].

Após ouvir as notícias de Corinto, Édipo recupera um pouco de sua confiança, e uma vez mais assume o título e executa a função do revelador. "É impossível", diz ele à perturbada Jocasta, "que com tais evidências diante de mim, eu não possa esclarecer a minha origem"

---

86. 13: τοὺς τῶν μετεωρολόγων λόγους ὅιτινες [...] τὰ ἄπιστα καὶ ἄδηλα φαίνεσθαι τοῖς τῆς δόξης ὄμμασιν ἐποίησαν. Cf. Hipócrates, *De Vetere Medicina* xx: τοιαύτην δὴ βούλομαι ἀληθείην καὶ περὶ τῶν ἄλλων φανῆναι.

87. τάδ' ἤδη διαφανή. Somente aqui na tragédia. Em Aristófanes, *As Nuvens* 768 é empregada para descrever o cristal transparente com o qual Estrepsíades propõe derreter o tablete de cera sobre o qual está escrita a acusação que lhe imputam. Acerca de seu uso nos escritos hipocráticos, ver Liddell e Scott s. v.

116 ÉDIPO EM TEBAS

(*phanô*, 1059). Mas a revelação de sua origem é também a de sua impureza, e em suas declarações finais, o emprego do vocábulo não é mais ativo e sim passivo. "Fui revelado", ele grita, "nascido de quem e casado com quem não devia e assassino do homem que não devia matar" (*pephasmai*, 1184). "Um homem revelado impuro pelos deuses" (*phanent'*, 1383), ele se denomina mais tarde, e numa das suas mais terríveis frases, diz ter sido "revelado como um pai que lavrou onde ele mesmo fora semeado" (*ephanthên*, 1485). Ele não é só o revelador, como também a coisa revelada.

"Tornar visível" o obscuro é deixá-lo "claro" e uma das características de todas as eras do iluminismo era a tendência de equacionar claridade com verdade. A palavra grega *saphês*, que numa de suas primeiras formas, em Homero, significa "claro"[88], passou a ser utilizada no século V com um significado muito semelhante a "verdadeiro". Tucídides, por exemplo, emprega o termo ao recomendar sua austera história àqueles "que desejarem examinar a verdade sobre [*to saphes*, 'um retrato claro de'] eventos passados"[89]. Tal insistência na clareza é típica do temperamento da nova era: o *mythos* pode ser indireto, obscuro, ambíguo, mas o *logos* deve ser direto, claro, preciso[90]. É nestes termos que Aristófanes faz com que seu burlesco Eurípides ataque os escritos dramáticos de Ésquilo. "Nada do que ele dizia era claro" (*saphes*, 927), diz Eurípides em *As Rãs*, e ele ataca o prólogo esquiliniano na mesma base: "Ele era obscuro [*asaphês*, 1122] na sua exposição dos fatos".

O espírito científico, que se empenha para tornar o invisível visível (*phainesthai ta aphanê*) tenta também tornar claro o obscuro. Édipo, buscando clareza na questão obscura da morte de Laio, ouve do coro que ele aprenderá a verdade de Tirésias "o mais claramente" (*saphestata*, 286). Tirésias é um profeta, e a palavra *saphês*, quando aplicada a profetas, tem uma força especial, pois eles eram conhecidos por tratar do obscuro e do ambíguo. Um profeta "claro" pode ao menos ser julgado pelos resultados; se sua declaração acerca do futuro pode ser claramente compreendida ao menos é possível saber, algum dia, se também era "verdadeira"[91]. Mas o que Tirésias diz é algo que Édipo

88. σάφα (σαφής apenas no *Hino a Hermes* 208).
89. i. 22. Cf. também iii. 29, vi. 60. Liddell e Scott não reconhecem este significado de σαφής, exceto com respeito a "videntes, oráculos, profetas" (s. v. 2). Todavia, eles dão como exemplo (e cito suas traduções) Antífon i. 13: τὼς πραχθέντων τὴν σαφήνειαν πυθέσθαι, "a simples verdade"; Píndaro, *As Olímpicas* 10 (11).55: τὸ σαφηνές, "a simples verdade"; e a passagem de Tucídides citada *supra*, τῶν γενομένων τὸ σαφές, "a clara verdade". Cf. também os opostos de Empédocles Νημερτής (verdade) e Ἀσάφεια (obscuridade) Diels-Kranz, B. 122, 4.
90. Cf. Hipócrates, *De Vetere Medicina* xx: περὶ φύσιος γνῶναί τι σαφές. Eurípides, *Orestes* 397: σοφόν τοι τὸ σαφές, οὐ τὸ νὴ σαφές.
91. Cf. Heródoto viii. 77, onde ele destaca, para mencioná-los como isentos de crítica, aqueles oráculos que "falam claramente" (ἐναργέως λέγοντας).

O HOMEM 117

não pode aceitar, e ele retalia atacando a "clareza" do profeta. "Digame, como podes ser chamado de profeta claro [verdadeiro]?" (*mantis* [...] *saphês*, 390). Este sarcasmo é uma referência ao silêncio de Tirésias quando a Esfinge assolou Tebas; Tirésias não fora um profeta claro naquele tempo de perigo – e nada dissera. E ainda que siga profetizando agora, é "enigmático e obscuro" (*ainikta kàsaphê*, 439). Esta denúncia da obscuridade (falsidade) de Tirésias é levada adiante na alegação de Jocasta de que não há presciência em todo o universo: "não há uma presciência clara [verdadeira] de nada" (*saphês*, 978).

Pode ser que não haja presciência, mas Édipo insiste em nitidez, a clareza criada pela inteligência humana, que em sua pessoa agora se empenha para descobrir não o futuro, mas o passado. "Não serei persuadido", diz ele a Jocasta, "a não aprender isso [*i.e.*, sua origem], plena e claramente" (*saphôs*, 1065). Mas a clareza final que ele estabelece prova que a predição divina é tanto clara quanto verdadeira. "Ah!", ele grita, "agora tudo está claro" (*saphê*, 1182). Estas palavras, no entanto, também significam: "Então os oráculos provaram-se verdadeiros"[92]. Agora, pela primeira vez na peça, ele vê claramente mas seus olhos não podem suportar a claridade que sua inteligência criou e Édipo sai precipitadamente para furá-los.

O homem que descobriu, revelou, e tornou claro transforma-se num comprovador, num mestre. Ele torna evidente (*dêloô*) e indica (*deiknymi*). Ambos os termos significam também "provar", e são fórmulas características dos grandes mestres do século V, os sofistas[93]. Aparecem também no *Oedipus Tyrannus*, movimentando-se no padrão exemplificado pelas outras palavras operativas no vocabulário edipiano, o padrão de reversão do ativo para o passivo.

Édipo assume a missão de "tornar evidente" um assassino "invisível" (*adêlon*, 475), resolver o mistério de uma morte "obscura" (*adêlôn*, 497), entretanto, logo condena Creonte por "uma opinião que não tem evidência" (*adêlôi*, 608), e mergulha nas trevas acerca da questão vital de sua própria identidade. O mensageiro coríntio faz com que ele inicie uma vez mais a busca pela clareza, ao mencionar a mais importante de todas as testemunhas, o pastor. "Quem é ela?", pergunta Édipo. "Podes torná-la evidente?" (*dêlôsai*, 1041). Sua identidade só é por demais óbvia para Jocasta e Édipo ainda tem algum tempo antes de gritar, citando as palavras do mensageiro, que "alguém faça ver a

---

92. Ver Jebb, *op. cit.*, e sobre ἐξήκοι, cf. Heródoto vi. 80: ἐξήκειν μοι τὸ χρηστήριον.

93. O Prometeu de Ésquilo descreve suas revelações à humanidade com a palavra ἔδειξα (458, 482). Cf. Platão, *Timeu* 49e: ὅσα δεικνύντες [...] δηλοῦν ἡγούμεθά τι, e ver Aristóteles, *Metafísica* B4 1000ª.20, onde se faz um contraste entre οἱ θεόλγοι e οἱ δι' ἀποδείξεως λέγοντες.

118 ÉDIPO EM TEBAS

toda a cidade de Tebas o assassino do pai" (*dêloun*, 1287). A profecia é concretizada, de que ele "tornaria visível uma prole que o homem não suportaria ver" (*dêlôsoim'*, 792).

Sua intenção era "indicar" (*deiknymi*) o assassino. "Não tenho meios de apontar o assassino" (*deiksai*, 278), diz o coro em resposta à sua proclamação. "Indicarás [mais claramente] se disseres algo mais" (*deikseis*, 748), diz Édipo a Jocasta ao formular a pergunta final, que completa a revelação das circunstâncias do assassinato de Laio. E a palavra recorre no momento terrível em que as portas do palácio se abrem, pouco antes do Édipo cego e ensangüentado ser revelado ao público. "Ele se mostrará a vós" (*deiksei*, 1294), diz o mensageiro[94]. "As portas estão sendo destrancadas. Verás um espetáculo digno de pena até para os que o odiavam".

As palavras gregas para "aprender" e "ensinar" (*manthanein* e *didaskein*) são freqüentes no texto da peça. É verdade que isso acontece também comumente nos textos de quase todas as peças gregas, pois a palavra *manthanein* era com freqüência utilizada no sentido geral de "descobrir" e *didaskein* no significado simples de "dizer, informar". Mas no *Oedipus Tyrannus* estas palavras parecem ser empregadas em contextos, e com uma força, que dirigem nossa atenção para seu significado literal.

São naturalmente vocábulos que, em seu sentido literal, recriam a atmosfera de agitação intelectual da Atenas do século V. Os sofistas, que estavam submetendo à crítica corrosiva todo e qualquer aspecto da perspectiva ateniense tradicional, eram todos professores profissionais que, por altas somas, treinavam ouvintes de todas as esferas da vida nos métodos críticos e doutrinas revolucionárias das novas escolas. Esta nova educação, para adultos, era a questão excitante do dia, e mesmo os que criticavam severamente seus produtos e resultados, foram moldados por suas disciplinas e utilizavam seus métodos e fórmulas característicos.

Édipo se assemelha aos grandes professores do século V em um aspecto: não teve mestre algum do qual aprendeu, ele é um autodidata. "Não foste ensinado" (*ekdidachtheis*, 38), diz o sacerdote, exprimindo sua admiração pela solução de Édipo ao enigma da Esfinge, e Édipo repete a frase em sua alegação orgulhosa de que a solução foi um triunfo da inteligência destreinada. "Não a aprendi dos pássaros" (*mathôn*, 398). Entretanto, ainda que ele próprio não tenha sido ensinado, pressupõe que outros tiveram um mestre. "Quem te ensinou isso" (*didachtheis*, 357), pergunta ele a Tirésias quando se vê acusado. "Não o aprendeste de tua arte profética". É a Édipo que outros vêm para receber instrução. "Instrui-me" (*didaske*, 554), diz Creonte, "do que alegas ter sofrido em minhas mãos". "És um orador hábil", diz Édipo a

---

94. Ver Jebb, *op. cit.*, a respeito da força desta palavra.

O HOMEM 119

Creonte, "mas eu aprendo mal de ti" (*manthanein*, 545). "Tenho o direito de aprender de ti" (*mathein*, 575), diz Creonte e Édipo responde: "Aprende, pois, plenamente" (*ekmanthan'*, 576). "Ensina-me" (*didakson*, 698), diz Jocasta, ao pedir que Édipo explique o porquê de sua altercação com Creonte, e Édipo prefacia o relato de sua vida antes de chegar a Tebas com as palavras "Eu te instruirei" (*didaksô*, 839). À medida que a ação se desenvolve, os papéis se invertem. Édipo recebe uma lição de Jocasta. "Ouve-me", ela lhe diz, em palavras que evocam não só a atmosfera como também a doutrina das escolas sofistas; "Ouve atentamente e saberás que nenhum ser humano tem o dom da profecia" (*math'*, 708). Mais tarde, Édipo, agora na verdade o ignorante Édipo, segundo sua própria orgulhosa e sarcástica expressão, implora ao mensageiro coríntio que o instrua. "Minha mãe, ou meu pai? Instrui-me, em nome dos deuses" (*didaske*, 1009). O professor transforma-se no aprendiz, mas ele se torna algo mais, aquela "coisa indicada" (*paradeigma*, 1193), o paradigma, o exemplo, o objeto da lição. "Tenho teu destino como exemplo", canta o coro, "e não posso chamar nenhum homem de feliz" (1193-1195).

Esta mesma reversão pode ser vista no desenvolvimento de duas outras palavras que são títulos típicos dos campeões do iluminismo em todas as eras e que, na experiência grega, estavam particularmente associados a Atenas em seu papel de centro da revolução política e intelectual do século V. A Édipo, como a Atenas[95] e aos cientistas e filósofos da época[96], são oferecidos os títulos de "libertador" e "salvador", e ele os aceita.

Prometeu, o protótipo mítico do cientista e do sofista, proclama-se, na peça de Ésquilo, o libertador da humanidade. "Libertei os mortais", ele diz, "de ir para a morte despedaçados" (*ekselysamên*, P. A. 235); o meio da libertação, ele nos conta posteriormente, foi a dádiva do fogo, da qual a humanidade aprendeu as técnicas da civilização. Muitos anos depois, quando o papel libertador dos novos ensinamentos passou a ser encarado com menos simpatia e otimismo, Aristófanes, em *As Nuvens*, faz com que Estrepsíades descreva seu filho, um recém graduado com louvor pela escola sofista, como "um salvador de minha casa [...] e um libertador da dor" (*sôtêr domois* [...] *kai lysanias*, 1161-1162).

Édipo é chamado por ambos os títulos no discurso de abertura do sacerdote. "Libertaste a cidade de Cadmo [*ekselysas*, 35] [...] esta terra te chama de salvador [...]!" (*sôtêra*, 48). E mais tarde, no curso da discussão com Tirésias, ele próprio adota ambos os títulos. "Como foi que", pergunta ele a Tirésias, referindo-se à época em que Tebas estava sob o

---

95. Acerca de Atenas como σωτήρ, cf. Isócrates 4. 80, 7.84; Heródoto vii. 139.5.

96. Com respeito à retórica sofista como "salvadora", ver Platão, *Górgias* 511c e cf. as palavras de Estrepsíades a Fidipo quando este surge como graduado da escola sofista (Aristófanes, *As Nuvens* 1177): ὅπως σώσεις μ'.

120 ÉDIPO EM TEBAS

ataque da Esfinge, "não pronunciaste nenhuma palavra libertadora [*eklytêrion*, 392] para teus concidadãos? Não, *eu* cheguei [...]". E, posteriormente, pressionado por Tirésias, retruca: "Pouco me importa [o que me acontecer], se eu salvei a cidade" (*polin* [...] *eksesôs'*, 443). Entretanto, na crise atual, ele se vê incapaz de libertar ou de salvar. E logo o ritmo familiar da reversão transparece na linguagem. "Por que não te liberto deste temor?" (*ekselysâmen*, 1003), diz o mensageiro coríntio a Édipo, e o mesmo informante obsequioso, alguns versos depois, assume também o outro título. "Fui teu salvador naquele momento, meu filho" (*sôtêr*, 1030). "Te libertei das travas que furavam teus pés" (*lyô*, 1034), diz ele mais tarde, e o pastor acrescenta o verbo complementar – "ele te salvou [...] do desastre" (*esôsen*, 1180). Édipo, em sua agonia, reconhece a reivindicação do coríntio. "Maldito", ele exclama, "maldito o homem que me libertou de minhas travas [*elyse*, 1350] [...] e me salvou [...]" (*kànesôsen*, 1351)[97]. E mais tarde, repete a frase do pastor. "Fui salvo [*esôthên*, 1457] [...] para um mal terrível". O libertador revela-se como o libertado, o salvador como o salvo.

Na reversão que é o padrão do desenvolvimento dessas palavras na peça, o sofrimento do herói trágico é projetado num palco mais amplo. A reversão de Édipo torna-se uma demonstração (*paradeigma*) da natureza paradoxal das maiores realizações humanas: sua magnífica energia concretiza sua própria ruína; sua inteligência perscrutadora, que pressiona até chegar a soluções finais, faz com que ele fique, no fim, face a face com uma realidade que não pode contemplar. Sua ação causa sua própria derrota, ou melhor, deixa de chamar-se ação, pois ele é ambos, ator e paciente, aquele que procura e a coisa procurada, o que encontra e o que é encontrado, o revelador e o revelado.

III

Este mesmo padrão aterrorizante é desenvolvido em detalhe em mais dois complexos verbais que sugerem novas imagens da ação e da atitude de Édipo. Estas imagens são apropriadas e significativas do caráter revolucionário do homem, em sua tentativa de afirmar seu domínio sobre a natureza por meio de sua inteligência, especialmente para o século V, uma vez que são extraídas de duas das maiores realizações intelectuais da época. Édipo é apresentado como um médico e um matemático.

A realização culminante do homem, na história do progresso humano esboçada na ode coral da *Antígona*, é a descoberta da arte da medici-

---

97. 1350: ἔλυτο (seguindo os registros e Jebb) [...] κἀνέσωσεν. Édipo também diz ἔρυτο, e este verbo segue o mesmo padrão, pois no início ele próprio era o salvador (τήνδε ῥυσαίμην πόλιν, 72).

O HOMEM   121

na – "e de males intratáveis ele inventou um meio de escape". A medicina ocupa uma posição elevada na relação de invenções de Prometeu, o fundador mítico da civilização humana[98]. Foi, de fato, uma das maiores realizações científicas da Grécia do século V. É nos escritos da escola hipocrática que encontramos as mais extraordinárias declarações da nova visão científica. Eles exibem um espírito empírico e uma confiança otimista que não serão vistos novamente na Europa ocidental até o século XIX d.C. "Muitas descobertas foram feitas, e tudo o mais será descoberto", é a declaração extremamente confiante do autor do tratado *Da Antiga Medicina*[99], um argumento em favor do método empírico e contra a importação das hipóteses filosóficas para a arte da medicina. "Esta doença", diz o autor do tratado *Da Doença Sagrada*, (5), "não é, na minha opinião, mais sagrada que as outras. Tem a mesma natureza e, como elas, uma causa. É também curável". A enfermidade que ele acredita, com tanta confiança, que possa ser curada é a epilepsia. E o autor de *Da Antiga Medicina* propõe uma adaptação médica da tese humanista de Protágoras: "devemos objetivar uma certa medida. Mas nenhuma medida, número ou peso podem ser encontrados, com referências aos quais seja possível obter um conhecimento acurado, exceto as sensações do corpo"[100]. É nos escritos médicos do século V que o espírito do iluminismo pode ser visto em suas cores mais nítidas e na melhor de suas formas. Uma das imagens mais desenvolvidas da peça apresenta Édipo nestes termos, como médico.

Como antes, a metáfora fundamenta-se solidamente na situação dramática. Édipo é chamado para encontrar a causa do flagelo que aflige a cidade e buscar um remédio. A situação prepara o campo para a imagem, que se torna precisa e viva pelo aparecimento freqüente de palavras e convenções extraídas e sugestivas do vocabulário e do estilo da nova ciência médica.

No discurso do sacerdote no início da peça há expressões que sugerem estar ele apelando ao médico em nome de um paciente enfermo. "A cidade", diz ele a Édipo, [...] "está atormentada e nem consegue erguer [*anakouphisai*, 23] sua cabeça por sobre as ondas sanguinolentas". Esta é uma linguagem figurativa que sugere um nadador no mar tempestuoso, ou um navio[101], mas também entrelaça no padrão complexo a imagem de um paciente combatendo a doença, e esta sugestão é reforçada pela palavra "sanguinolento" (*phoiniou*, 24), que

---

98. Ésquilo, *Prometeu Acorrentado* 478 e ss.: τὸ μὲν μέγιστον é sua frase prefacial.

99. Hipócrates, *De Vetere Medicina* 2. Ver nota 82, *supra*.

100. Hipócrates, *De Vetere Medicina* 9: δεῖ γὰρ μέτρου τινὸς στοχάσασθαι· μέτρον δὲ οὔτε ἀριθμὸν οὔτε σταθμὸν ἄλλον πρὸς ὃ ἀναφέρων εἴσῃ τὸ ἀκριβές, οὐκ ἂν εὕροις ἀλλ᾽ ἢ τοῦ σώματος τὴν αἴσθησιν.

101. A palavra sugere "aliviar" o navio, *i.e.*, lançar ao mar sua carga. Cf. Heródoto viii. 118: καὶ τὴν νέα ἐπικουφισθεῖσαν οὕτω δὴ ἀποσωθῆναι.

122 ÉDIPO EM TEBAS

não parece adequada para um nadador ou um navio. E a expressão utilizada pelo sacerdote, *anakouphisai*, "erguer", reverbera num discurso posterior de Édipo, num contexto que não sugere navios ou nadadores. "Poderás receber auxílio e alívio [*anakouphisin*, 218] para teus males", diz ele ao coro. A tradução "alívio" enfatiza o que é, de fato, um significado comum da palavra: *kouphizein*, "deixar mais leve", é utilizado quase como um termo técnico na linguagem médica para descrever a "melhora" do paciente, especialmente o alívio da febre. "Suores copiosos", lê uma descrição hipocrática dos sintomas de uma febre na ilha de Tasos, "que não trazem alívio algum" (*kouphizontes ouden*)[102]. Na obra *Filoctetes*, Sófocles emprega esta palavra estritamente no sentido médico: "Pareço estar aliviado" (*kouphizein dokô*, 735), diz Filoctetes, quando Neoptólemo indaga ansiosamente sobre a condição de sua doença.

Em sua descrição do flagelo em Tebas, o sacerdote usa uma palavra para "estéril" (*agonois*, 27) que não figura em qualquer outra obra de Sófocles e é típica dos escritores hipocráticos, bem como da literatura médica grega posterior[103]. Ele apela a Édipo como se a um homem "experiente" (*empeiroisi*, 44), usando uma palavra que denota o maior elogio que os autores hipocráticos podem fazer a um médico[104].

Édipo, em sua resposta, faz uso de uma linguagem similar. "Este único método de cura [*iasin*, 68][105] encontrei, após muito examinar [*skopôn*], e já coloquei em prática". A chegada de Creonte traz o que

102. Hipócrates, *Epidemiourum Libri* i. 7; cf. no mesmo capítulo [πυρετοί] ὑποκουφίζοντες e σμικρὰ διακουφίζοντες. Cf. também *Epidemiourum Libri* i. 2 e Caso x; ἐκούφισεν ὀλίγῳ, Caso vi: πάντων ἐκουφίσθη, *De Internis Affectionibus* 53, *De Morbis* iii, 15, 16, Teofrasto, *De Sensu* 45: ἀνακουφίζεσθαι τῆς λύπης, Areteus ii. 8. 9: ἀνεκουφίσθησαν. A palavra ἀνακούφισις ocorre somente aqui em Sófocles. Ver a nota de D. L. Page, *Eurípides, Medea*, Oxford, 1938, acerca de Eurípides, *Medéia* 473 (cf. Aristóteles, *Problemas* 894ª.23). Acerca de listas e discussão dos "termos técnicos" hipocráticos em Sófocles, ver H. W. Miller, "Medical Terminology in Tragedy", *TAPhA*, 75, 1944, pp. 156-167. Eurípides utiliza ἀποκουφίξειν num sentido semelhante; cf. *Hécuba* 104: παθέων ἀποκουφίξουσ', *Orestes* 43: ὅταν μὲν σῶμα κουφισθῇ νόσου (cf. *idem*, 218).

Duas outras palavras nos versos de abertura do discurso do sacerdote possuem conotações médicas. σαλεύειν (cf. *Oedipus Tyrannus* 23) é empregada para descrever o modo de andar de pessoas que têm malformações nas juntas do quadril ("vacilando") em Hipócrates, *De Articulis* 56 e Platão (*As Leis* 923b) fala de pessoas "vacilando" (σαλεύοντας) "na enfermidade ou na velhice". Acerca de γέμειν, cf. Aristóteles, *Problemas* (ἰατρικά) 861a: τὰ δὲ κάτω πολλῆς γέμει περιττώσεως καὶ εὐσήπτου, e Hipócrates, *De Flatibus*. 10: ὅταν αἱ [...] φλέβες γεμισθῶσιν ἠέρος.

103. Cf. Hipócrates, *Epidemiourum Libri* ii. 5. 6, *Aphorismi* v. 59, *De Aera. Aquis, Locis* 22; Aristóteles, *Da Geração dos Animais* 726ª.9; Teofrasto, *Dos Odores* 62. A palavra não figura em Ésquilo.

104. Cf. Hipócrates, *De Arte* 8, *De Fractis* 3, *De Articulis* 9, *De Medico* 14, *De Decenti Habitu* 11.

105. A respeito de ἴασις, cf. Hipócrates, *De Arte* 6, *De Aera. Aquis, Locis* 22 (ἐν

O HOMEM 123

corresponde ao diagnóstico da doença, uma explicação para a causa do flagelo, o assassinato de Laio, sugerindo também uma cura, a punição do assassino. Seu discurso é entremeado de palavras oriundas da mesma fonte e sugestivas da mesma atmosfera. A notícia é "difícil de suportar", (*dysphor'*, 87)[106]; ele cita Apolo dizendo que o sangue de Laio "traz uma tormenta para a cidade" (*cheimazon polin*, 101), empregando uma palavra que, na literatura médica, descreve o sofrimento do paciente no auge da doença. "Eles sentem dor no terceiro dia, e ficam pior [*cheimazontai malista* – literalmente, "estão mais atormentados"] no quinto", diz o autor do tratado *Do Prognóstico*[107].

O coro, no estásimo de abertura, descreve o flagelo do qual Tebas está sofrendo. Aqui, novamente, por mais floreada e lírica que seja sua linguagem e ainda que o canto seja uma oração aos deuses, muitas das palavras são extraídas do vocabulário da nova medicina científica. "A chama da dor" [*phloga pêmatos*, 166], é sua expressão para o flagelo, e ele descreve seu modo de agir como "flamejante" (*phlegei*, 192). O uso destas palavras e de outras cognatas para descrever a febre e a inflamação é característico dos autores hipocráticos e figura também no relato de Tucídides acerca do flagelo ateniense[108]. "Seus filhos jazem mortos no chão" (*thanataphora*, 181), diz o coro, e este adjetivo é comum nos textos médicos[109].

Agora Édipo surge e lhes promete alívio (*anakouphisin*, 218). Ele prossegue censurando-os pelo estágio avançado que a doença atingiu, pois poderiam tê-lo evitado se insistissem que o assassinato de Laio

ταύτῃ τῇ ἰήσει, "neste método de tratamento"), *De Decenti Habitu* 9, *De Morbo Sacro* 1, 2 etc., *De Internis Affectionibus* 26 e ver o artigo de Miller mencionado *supra*.

106. Esta é uma palavra muito comum entre os médicos; cf. Hipócrates, *Epidemiourum Libri* iii. 1 γ´, *De Diaeta in Morbis Acutis* 54, *Epidemiourum Libri* i. 26 η´, *Aphorismi* ii. 13, *De Liquidorum Usu* 1 etc.

107. Hipócrates, *Prognosticum* 24: ἄρχονται μὲν πονεῖσθαι τριταῖοι, χειμάζονται δὲ μάλιστα πεμπταῖοι. Cf. Sófocles, *Os Investigadores* 267: ἰσχὺς ἐν νόσῳ χειμάζεται, e ver ali a nota de Pearson. A palavra πλησιαξόντων, usada por Creonte (91), que figura somente aqui em Sófocles, é freqüente nos contextos médicos; cf. Hipócrates, *De Diaeta in Morbis Acutis* 41, e Aristóteles, *Problemas* vii. 887a: ὀφθαλμίας καὶ ψώρας οἱ πλησιάξοντες [...] ὁ πλησιάξν τοιοῦτον ἀναπνεῖ. O uso que Creonte faz de ἀρωγός em 127 recorda a ocorrência freqüente de ἀρήγειν, usada para descrever a ação do médico nos escritos hipocráticos: cf. Hipócrates, *De Aera, Aquis, Locis* 10 (ἀρωγά), *De Diaeta in Morbis Acutis* 29, 41, 60, 65, 67, *De Articulis* 16, e também Platão, *As Leis* 919c: νόσου [...] ἀρωγή.

108. Cf. Hipócrates, *De Morbo Sacro* 14, *De Morbis* ii. 66, iii. 7, *De Vetere Medicina* 19, *V. C.* 15 etc., e φλόγωσις em Tucídides ii. 48. D. L. Page, em seu artigo "Thucydides'Description of the Great Plague", *CQ, 47* (1953), pp. 97-119, determinou o fato de que esta descrição "é expressa nos termos padronizados da ciência médica contemporânea". Cf. também *Aret.* i. 7. 4, iv. 2. 2: πυριφλεγέες δίψαι.

109. Cf. Hipócrates, *De Articulis* 48, Aristóteles, *Problemas* i. (ἰατρικά). 865ª, *Das Partes dos Animais* iii. 9.672ª: ὀδύναι θανατηθόροι. O coro também utiliza as palavras ἀλεξίμοροι (163) e ἀλέξεται (171), que relembram a palavra utilizada por

124 ÉDIPO EM TEBAS

fosse investigado. "Não era certo", ele lhes diz, "deixar esta questão impura, maculada" (*akatharton*, 256). Esta palavra não ocorre em outras obras de Sófocles, mas é um termo comum nos escritores médicos: é utilizada, por exemplo, para falar sobre uma úlcera que foi negligenciada ou sobre um paciente que não foi purgado[110].

Ao longo das cenas violentas das altercações, primeiro com Tirésias e depois com Creonte, a metáfora é mantida[111], mas ao final da cena com Creonte, uma mudança teve lugar em sua aplicação. "Tais naturezas", diz Creonte, referindo-se a Édipo, "conhecem, justamente, as dores mais difíceis de suportar" (*hai de toiautai physeis*, 674). Este julgamento a respeito de Édipo é expresso em termos médicos inequívocos. O uso da palavra "natureza" (*physis*) no plural não tem outros paralelos, em Sófocles ou em Ésquilo, e toda a frase é lugar-comum nos escritos hipocráticos, onde em geral denota tipos físicos. "Tais naturezas" (*tas de toiautas physias*), diz o autor de *Da Antiga Medicina* (12), "são mais fracas [...]". "Tais naturezas" (*tas de toiautas physias*), diz o autor de *Dos Ares, Águas e Lugares* (4), "são necessariamente dadas a comer muito e beber pouco"[112]. As palavras de Creonte são um diagnóstico e Édipo é o paciente. Quatro versos mais tarde o coro pergunta a Jocasta: "Por que tardas a levar este homem de volta ao palácio?" (*komizein*, 678)[113]. Ele não se dirige a Édipo, passa por cima dele, encaminhando o apelo a Jocasta; o tom obsequioso do pedido

Prometeu sobre a função da medicina (*Prometeu Acorrentado* 479: οὐκ ἦν ἀλέξημ' οὐδὲν). Cf. também Hipócrates, *De Victu Salubri*. 1: ἀλέξασθαι, *De Diaeta in Morbis Acutis* 54: ἀλεξητήρια, *De Mulierum Affectibus* ii. 212: ἀλέξημα, Aristófanes, *As Rãs* ii. 519: λοιμοῦ ἀλεξητήρα e o título do tratado de Nicanor: ἀλεξιφάρμακα.

110. Cf. Hipócrates, *De Fractis* 27 ἕλκος [...] μέλαν ἐπὶ πολὺ ἢ ἀκάθαρτον, *Epidemiorum Libri* vi. 3, 1, *De Aera, Aquis, Locis* 6 (sobre o ar "impuro"), *De Morbis* ii. 16, 41, 43, iii. 16, *De Affectionibus* 38. Esta palavra não é encontrada em mais nenhum outro lugar na tragédia, exceto no *Oedipus* de Aqueu (Nauck, Fr. 30), onde Hesíquio diz que ela significa μανιῶδες. Acerca de ἀκάθαρτον [...] ἐάν, cf. Hipócrates, *De Ulceribus* 1: ἀνεπίδετον [...] ἐάν, De *Haemorrhöidibus* 2: ἐᾶσαι ἄκαυστον.

111. Cf. especialmente πάθημα, 554 (cf. 1240). Este é um termo hipocrático comum (cf., *e.g.*, Hipócrates, *De Vetere Medicina* 2, 14, 22, 23, *Prognosticum* 1 etc.) que não figura em Ésquilo e que Sófocles usa nos *Filoctetes* no sentido médico (cf. 193). A palavra ἀποκρίνας (640) não aparece em outras obras de Sófocles e em nenhuma das obras de Ésquilo. É comum nos escritos hipocráticos (se bem que geralmente na forma passiva), no sentido aqui exigido pelo contexto – "separar"; cf. Hipócrates, *De Morbo Sacro* 1 13, 21, *Prognosticum* 23, *De Vetere Medicina* 14, 16, *De Aera, Aquis, Locis* 6, 9 etc. e Tucídides ii. 49. Page (1) 107 comenta: "Este verbo é um termo técnico padrão entre os médicos, significando especialmente a secessão de um elemento de um composto, uma unidade de uma pluralidade".

112. Cf. Hipócrates, *De Aera, Aquis, Locis* 4. Também *idem*, 7: τὰς τοιαύτας φύσιας οὐκ οἷόν τε μακροβίους εἶναι [...] ταῦτα δὲ τὰ νοσεύματα μηκυνθέτα τὰς τοιαύτας φύσιας ἐς ὕδρωπας καθίστησι .

113. Acerca de κομίζειν, cf. Hipócrates, *De Morbis* ii. 71: πρὸς τὴν αἰθρίην κομίζειν, "mover o paciente para o ar livre"; *Epidemiorum Libri* iv. 3: ἀπὸ πυλέων μετακομισθεὶς παρ' ἀγορήν.

O HOMEM 125

sugere que considera Édipo um homem doente. E é nestes termos que Jocasta fala dele depois, quando Édipo passa a conhecer as circunstâncias da morte de Laio. "Ele deixa as inquietações aumentarem demais, com dores de todos os tipos" (*lypaisi*, 915). Ele se assemelha a um piloto "transtornado" (*empeplêgmenon*, 922).

A boa notícia trazida pelo mensageiro coríntio dá a Édipo um alívio temporário desta agonia de espírito. Ele recomeça a sondar e questionar. Pergunta como Pólibo morreu. "Por traição ou por doença?" (*nosou synallagêi*, 960)[114]. O mensageiro responde como um médico: "Um pequeno abalo leva ao descanso um corpo idoso"[115].

Esta notícia traz algum conforto a Édipo, e Jocasta reivindica o crédito pelo resultado. "Não era o que eu há muito predizia?" (*proulegon*, 973). O termo que ela utiliza (e esta é sua única ocorrência em Sófocles) é uma palavra-chave nas discussões hipocráticas acerca da função do médico. "Explicar o passado, diagnosticar o presente, predizer o futuro [*prolegein*], esta será sua prática", diz o autor do primeiro livro de *Visitas*[116]. Entretanto, é típico da ironia desta peça o fato de Jocasta ter utilizado a palavra neste momento, pois agora ela começa a negar a possibilidade de se predizer qualquer coisa. Édipo não deve temer a profecia de Apolo. "Por que deveria o homem temer, se sua vida é governada pelo acaso, para o qual não há presciência [*pronoia*, 978] clara [verdadeira] de coisa alguma?" Isto é mais do que um ataque contra a profecia oracular, é uma declaração niilista que rejeita não só o ponto de vista religioso como também o científico. *Pronoia*, "presciência", não serve só de fundamento para a profecia divina; é também a habilidade que o médico é incentivado a cultivar acima de todas as outras. "Praticai a previsão" (*pronoian*), assim tem início o tratado *Do Prognóstico*[117]; esta obra discute a arte de fazer previsões

114. Cf. Hipócrates, *De Medico* 1: πρὸς δὲ ἰητρὸν οὐ μικρὰ συναλλάγματα τοῖς νοσέουσιν ἐστιν. Jones (2, 213) traduz como a seguir: "Intimidade entre o médico e o paciente é grande".

115. 961: σμικρὰ παλαιὰ σώματ' εὐνάζει ῥοπή. Sobre ῥοπή, cf. Hipócrates, *Epidemiorum Libri* i. 26: ῥοπὰς ἐπὶ τὸ ἄμεινον ἢ τὸ χεῖρον, *Epidemiorum Libri* i. 24 e ii. 1. 6 (ῥέπειν), Galeno sobre Hipócrates, *Prognosticum* i. 14 (59): μικρά τις [...] ῥοπή, *idem, de vict. acut.* iv. 78 (856): βραχεῖαν [...] ῥοπήν, Aristóteles, *Problemas* i. (ἰατρικά). 861a (ao discutir os idosos): μικρᾶς [...] ῥοπῆς. Aret. iii. 12 é um paralelo quase exato: κοτὲ καὶ γέροντες ἁλῶναι ῥηίδιοι καὶ ἀπόφρικτοι ἁλόντες ὅσον βραχείης ῥοπῆς ἐς εὐνὴν θανάτου χρέος. A respeito de εὐνάξω, cf. Eurípides, *Orestes* 151: χρόνια γὰρ πεσὼν [...] εὐνάξεται.

116. Hipócrates, *Epidemiorum Libri* i. 11: προλέγειν τὰ ἐσόμενα. μελετᾶν ταῦτα. Cf. também *Prognosticum* 1: προγινώσκων γὰρ καὶ προλέγων, *idem* 23, V. C. 19, *De Fractis* 35, *De Articulis* 13, *Prorrheticus*. ii. 7.

117. Hipócrates, *Prognosticum* 1: πρόνοιαν ἐπιτηδεύειν. Cf. *idem*: τὴν πρόνοιαν ἐκμανθάνειν, *De Arte* 6. Ver Galeno sobre Hipócrates, *Prognosticum* I.4 acerca da discussão de πρόνοια em Hipócrates e sua antítese a τύχη.

126 ÉDIPO EM TEBAS

acuradas como uma preliminar necessária ao tratamento, bem como um meio de inspirar confiança no paciente.

Jocasta rejeita a previsão e proclama o domínio do acaso; os médicos, que ensinam tanto a possibilidade quanto a necessidade da previsão, rejeitam enfaticamente o conceito do acaso, no que concerne às atividades do médico e ao funcionamento do corpo humano.

"Não devemos", diz o autor de *Da Antiga Medicina*, "jogar fora a antiga arte da medicina, criticando-a por sua pesquisa inexistente ou ruim, só porque não tem uma acurácia completa; ao contrário, devido à sua capacidade de progredir por meio do raciocínio, da ignorância profunda a um ponto muito próximo da verdadeira acurácia, devemos admirar suas descobertas como produto de uma pesquisa boa e correta, e não do acaso" (*V. M.* 12).

O autor do tratado *Dos Lugares no Homem* é ainda mais explícito e indignado em sua rejeição do acaso.

"Toda medicina tem uma base lógica", diz ele, "e as esplêndidas realizações intelectuais que a constituem não parecem ter qualquer necessidade do acaso. O acaso se autocontrola, não está sujeito a controle, nem mesmo pela oração podeis fazer com que a fortuna chegue; a ciência está sujeita ao controle e tem um resultado afortunado quando aquele que deseja utilizá-la for um especialista. Que necessidade tem a medicina da fortuna [acaso]? Se existem remédios claros [*saphê*, 'verdadeiros'] para as doenças, parece-me que estes não aguardam que a sorte transforme a enfermidade em saúde [...]"[118].

A mesma concepção é desenvolvida no tratado *Da Arte*. Respondendo aos críticos que denigrem a arte da medicina por não curar todos os casos de enfermidade, e que argumentam que mesmo os pacientes que são por ela curados devem sua cura mais ao acaso do que à arte médica, o autor afirma, de forma conciliatória, uma opinião bastante intransigente: "Eu mesmo não privo a sorte de qualquer uma de suas realizações, mas creio que quando as doenças são mal tratadas, o resultado é geralmente a má sorte, e quando são bem tratadas, a boa sorte"[119]. Os próprios pacientes, ele assinala, não acreditam realmente que sua cura se deveu ao acaso, uma vez que se submeteram ao trata-

118. *De Locis in Homine* 46 (Littré, vol. 6). Como não vi esta passagem brilhante citada alhures, passo a citar o texto grego na íntegra: Βέβηκε γὰρ ἰητρικὴ πᾶσα, καὶ φαίνεται τῶν σοφισμάτων τὰ κάλλιστα ἐν αὐτῇ συγκείμενα ἐλάχιστα τύχης δεῖσθαι. ἡ γὰρ τύχη αὐτοκρατὴς καὶ οὐκ ἄρχεται [...] ἡ δὲ ἐπιστήμη ἄρχεταί τε καὶ εὐτυξής ἐστιν ὁπόταν βούληται ὁ ἐπιστάμενος χρῆσθαι.Ἔπειτα τί καὶ δεῖται ἰητρικὴ τύχης; εἰ μὲν γὰρ ἐστι τῶν νοσημάτων φάρμακα σαφῆ, οὐκ ἐπιμεύνει τὴν τύχην τὰ φάρμακα ὑγιᾶ ποιῆσαι τὰ νοσήματα [...] Todo este capítulo nesta obra pouco conhecida é uma declaração extraordinariamente clara e digna da atitude empírica dos médicos jônicos.

119. Hipócrates, *De Arte* 4: ἐγὼ δὲ οὐκ ἀποστερέω μὲν οὐδ' αὐτὸς τὴν τύχην ἔργου οὐδενός. ἡγεῦμαι δὲ τοῖσι μὲν κακῶς θεραπευομένοισι νοσήμασι τὰ πολλὰ τὴν ἀτυχίην ἔπεσθαι, τοῖσι δὲ εὖ, τὴν εὐτυχίην.

O HOMEM   127

mento médico; "não quiseram contemplar a face nua do acaso – entregaram-se nas mãos da arte médica"[120].

Ao negar a previsão e exaltar o acaso, Jocasta rejeita a possibilidade daquela mesma previsão que, alegava, tinha sido bem-sucedida (*proulegon*, 973). E ela prossegue, apresentando as conseqüências decorrentes do reconhecimento do domínio do acaso em termos que, ironicamente, são os da ciência médica. Eles, por si só, constituem um diagnóstico e uma avaliação acerca do curso de ação que ela advoga. Se o acaso governa todas as coisas, então "é melhor viver com imprudência [*eikê*, 'ao léu, sem nenhum sistema', 979], da melhor maneira possível"[121]. A palavra *eikê* é usada pelo Prometeu de Ésquilo para descrever a natureza caótica da vida humana antes da civilização – "eles confundiam tudo, ao acaso" [*eikê*, *P. A.* 450] – e é utilizada pelos médicos para descrever um modo de vida irregular, indisciplinado, lasso, que não pensa nas conseqüências. "Daqueles que estavam doentes", diz o autor do primeiro livro de *Visitas*, ao descrever uma epidemia na ilha de Tasos, "a maior parte morreu: meninos, jovens, homens na plenitude de sua vida [...] aqueles que tinham vivido com imprudência [*eikê*] e à vontade [*epi to rathymon*]"[122]. A segunda destas duas frases aparece na próxima declaração de Jocasta: "Aquele que não dá atenção a tais coisas [como sonhos] suporta o ônus da vida mais facilmente" (*rasta ton bion pherei*, 983).

Édipo, porém, nunca viveu "imprudentemente" ou "à vontade", e quando o mensageiro abre um novo curso de investigação, ele continua a perseguir a verdade, chegando ao ponto em que Jocasta, com seus olhos finalmente abertos, sai precipitadamente do palácio para enforcar-se, depois de uma última tentativa vã de interromper a investigação pertinaz de Édipo. No silêncio prolongado que se sucede a esta reação inesperada[123], o coro expressa seu pressentimento. "Temo que

---

120. *Idem*, 4: τὸ μὲν γὰρ τῆς τύχης εἶδος ψιλὸν οὐκ ἐβουλήθησαν θεήσασθαι [...].
121. εἰκῇ somente aqui em Sófocles; em Ésquilo, apenas em *Prometeu Acorrentado* 450 (v. *infra*) e 885. Algumas de suas conotações são ilustradas pelos exemplos seguintes: Aristófanes, *As Nuvens* 43-44, a vida fácil e desorganizada (e suja) do homem do campo, ἄγροικος [...] βίος [...] ἀκόρητος. Aristóteles, *Metafísica* A3, 984b.17, Anaxágoras parecia um homem sóbrio entre tagarelas ébrios, εἰκῇ κείμενος. Heráclito (Diels-Kranz B. 124), o universo um amontoado de poeira empilhada ao acaso, νήφων ἐφάνη παρ' εἰκῇ λέγοντας. Platão, *Filebo* 28d um universo governado pelo acaso irracional, ὥσπερ σάρμα εἰκῇ κεχυμένων ὁ καλλιστος [...] κόσμος; Ésquines 3, 187 πότερον [...] τὰ σύμπαντα καὶ τόδε τὸ ὅλον καλούμενον ἐπιτροπεύειν φῶμεν τὴν τοῦ ἀλόγου καὶ εἰκῇ δύναμιν καὶ τὸ ὅπη ἔτυχεν ἢ τάναντία [...] νοῦν καὶ φρόνησίν τινα [...] em oposição a ἀκριβῶς. A respeito do verso como um todo, cf. Eurípides, *Electra* 379.
122. Hipócrates, *Epidemiorum Libri* i. 19: οἱ εἰκῇ καὶ ἐπὶ τὸ ῥάθυμον βεβωκότες. Em *Epidemiorum Libri* vii. 9 (citada por Liddell e Scott), εἰκῇ é uma emenda de ἐκεῖ (v. Littré *op. cit.*).
123. 1075: τῆς σιωπῆς τῆσδ'. Certamente um silêncio verdadeiro, não o "silêncio" do último discurso de Jocasta ("reticência", diz Jebb na nota *ad loc.*) e ver Carlo

128 ÉDIPO EM TEBAS

deste silêncio irrompa o mal" (*anarrêksei*, 1075). "Irrompa o que quer que seja" (*rêgnytô*, 1076), responde Édipo. Esta expressão é geralmente tomada como uma metáfora extraída da "explosão" de uma tempestade: "a imagem", diz Jebb, "é a de uma tempestade que explode de uma grande quietude".

Percebe-se, no entanto, que os dois paralelos citados por Jebb são dois exemplos de *ekrêgnysthai* e não de *anarrêgnysthai*, e o efeito de *ana* ("para cima") sugere mais uma imagem de erupção vulcânica, ou de águas "irrompendo" depois de um terremoto[124]. Sugere também uma imagem da terminologia médica, na qual esta palavra ocorre com freqüência. Os médicos a utilizam ao falar de infecções "crônicas, problemáticas e que, em geral, irrompem de novo" (*anarrêgnymena*), de ar "rompendo as bolhas nas quais estava encapsulado" (*anarrêksêi*) – uma descrição médica do arroto – de excreção "rompendo as veias" (*anarrêgnyei*), de um fluxo "que irrompe para cima" (*anarrêgnytai*), de sangue "rompendo as passagens" (*anarrêgnyei*)[125].

O mal "irrompe", como o coro receava que fizesse, e o mensageiro, depois de sua descrição clínica da horripilante operação feita por Édipo em seus próprios olhos[126], repete a frase: "Isto irrompeu de um duplo mal, não de um único, o mal unido do marido e da mulher"[127]. O mensageiro anuncia que Édipo está prestes a sair do palácio. "Mas ele

---

Diano, "Edipo figlio della Tyche", *Dioniso*, *15*, 1952, pp. 56-89. Earle compreende "o silêncio implícito em ἄλλο [...] ὕστερον". Com respeito ao uso que Sófocles faz dos silêncios dramáticos, comparar o primeiro discurso de Filoctetes. São seguramente pausas (e certamente um fracasso em responder por parte do coro e de Neoptólemo) após cada um de seus apelos a eles para que digam algo. Isto é mostrado pelo progresso culminante de seus pedidos de resposta: βούλομαι (225), φωνήσατ' (229), ἀλλ' ἀνταμείψασθ' (230).

124. Cf. Aristóteles, *De Mirabilibus Ascultationibus* 846ª: τῶν ἐν Αἴτνη κρατήρων ἀναρραγέντων; *Metereologica* 386ª: ὕδαρα ἀνερράγη γιγνομένων σεισμῶν.

125. Hipócrates, *De Fractis* 11: ὀχλώδεα καὶ πολλάκις ἀναρρηγνύμενα [...], *De Flatibus* 7: ἀηρ ὁκόταν ἀναρρήξη τὰς πομφόλυγας, idem 10: τὸ φλέγμα [...] ἀναρρηγνύει τὰς φλέβας, idem: διὰ τί δήποτε τὸ ρεῦμα ἀναρρήγνυται, idem: τό αἷμα [...]'αναρρηγνύει τοὺς πόρους. Cf. idem 11: τὰ [...] ῥήγματα, *De Morbis* i. 21: ἀναρρήγνυται. O verbo simples ῥηγνύειν e outros componentes são muito comuns nos textos hipocráticos, em geral aplicados à "explosão" de uma infecção: *e.g.*, *Epidemiorum Libri* ii. 2. 5, idem, 3.3, *Int.* 1: ῥαγῆ [...] συρραγέωσιν [...] καταρρήγνυνται [...] ἀνάρρηξις, idem 8: ἀναρράγη, ἀναρρήγνυται, 18: ὀδύνη [...] ῥαγεῖσα, *Prorrheticus* ii. 7 etc. ἐκρήγνυμι (que Jebb cita como um paralelo para sua interpretação da metáfora da tempestade) é também comum nos textos médicos: cf. *Epidemiorum Libri* i. 5: λημία [...] ἐκρηγνύμενα, Heródoto iii. 133: φῦμα [...] ἐκραγέν (cf. Hipócrates, *Aphorismi* iv. 82, *De Fistulae*. 1, Hipócrates, *De Morbis* ii. 31, 47, *De Internis Affectionibus* 32).

126. μυδώσας (1278) é um termo médico (ver o artigo de Miller e referências ali mencionadas, às quais acrescentar Hipócrates, *V. C.* 15: σάρκα [...] μυδῶσαν, idem 21, e idem, *De Ulceribus* 10). Sobre σταγών (somente aqui em Sófocles), cf. Hipócrates, *De Flatibus* 8 e acerca de χύλαξα (1279), cf. Hipócrates, *De Morbis* ii. 49.

127. O texto de Jebb.

O HOMEM 129

necessita de força, de alguém que o conduza. Pois o mal é maior do que ele pode suportar"[128].

Édipo é um homem doente, mas é também, num sentido terrível, o médico, o cirurgião que acabou de realizar uma operação em seus próprios olhos. Ele justifica esta ação, acrescentando que se soubesse como, teria destruído também seu sentido auditivo. Tal declaração é feita em palavras sugestivas do vocabulário médico. "Se houvesse alguma forma de obstruir [*phragmos*, 1387] o fluxo da audição nos ouvidos, eu não hesitaria em isolar [*apokleisai*, 1388] totalmente meu pobre corpo". Ambas as palavras são encontradas em Sófocles somente aqui, e são características dos médicos[129].

Édipo continua relembrando os estágios de sua vida, referindo-se a lugares e pessoas que o acolheram e protegeram, ao Citero, a Pólibo, a Corinto. "Vós me criastes, belo príncipe, mas que cancro maléfico por debaixo da superfície" (*kallos kakôn hypoulon*, 1396)[130]. A ferida purulenta de seu passado oculto finalmente se rompeu, e Édipo é revelado não só como o médico mas também como o doente – na realidade, como a doença, pois sua presença em Tebas é a causa do flagelo[131].

IV

O que, de certa maneira, é a imagem mais elaborada e sugestiva da peça é introduzida por uma frase ousada no primeiro discurso do sacerdote no prólogo: "Não te consideramos", diz ele a Édipo, "igual

---

128. 1293: τὸ γὰρ νόσημα μεῖξον ἢ φέρειν. Cf. Hipócrates, *Prognosticum* vi: φέροντα τὸ νόσημα, *idem* 9, 15, *De Internis Affectionibus* 12. νόσημα (que aparece também em 307) é, de acordo com Page (1), um termo mais específico entre os médicos do que νόσος: "[...] usado com mais freqüência quando uma enfermidade particular está sob consideração. É digno de nota que a palavra ocorra em Tucídides somente com respeito ao flagelo".

129. φραγμός, Hipócrates, *De Flatibus* 10 (cf. Aristóteles, *Das Partes dos Animais* 672[b]). Cf. também Hipócrates, *De Flatibus* 7: ἐμφραχθείσης [...] κοιλίης, *De Aera, Aquis, Locis* 9: ὁ στόμαχος [...] συμπέφρακται, *De Internis Affectionibus* 13: ἀποφραχθῇ. Sobre ἀποκλῆσαι, cf. Hipócrates, *De Articulis* 11: ἀποκλείουσι γὰρ τῆς ἄνω εὐρυχωρίης τὴν κεφαλὴν τοῦ βραχίονος – "eles fecham a cabeça do úmero a partir do espaço acima dele". Ele estava falando sobre cauterizações. Cf. também *idem*, 30: τῷ ὑπὸ τὸ οὖς ὀστέῳ [...] ὅπερ ἀποκλείει τὰς κεφαλὰς τῆς κάτω γνάθου. Acerca do uso metafórico desta palavra entre os médicos, cf. Hipócrates, *De Victus Ratione*. iii. 81, *De Internis Affectionibus* 1, *De Officina Medici* 24, Galeno, *Mixt.* iii. 687. A respeito de πηγῆς (1387), cf. Hipócrates, *De Flatibus* 7 πηγαὶ [...] τοῦ αἵματος, Galeno sobre Hipócrates, *Prognosticum* 164.

130. Sobre o uso metafórico de ὕπουλος no ático, ver Jebb *op. cit.*; acerca do uso médico, cf. Hipócrates, *De Medico* 11, Aristóteles, *Problemas* i. 863[a], Platão, *Timeu* 72d, Plutarco, *De san. tuend.* 137c, Galeno, *Vict. Attic.* 1. 2.

131. Exemplos adicionais de palavras com conotações médicas: φρίκη, 1306. (Não em Ésquilo, em Sófocles apenas aqui e em Fr. 875). A respeito de contextos médicos,

130 ÉDIPO EM TEBAS

aos deuses [*theoisi*... *isoumenon*, 31] mas ao melhor dos homens".
Isoumenon, "igualado", é um termo matemático, e apenas um, de todo
o complexo de tais termos, intrinsecamente entretecido na textura da
linguagem organizada e sugestiva da peça. A todas as outras realizações da humanidade, simbolizadas na figura do Édipo *tyrannos*, é
acrescentada àquela que os gregos consideravam a maior realização
humana, por ser a mais puramente intelectual, a matemática.

Na tradição antropológica grega, a descoberta do número ocupa
uma posição muito elevada entre os passos que conduzem à compreensão humana e à sua esperança de controlar, eventualmente, seu ambiente. Prometeu argumenta: "Também o número eu descobri, a mais destacada dentre as realizações intelectuais" (*arithmon*, *P. A.* 459)[132].
Palamedes também recebe crédito pela descoberta. "Ele descobriu", diz
uma das personagens na obra perdida *Náuplio*, de Sófocles, "as invenções dos pesos, dos números e das medidas [...] e primeiro criou dez de
um, e novamente de dez, unidades de cinqüenta, e depois milhares
[...]"[133]. Os investigadores filosóficos e científicos consideravam o número a base da cognição científica. "Tudo que pode ser conhecido tem
um número", disse Filolau, "pois é impossível apreender qualquer coisa com a mente ou reconhecê-la sem isso"[134]. E Aristóteles menciona
uma definição proposta do homem como "a criatura que sabe contar"[135].

A palavra que o sacerdote utiliza, *isoumenon*, "igualado", refere-
se ao que os gregos pareciam ter considerado o conceito matemático

ver Liddell e Scott e acrescentar Hipócrates, *De Flatibus* 7, 8, *De Internis Affectionibus*
38, 48 etc., *De Morbis* iii. 16. ὀχλεῖς, 446. (Somente aqui em Sófocles, em Ésquilo apenas em *Prometeu Acorrentado* 1001). Sua colocação com ἀλγύναις (446) sugere aqui
uma metáfora médica; ὀχλεῖν e ὀχλωδής ocorrem com freqüência em Hipócrates, *De
Fractis*, no sentido de "incomodar, irritar, preocupante" (*e.g.* 7, 11, 13, 18, 31; οὐδὲν
δεῖ μάτην ὀχλεῖν καὶ ὀχλεῖσθαι. Ver também referências médicas em Liddell e Scott
s. v.). ἐπίκουρος, 497. ἐπικουρίη é usado em Hipócrates, *De Arte* 8, com o significado
de "tratamento, ajuda"; cf. também Eurípides, *Orestes* 211: ἐπίκουρον νόσου, e
Xenofonte, *Memorabilia* i. 4. 13: νόσοις ἐπικουρῆσαι. A palavra é comum em autores médicos mais tardios. A frase dita por Jocasta, ἄρθρα [...] ποδοῖν (718, cf. 1032) é
exata, do ponto de vista médico; cf. Hipócrates, *De Articulis* 62, 63.

132. Ésquilo, *Prometeu Acorrentado* 59-60: καὶ μὴν ἀριθμόν, ἔξοχον
σοφισμάτων ἐξηῦρον αὐτοῖς.

133. Sófocles, Fr. 432: οὗτος ἐθηῦρε [...] σταθμῶν ἀριθμῶν καὶ μέτρων
εὑρήματα [...] ἔτευξε πρῶτος ἐξ ἑνὸς δέκα κἀκ τῶν δέκ' αὖθις ηὗρε
πεντηκοντάδας, ὃς χίλι' εὐθύς [...] Cf. Górgias, *Palamedes* 30: εὑρὼν [...] ἀριθμόν
τε χρημάτων φύλακα.

134. Diels-Kranz, *Filolau* B4: πάντα γα μὰν τὰ γιγωσκόμενα ἀριθμὸν ἔχοντι·
οὐ γὰρ οἷόν τε οὐδὲν οὔτε νοηθῆμεν οὔτε γνωσθῆμεν ἄνευ τούτου. A tradução é
de Kathleen Freeman (2), p. 74. Cf. o fragmento (forjado) de Epicarmo, Diels-Kranz,
B56: ὁ βίος ἀνθρώποις λογισμοῦ κἀριθμοῦ δεῖται πάνυ· ξῶμεν [δὲ] ἀριθμῷ καὶ
λογισμῷ ταῦτα γὰρ σῴξει βροτούς.

135. Aristóteles, *Tópicos* 6. 142b: εἴ τις τὸν ἄνθρωπον ὁρίσαιτο τὸ
ἐπιστάμενον ἀριθμεῖν.

O HOMEM 131

central, do qual todos os outros dependiam, a idéia de igualdade. "A igualdade geométrica", diz Platão, "tem grande poder entre os deuses e os homens"[136]. E Jocasta, em *As Fenícias*, de Eurípides, encorajando seu filho Etéocles a compartilhar igualmente o poder com seu irmão, descreve a igualdade como a força criativa diretriz por detrás de todas as relações matemáticas. "Foi a igualdade que ordenou as medidas para o homem, e as divisões de pesos, e definiu o número" (*isotês* [...] *kárithmon diôrisen, As Fenícias*, 542)[137]. Ao sistematizar o trabalho de séculos de atividade matemática, Euclides prefaciou seu livro com as definições, postulados e axiomas essenciais, e os quatro primeiros dizem respeito à igualdade. E quando Diofanto, muitos séculos depois, escreveu seu livro sobre o que hoje conhecemos como álgebra, usou a palavra que aparece no discurso do sacerdote para descrever sua operação fundamental, "igualar"[138].

Édipo não é julgado – de todo modo, não pelo sacerdote – "igual aos deuses", mas esta expressão serve de prelúdio à sua exigência para que Édipo encontre algum modo de igualar-se ao que fora no passado, quando solucionou o enigma da Esfinge – o salvador e o libertador de Tebas. "Com bons augúrios nos trouxeste outrora a boa sorte, e agora mostra-te igual ao homem que foste" (*tanyn isos genou*, 53). Em contraposição à equação de Édipo aos deuses, o sacerdote sugere outra mais apropriada: pede-se que ele seja igual a si mesmo, à sua própria grande reputação como salvador de Tebas.

Estas duas equações, porém, são apenas o início de uma série. A peça está repleta de equações, algumas incompletas, outras falsas; o final mostra o homem igualado não aos deuses mas a si próprio, do mesmo modo que Édipo é finalmente igualado a si mesmo. Pois nessa peça existem dois Édipos. Um deles é a figura magnífica das cenas de abertura, o *tyrannos*, o homem de riqueza, poder e conhecimento, "o melhor dos homens", o intelecto e a energia que conduzem a busca

---

136. Platão, *Górgias* 508a: ἡ ἰσότης ἡ γεωμετρικὴ καὶ ἐν θεοῖς καὶ ἐν ἀνθρώποις μέγα δύναται.

137. Eurípides, *As Fenícias* 541-542: καὶ γὰρ μέτρ' ἀνθρώποισι καὶ μέρη σταθμῶν ἰσότης ἔταξε κἀριθμὸν διώρσε. Jocasta, neste grande discurso, está naturalmente deveras preocupada com a igualdade política, mas a referência nestes versos é claramente ao conceito matemático. A respeito de uma definição matemática de igualdade, ver Nicômaco, *Introdução à Aritmética*, pp. 13, 44 e ss.

138. Um exemplo típico é Diofanto vi. α. ἐάν οὖν ᔓ ᾱ↑ Μ β̄ ἰσώσωμεν κύβῳ, λύσομεν τὸ ξητούμενον. As palavras ἰσοῦν e ἐξισοῦν não são utilizadas por Ésquilo, e em Sófocles são encontradas, além do *Oedipus Tyrannus*, apenas em *Electra* (ἰσοῦν: 686; ἐξισοῦν: 738, 1072, 1194). Acerca de exemplos destas palavras empregadas num sentido matemático por autores não-matemáticos, cf. Heródoto ii. 34, Platão, *Fedro* 239a: οὔτε δὴ κρείττω οὔτε ἰσούμενον, *Parmênides* 156b: αὐξάνεσθαι τε καὶ φθίνειν καὶ ἰσοῦσθαι (cf. 157b), *idem*, 144e. ἐξσούσθον δύο ὄντε. As palavras ἴσος, ἰσοῦν etc. ocorrem com freqüência extraordinária no *Oedipus Tyrannus* (cf., além das muitas passagens citadas *infra*), 611, 627, 677, 810, 1347, 1498.

132 ÉDIPO EM TEBAS

pelo assassino de Laio. O outro é o objeto da busca (*to zêtoumenon*), uma figura obscura (*ton adêlon andra*) que violou o mais poderoso dos tabus humanos, um parricida incestuoso, "o mais maldito dos homens" (1345). No fim, um Édipo encontra o outro mas, mesmo antes de isto acontecer, ambos já estão simbolicamente igualados no nome do herói, Édipo, que conecta o conhecimento (*oida*) do tirano confiante, com os pés inchados (*pous*) do filho pária de Laio. No nome que ambos levam oculta-se o segredo de sua identidade, sua equação, mas Édipo ainda não conhece o significado de seu nome; é isto que ele deverá descobrir. "Mostra-te igual ao homem que foste". O sacerdote está certo. No passado, Édipo solucionou um enigma e agora deve resolver outro; mas a resposta ao enigma, uma vez encontrada, o igualará não ao estrangeiro que salvou Tebas da Esfinge mas ao rei nativo, filho de Laio e Jocasta.

Édipo, em sua resposta ao sacerdote, repete a palavra significativa: "Seja qual for vosso sofrimento, ele não se iguala ao meu" (*eks isou nosei*, 61). E acrescenta uma palavra própria, uma metáfora característica – ele está impaciente com a ausência contínua de Creonte: "Medir o dia com a ajuda do tempo [*ksymmetroumenon chronôi*, 73], me inquieta". Então, quando Creonte se aproxima, "Ele agora é mensurável pelo alcance de nossas vozes" (*ksymmetros gar hôs klyein*, 84)[139].

A medida, assim como o número, é um dos grandes instrumentos do progresso humano; os pesos e as medidas encontram-se entre as descobertas de Palamedes e figuram na relação das idéias tornadas possíveis pela concepção da igualdade no discurso da Jocasta de Eurípides. Nos vales fluviais do Oriente, séculos de mensuração e cálculo levaram o homem a entender os movimentos das estrelas e do tempo; nas *Histórias* de seu amigo Heródoto, Sófocles leu sobre o cálculo e a mensuração utilizados na construção das pirâmides egípcias. "Medida" – é a palavra de Protágoras: "O homem é a medida de todas as coisas".

Com estas frases de Édipo a metáfora é colocada em movimento. Édipo é o equacionador e o mensurador, e por intermédio destes métodos ele chegará à verdade; o cálculo do tempo, a mensuração da idade e do número, a comparação do lugar e a descrição – são estas as técnicas que solucionarão a equação, estabelecendo a identidade do assassino de Laio. O processo organizado e implacável por meio do qual Édipo encontra seu caminho para a verdade é apresentado, pela linguagem da peça, como equivalente à atividade da mente humana em quase todos os seus aspectos; é a investigação feita pelo oficial de

---

139. Esta é a tradução literal de Jebb na nota sobre 84. Sobre συμμετρέω, cf. também 963.

O HOMEM 133

justiça que identifica um criminoso, os diagnósticos do médico que identificam a doença[140], e também o desenvolvimento de um problema matemático, e termina com o estabelecimento de uma equação verdadeira. Com a chegada de Creonte, o aspecto numérico do problema é enfatizado de imediato. "Um dos homens do grupo de Laio fugiu", ele diz, "nada tinha a dizer, exceto uma coisa" (118-119). "O quê?", pergunta Édipo. "Um único detalhe talvez nos leve a descobrir muitos outros" (120). A única coisa que o único homem dissera era que Laio não tinha sido morto por um só homem, mas por muitos. Isto começa a soar como um problema em aritmética[141], e Édipo resolve solucioná-lo. Mas o coro, que entra neste ponto, não está tão confiante; seu tom é de desespero. Ele faz uma declaração desalentada sobre o flagelo nestes mesmos termos; utiliza uma palavra característica e, como o sacerdote e Édipo, a pronuncia por duas vezes. A palavra é *anarithmos*, "inúmeros, incontáveis": "meus males são inúmeros" (*anarithma* [...] *pêmata*, 168) e, mais tarde, "incontáveis as mortes da cidade" (*anarithmos ollutai*, 179). Para o coro, o flagelo é algo que está além do poder do "número, a mais destacada dentre as realizações intelectuais"[142].

O prólogo e o primeiro estásimo, além de expor a situação, apresentam também a metáfora. E com a entrada de Tirésias, tem início o seu desenvolvimento; suas terríveis potencialidades são reveladas. "És *tyrannos*", diz o profeta no auge de sua ira, "mas devemos ser iguais no direito de responder. Nossas palavras pesam igualmente" (*eksisôsteon to goun is' antileksai*, 408-409). Ele pressiona a palavra mais

140. Foi até mesmo comparado, por Sigmund Freud, ao processo da psicanálise (*Interpretation of Dreams* [*A Interpretação dos Sonhos*], cap. 5, p. 307): "[...] a descoberta da qual nos aproximamos passo a passo, e que é artisticamente protelada (e comparável ao trabalho de uma psicanálise) [...]".

141. Esta atmosfera é enfatizada pela profusão de expressões numéricas na peça; cada personagem se dá ao trabalho de ser aritmeticamente exata. Cf. (além das passagens analisadas infra), εἷς: 62, 122, 247, 281, 374, 615, 748, 753, 846, 1335, 1380; δύο etc.: 581, 640, 1280, 1373, 1505; τρεῖς: 718, 1136, 1398; πέντε: 752; ἐκμήνους: 1137; ἁπλοῦς: 519, 606; διπλοῦς: 20, 809, 938, 1135, 1249, 1257, 1261, 1320 (duas vezes); δεύτερος: 282; τριπλοῦς: 716, 730, 800, 1399; τρίτος: 283, 581, 1062; τρισσοί: 163; τρίδουλος: 1063; πολλάκις τε κοὐχ ἅπαξ: 1275; τὸν αὐτὸν ἀριθμόν: 844. προσθήκη θεοῦ (38) parece ser colorida pelo mesmo contexto metafórico; προστιθέναι é o termo normal para a operação da adição; cf. Teógnis 809, Zenão, (Diels-Kranz A21), Heródoto vii 184, Platão, *A República* vii 527a e ss., *Fedro* 96e etc. Sobre προσθήκη em si, cf. Jâmblico, *Communi Mathematica Scientia* xxx. p. 92. 9. προσθήκη somente aqui em Sófocles. Em Ésquilo, *Agamêmnon* 500 parece significar "adição" (dessa forma traduzido por Paley e aceito por Fraenkel). Cf. Platão, *A República* i. 339b, *As Leis* iii. 696e. *Oedipus Tyrannus* 232: χἠ χάρις προσκείσεται – "será adicionado" – nos dá uma forma passiva de προστιθέναι.

142. Sobre ἀνάριθμος num contexto "científico", cf. Melissos (Diels-Kranz, A. 5, 976a 30): τί κωλύει πολλὰ καὶ ἀνάριθμα τοιαῦτα εἶναι.

134 ÉDIPO EM TEBAS

ainda: "Há muitas desventuras que ainda ignoras e que te igualarão a ti mesmo e a teus filhos" (*ha s' eksisôsei soi te kai tois sois teknois*, 425)[143]. Esta não é a equação que o sacerdote queria ver, o Édipo atual equacionado ao Édipo do passado, o salvador da Esfinge, mas antes uma equação terrivelmente atemorizante, que retrocede mais ainda no passado. Édipo, filho de Pólibo e de Mérope, igualado a Édipo, filho de Laio e Jocasta e a seus próprios filhos, pois é irmão de seus filhos e filhas. Em seus versos de encerramento, Tirésias explica esta afirmação misteriosa, relacionando-a com o ainda não revelado assassino de Laio.

Ele será revelado um tebano nativo, ao mesmo tempo irmão e pai dos próprios filhos, filho e marido de sua mãe, sócio nas núpcias e assassino do seu pai. Entra no palácio e reflete sobre isso [*logizou*, 461] e se concluíres que estou errado [*epseusmenon*, 461], diga que sou um falso profeta[144].

Tirésias adota os termos da própria ciência de Édipo, lançando-os em sua face. Estas novas equações, no entanto, estão além da compreensão de Édipo; ele as descarta como os delírios de um conspirador malogrado, pressionado contra a parede. Mesmo o coro, ainda que claramente perturbado, rejeita as palavras do profeta e permanece ao lado de Édipo.

Depois de Tirésias, Creonte; depois do profeta, o político. Em Tirésias, Édipo teve de encarar um homem cego, de visão sobrenatural, mas a visão de Creonte, assim como a sua, é a deste mundo. Eles são da mesma espécie e Creonte fala a linguagem de Édipo; é uma disputa entre dois calculadores. "Ouve uma réplica igual" (*is' antakouson*, 544), diz Creonte, e "um longo tempo pode ser medido desde o assassinato de Laio" (*metrêtheien chronoi*, 561). Tirésias "já era igualmente reputado, como agora" (*eks isou*, 563). "Tu e Jocasta governam esta terra com igualdade de poder" (*gês ison nemôn*, 579). E, finalmente, "Como terceiro, eu não me igualo aos dois?" (*isoumai*, 581). Creonte e Édipo não estão agora igualados, pois Creonte está à mercê do *tyrannos*, implorando por uma audiência; todavia, antes que a peça termine, Édipo estará à mercê de Creonte, suplicando piedade para suas filhas, e então utiliza a mesma palavra: "Não lhes cause infortúnios iguais aos meus" (*mêd' eksisôsêis*, 1507).

143. Creio (da mesma maneira que Jebb) que "a vulgata é lógica"; não só lógica mas magnífica. Ver Pearson (3), a respeito da defesa que faz de sua adoção do δσ' ἐξισώσεις de Wilamowitz.

144. A respeito de λογίξομαι como termo matemático, cf. Platão, *Mênon* 82d: Πόσοι οὖν εἰσιν οἱ δύο δίς πόδες; λογισάμενος εἰπέ. Heródoto ii. 36: λογίζονται ψήφοισι" Ἕλληνες μὲν ἀπὸ τῶν ἀριστερῶν ἐπὶ τὰ δεξιὰ, *idem*, 16, i. 137, Platão, *As Leis* 817e: λογισμοὶ μὲν καὶ τὰ περὶ ἀριθμούς, *Eutífron* 7b, Aristófanes, *Os Acarnianos* 31, *As Nuvens* 20. Sobre ψεύδεσθαι num sentido matemático, cf. Aristóteles, *Física* A. 185ª: ὅσα ἐκ τῶν ἀρχῶν τις ἐπιδεικνὺς ψεύδεται.

O HOMEM 135

Com a intervenção de Jocasta, o inquérito muda de direção. Em sua tentativa de confortar Édipo, cujo único acusador é um profeta, ela culpa a profecia em geral, usando como exemplo a profecia não concretizada sobre seu próprio filho, que supostamente deveria matar seu pai Laio. A criança foi abandonada nas montanhas e Laio morto por malfeitores na confluência dos três caminhos. "Estas foram as definições [*diôrisan*, 723] feitas pelas vozes proféticas"[145], e estavam incorretas. Mas Édipo não está, neste momento, interessado em vozes proféticas. "Na confluência dos três caminhos". No passado, ele matara um homem neste mesmo lugar e agora, numa série de perguntas rápidas, determina a relação entre os dois acontecimentos. O local, a hora, a descrição da vítima, o número de pessoas em seu grupo (cinco), tudo corresponde exatamente. Seu relato das circunstâncias de seu próprio encontro na confluência inclui a menção a uma profecia de Apolo, de que ele mataria seu pai e se casaria com sua mãe. Mas isso agora não o inquieta. Aquela profecia não se concretizou, pois seu pai e sua mãe estão vivos em Corinto, para onde ele não nunca irá. "Meço a distância de Corinto pelas estrelas" (*astrois* [...] *ekmetroumenos*, 795)[146]. O que o perturba é a possibilidade de ele ter sido o assassino de Laio, a causa do flagelo, o objeto de sua própria excomunhão solene. Entretanto, ele ainda tem um fio de esperança. Existe uma discrepância entre as duas séries correspondentes de circunstâncias. Trata-se da mesma distinção numérica já discutida, se Laio foi assassinado por um único homem ou por muitos[147]. Jocasta disse "malfeitores" e Édipo estava sozinho. Esta distinção é agora de suma importância, a chave para a solução da equação. Édipo ordena que o sobrevivente seja chamado, para que possa confirmar ou negar este detalhe salvador. "Se ele disser o mesmo número que dizes, então não sou um assassino. Porque um não pode ser igual a muitos" (*tois pollois isos*, 845). As palavras em grego que expressam este pensamento conclusivo sugerem uma declaração geral e podem ser claramente interpretadas: "Em nenhuma

---

145. Acerca de διώρισαν, cf. a passagem de Eurípides citada *supra* (nota 137). Sófocles emprega a palavra somente aqui e em 1083 desta peça. Ésquilo a utiliza apenas em *Prometeu Acorrentado* (440, 489) e no perdido *Palamedes* (Nauck 182). É uma palavra fundamental do novo vocabulário científico. διορισμός surge mais tarde como termo técnico na geometria euclidiana (ver Liddell e Scott). A respeito de διορίζω nos escritos matemáticos, cf. Jâmblico, *De Communi Mathematica Scientia*, pp. 12.3, 19.7, 36.14 etc. A palavra ξύπαντες (752 e 813) é uma forma de πᾶς que, nos autores matemáticos posteriores, é utilizada para denotar um total.

146. Acerca de ἐκμετρεῖν, cf. Hero, *Métrica* ii. 20. *Idem, Dioptra* 34-35 está preocupado com a mensuração de grandes distâncias sobre a terra (34) e sobre a terra e o mar (35). Uma fórmula típica é a seguinte (35): δέον δὲ ἔστω [...] τὴν μεταξὺ Ἀλεξανδρείας καὶ Ῥώμης ὁδὸν ἐκμετρῆσαι. O método empregado neste caso baseia-se na observação de um eclipse lunar.

147. Creonte (122) disse ληστὰς e Édipo (124) o corrigiu: πῶς οὖν ὁ ληστής [...].

136 ÉDIPO EM TEBAS

circunstância um pode ser igual a mais que um". A culpa ou a inocência de Édipo reside agora num axioma matemático[148].

Uma equação mais fundamental, entretanto, foi questionada, a relação entre os oráculos e a realidade. Temos aqui duas "definições" oraculares iguais, ambas aparentemente incorretas: o mesmo destino terrível foi vaticinado para o filho de Jocasta, que morreu nas montanhas antes que pudesse concretizá-la, e para Édipo, que até agora conseguiu, com sucesso, evitá-la. Uma coisa está clara para Jocasta. Não importa quem possa ser o assassino de Laio, os oráculos estavam duplamente equivocados. "Deste dia em diante", diz ela, "oráculo nenhum me fará voltar a cabeça para aqui ou acolá" (857-858). Mas esta é uma declaração por demais ampla. Se a equação entre a profecia oracular e a realidade é falsa, a religião, como um todo, não tem sentido algum. Nem Jocasta, nem tampouco Édipo podem permitir a possibilidade de que os oráculos estejam corretos, e aceitam as conseqüências desta postura, conforme suas declarações subseqüentes deixam explícito. O coro, todavia, acha que eles foram longe demais, e agora abandona Édipo voltando-se para aquelas "leis de altos pés [hypsipodes, 866], que são os filhos do Olimpo e não uma criação dos seres mortais". O coro apela a Zeus para que concretize os oráculos: "Se essas coisas não se harmonizam [harmosei, 902]" – se os oráculos não são igualados à realidade – então "a ordem divina é destruída" (errei ta theia, 910)[149].

Os oráculos são agora a questão central; o assassinato de Laio é momentaneamente esquecido. O mensageiro de Corinto traz notícias, notícias que serão recebidas, ele anuncia, "com dor e alegria igualmente" (isôs, 937)[150]. "O que é", pergunta Jocasta, "que tem esse duplo poder?" Pólibo está morto[151]. O pesar que se iguala à alegria virá

148. 845: οὐ γὰρ γένοιτ' ἂν εἷς γε τοῖς πολλοῖς ἴσος. Cf. Diels-Kranz, Demócrito A37, 20 (Simplício citando Aristóteles sobre Demócrito): κομιδῇ γὰρ εὐηθες εἶναι τὸ δύο ἢ τὰ πλείονα γένεσθαι ἄν ποτε ἕν. Idem, Xenófanes (A28. 977ᵇ.7): τὸ δὲ ἕν οὔτε τῷ οὐκ ὄντι οὔτε τοῖς πολλοῖς ὡμοιῶσθαι , 977ᵇ.17, οὔτε γὰρ τῷ υὴ ὄντι οὔτε τοῖς πολλοῖς ὁμοῖον εἶναι. Melissos A5.974ᵃ.21: κατὰ πύντα γὰρ ταῦτα πολλά τε τὸ ἓν γίγνεσθαι καὶ τὸ υὴ ὄν τεκνοῦσθαι [...] ταῦτα δὲ ἀδύνατα εἶναι. O verso de Sófocles é talvez parodiado em Aristófanes, As Nuvens 1181-1182: οὐ γὰρ ἔσθ' ὅπως / μί' ἡμέρα γένοιτ' ἂν ἡμέρα δύο.

149. Sobre o significado destas palavras, ver cap. 1, nota 96, supra.

150. Jebb toma ἴσως em seu sentido usual de "talvez", mas a repetição obsessiva de ἴσως e palavras similares ao longo de toda a peça sugere aqui o sentido literal. E em todo caso, faz melhor sentido dramático. Por que deveria o mensageiro anunciar para Jocasta a morte do pai de Édipo com um prefácio como "Certamente te alegrarás – e talvez te afligirás?" Pode até ser uma avaliação correta, porém dificilmente uma expressão delicada, e o mensageiro é uma pessoa que está procurando uma recompensa (cf. 1005-1006).

151. A pergunta de Jocasta e a resposta do mensageiro (943-944) têm sido o tema de muitas tentativas de suprimir o ἀντιλαβή em 943. Os registros LA lêem: 943: Io. τὼς εἶπας; ἡ τέθνηκε Πόλυβος; Αγγ. εἰ δὲ μὴ. 944. λέγω γ' ἐγὼ τἀληθές, ἀξῶ θανεῖν. Sobre 944, alguns dos registros apresentam as seguintes variações: εἰ μὴ λέγω τἀληθὲς,

O HOMEM 137

mais tarde; no momento, existe só alegria. Os oráculos provaram-se equivocados novamente; o pai de Édipo está morto, e não por suas mãos. Édipo não pode mais matar seu pai, do mesmo modo que o filho de Laio não podia ter assassinado o seu. "Oráculos dos deuses, onde estais agora?" Édipo se vê preso na exaltação de Jocasta que, contudo, para ele não dura muito tempo, já que se vê aliviado apenas da metade de seu ônus. Sua mãe ainda está viva. Ele ainda deve medir a distância de Corinto pelas estrelas.

Jocasta e o mensageiro coríntio agora tentam, por sua vez, aliviá-lo deste último temor remanescente. Jocasta faz sua famosa declaração que rejeita o medo, a providência – tanto a divina quanto a humana – e qualquer idéia de ordem universal. É quase uma rejeição da lei de causa e efeito, que certamente solapa a base do cálculo humano. "Por que deveria o ser humano temer? Sua vida é governada pelo acaso. Nada pode ser previsto com acurácia. A melhor regra é viver ao léu, da melhor forma possível"[152]. É uma declaração que reconhece e aceita um universo imprevisível e sem significado. Édipo também a teria aceito, exceto por um fato. Sua mãe ainda vive. Por mais que tente ignorar o futuro, ele ainda sente medo.

O mensageiro coríntio é bem-sucedido onde Jocasta falhou. Ele o faz provando ser falsa a equação na qual a vida de Édipo se baseia. E utiliza termos familiares: "Pólibo é tanto teu pai quanto eu" (*ison*, 1018). Édipo replica com indignação: "Como pode meu pai ser igual a

---

εἰ δὲ μὴ λέγω, εἰ μὴ λέγω γ᾽ ἐγώ. A maioria dos editores tem suprimido a εἰ δὲ μὴ do mensageiro em 943 e substituído uma frase que atribuem a Jocasta: ὦ γέρον (Bothe, aceito por Jebb), ou (com a supressão de Πόλυβος), Οἰδίπον πατήρ (Nauck). Todavia, esta violenta e repentina ἀντιλαβή é precisamente o que deveríamos esperar de Sófocles neste momento de alta excitação. "Par cette coupe extraordinaire", diz Masqueray (p. xxviii), "Sophocle [...] marque le vilent émoi de Jocaste". Masqueray publica a leitura dos registros de LA. Uma solução melhor seria talvez combinar a leitura dos registros de LA acerca de 943 com uma das leituras variantes sobre 944: Ιο. τῶς εἶπας; ἠτέθνηκε Πόλυβος; Αγγ. εἰ δὲ μὴ εἰ μὴ λέγω τἀληθές, ἀξιῶ θανεῖν. Tal repetição (εἰ δὲ μὴ, εἰ μὴ) é característica de um protesto enfático excitado. Comparar a denúncia feita por Pythonicus da paródia de Alcibíades acerca dos mistérios citados por Andócides (i. II): Θεράπων ὑμῖν ἑνὸς ἐνθάδε ἀνδρῶν ἀμύητος ὢν ἐρεῖ τὰ μυστήρια. (uma declaração que deve ter sido recebida com expressões de surpresa incrédula, assim como o πῶς εἶπας; de Jocasta) – εἰ δὲ μὴ, χρῆσθέ μοι ὅ τι ἂν ὑμῖν δοκῇ, ἐὰν μὴ τἀληθῆ λέγω. O final εἰ δὲ μὴ e o início do próximo verso εἰ μὴ podem facilmente ter dado origem ao εἰ δὲ μὴ λέγω sem métrica encontrado em alguns dos registros; a versão dos registros de LA (λέγω γ᾽ ἐγως etc.) pode ser uma tentativa posterior de restaurar a métrica.

152. εἰκῇ, "ao acaso", descreve um estado de coisas inaceitáveis ao matemático, mais que a outros. Cf. Cebes, *Tabula* (7): [τύχη] [...] εἰκῇ δίδωσιν (31) οὐδὲν γὰρ ποιεῖ μετὰ λογισμοῦ ἀλλ᾽ εἰκῇ καὶ ὡς ἔτυχε πάντα . Jâmblico, *In Nicomachi arithmeticam introductionem* 23: οὐκ εἰκῇ παρὰ τοῦ τυχόντος λαβόντες τῷ τυχόντι ἀποδώσομεν, ἀλλὰ κατὰ τὴν αὐτὴν ἀναλαγίαν, γνώμονι χρώμενοι καὶ οἷν κανόνι [...].

138 ÉDIPO EM TEBAS

ninguém, a zero?" (eks isou tôi mêdeni, 1019)[153]. A resposta à sua pergunta é: "Pólibo não é teu pai, nem eu tampouco".

O conhecimento do coríntio vai só até aí; ele recebeu a criança das mãos de outro, de um pastor, um dos homens de Laio. Agora, as duas equações separadas começam a fundir-se. "Creio", diz o coro, "que este pastor é o mesmo homem que já mandaste buscar". A testemunha ocular da morte de Laio. Mandaram-no chamar para dizer se Laio fora assassinado por um ou por muitos, mas agora ele trará notícias mais importantes. Ele finalmente tirará dos ombros de Édipo o ônus do medo, carregado desde que deixara Delfos. Édipo repele a tentativa de Jocasta de interrompê-lo e ordena que o pastor seja trazido. Ela antes esteve certa. Por que deveria ele temer?

Jocasta, todavia, já percebeu a verdade. Não o acaso, mas a concretização do oráculo; a profecia e os fatos coincidem, como o coro rezou para que acontecesse. Seu adeus a Édipo expressa seu conhecimento e a agonia por suas omissões; ela reconhece mas não pode pronunciar as terríveis equações formuladas por Tirésias. "Infeliz" (dustêne). "Este é o único nome com que posso te chamar" (1071-1072). Ela não pode chamá-lo de marido. A criança com três dias de idade que ela enviou ao Citero para morrer, lhe foi devolvida e Jocasta não pode chamá-la de filho[154].

Édipo quase não a ouve. Ele, por sua vez, escalou as mesmas alturas da confiança desesperada da qual ela recém tombara, e segue adiante. O acaso governa o universo, e Édipo é seu filho. Não filho de Pólibo, de nenhum ser humano mortal, mas filho do acaso afortunado. Em sua exaltação, ele se ergue, na sua imaginação, acima da estatura humana: "Os meses, meus irmãos, me definiram [diôrisan, 1083] como grande e mínimo"[155]. Ele cresceu e minguou como a lua, ele é uma das forças do universo, sua família é o tempo e o espaço. É uma concepção religiosa, mística; esta é a verdadeira religião de Édipo: ele é igual ao deuses, filho da Sorte, a única deusa verdadeira. Por que não deveria ele estabelecer a sua identidade?

A solução está apenas a alguns passos adiante. O pastor de Laio é trazido. "Se eu, que nunca encontrei o homem, posso fazer uma avalia-

153. Sobre οὐδὲν como "zero", cf. Nicômaco, Introdução à Aritmética ii. 6. 3: ὥσπερ εἴ τις τὸ οὐδὲν οὐδενὶ συντεθὲν σκέπτοιτο, οὐδὲν γὰρ ποιεῖ [...]. Jâmblico, In Nicomachi arithmeticam introductionem 24: ἀπὸ δὲ τοῦ πέντε ἀθελόντες οὐδὲν [...] τοῦ γὰρ δύο καὶ τοῦ οὐδὲν ἥμισυ τὸ ἓν (25) οὐδενάκι θ᾽ οὐδὲν. E ver Oedipus Tyrannus 1187: ἴσα καὶ τὸ ημδὲν [...].

154. E, como Earle (acerca de 1447, τῆς μὲν κατ᾽ οἴκους) aponta, "Jocasta não tem nenhum nome para Édipo".

155. μῆνες com respeito a μικρὸν καὶ μέγαν sugere uma comparação implícita entre a venturas de Édipo e as fases da lua. Sobre uma comparação similar tornada explícita, cf. Sófocles, Fr. 871. Acerca da expressão μικρὸν καὶ μέγαν, cf. Platão, Epinomes 978d: τὴν σελήνην [...] ἢ τοτὲ μὲν μείζων φαινομένη, τοτὲ δὲ ἐλάττων [...].

O HOMEM 139

ção [*stathmasthai*, 1111][156], creio ser este o pastor que, por algum tempo, tem sido objeto de nossa busca [*zêtoumen*, 1112]. Em idade, ele é comensurável [*symmetros*, 1113] a este coríntio". Com este prólogo significativo, Édipo mergulha no cálculo final.

O movimento dos próximos sessenta versos é análogo à facilidade rápida dos últimos estágios da prova matemática; o fim é meio que previsto, o processo quase um movimento automático de um passo a outro, até que o Édipo *tyrannos* e o Édipo maldito, o conhecimento e o pé inchado, são igualados. "Agora tudo é claro", grita ao final. A profecia concretizou-se. Édipo se conhece pelo que é. Ele não é o mensurador, mas a coisa mensurada, não aquele que equaciona, mas o equacionado. Ele é a resposta ao problema que tentou resolver. O coro vê em Édipo um *paradeigma*, um exemplo para a humanidade. No auto-reconhecimento de Édipo, o ser humano reconhece a si próprio. O homem mede a si mesmo e o resultado não é que o homem é a medida de todas as coisas. O coro, que no início da peça, não tinha fé no número, aprendeu agora a contar, e declara o que compreende ser o resultado do grande cálculo: "Frágeis gerações humanas que devem morrer, computo o total de vossas vidas e o igualo a nada" (*isa kai to mêden* [...] *enarithmô*, 1187).

Esta equação desesperadora, ainda que seja uma reação natural ao choque da descoberta, não é a última palavra. O ser humano não é igualado a zero, como a última parte da peça deixa claro, pois Édipo se ergue novamente da ruína que inspirou esta soma tão negativa. Entretanto, a combinação das imagens matemáticas nesta frase sugere algo mais. Propõe uma fórmula para a solução do problema discutido no capítulo de abertura, a relação entre as ações de Édipo e a profecia de Apolo. A vontade Édipo era livre, suas ações, próprias, mas o padrão de sua ação e de seu sofrimento é o mesmo da profecia délfica. A relação entre a profecia e o modo de agir do herói não é de causa e efeito. É a relação entre duas entidades independentes que são igualadas.

---

156. Literalmente, "ponderar, pesar". Este é o terceiro elemento da tríade ἀριθμός, μέτρα, σταθμά, acerca da qual ver Xenofonte, *Simpósio* iv 43, 45, Hipócrates, *De Vetere Medicina* 9, Platão, *As Leis* vi. 757b e as referências a Palamedes na nota 133 *supra*.

4. Deus

Quando o sacerdote, na cena de abertura, diz a Édipo que ele não o considera "igual aos deuses" mas "o melhor dos homens", está tentando, por meio desta distinção cuidadosa, esclarecer e corrigir uma ambigüidade inerente a seu próprio discurso e ação. O início da peça sugere, em termos verbais e visuais, que Édipo é de fato considerado "igual aos deuses". O sacerdote de Zeus e um grupo seleto de jovens sacerdotes vieram como suplicantes ao palácio de Édipo; sua ação é paralela à de outros grupos que, nos diz o sacerdote (19), foram suplicar nos templos gêmeos de Atena e no oráculo de fogo do herói tebano Ismênio. "Nos vês aqui", diz o sacerdote a Édipo, "prostrados em súplica diante de teus altares" (*bômoisi tois sois*, 16). Esta é uma frase extraordinária para que seja dita por um sacerdote a um *tyrannos*, fato que não passou despercebido por comentaristas antigos; "Eles vêm aos altares construídos defronte ao palácio como se aos altares de um deus", diz o escoliasta[1]. Somente centenas de versos mais tarde (e depois de muitos acontecimentos e revelações) é que descobrimos, por Jocasta, que "teus altares" são os altares dedicados ao Apolo Lício (919).

Édipo não rejeita esta equação. Sua primeira pergunta aos suplicantes contém um pronome ambíguo (*moi*, 2), que sugere dois significados diferentes para a sentença como um todo: "Dizei-me, qual o significado desta atitude suplicatória?", ou "Qual o significado dessa

---

1. ὡς γὰρ ἐπὶ θεοῦ βωμοὺς πάρεισν ἐπὶ τοὺς πρὸ τῶν βασιλείων ἱδρυμένους.

142 ÉDIPO EM TEBAS

atitude, pela qual suplicais a mim?"[2]. E no final do apelo do coro aos deuses, uma ode litúrgica[3] em sua forma, Édipo se dirige ao coro em palavras que, como sua sentença de abertura, revelam a aceitação da atitude com relação a ele implícita no quadro e nos discursos da cena de abertura. "Rogas. E aquilo pelo qual rogas, se souberes escutar e acolher o que estou prestes a dizer [...] receberás [...]"[4]. As palavras escolhidas por Édipo são sintomáticas de uma atitude própria de um deus. Elas aceitam e prometem a concretização da oração feita pelo coro (que foi dirigida a Atena, Ártemis, Apolo, Zeus e Dionísio) e são expressas numa fórmula característica do oráculo délfico. "Orais a mim por Arcádia", disse a sacerdotisa pítia aos espartanos, de acordo com Heródoto; "Orais por algo grandioso demais. Não o darei a vós". "Rogas por um bom governo", disse ela a Licurgo; "Eu o darei a ti"[5].

Estes indicadores não teriam passado despercebidos na Atenas do século V, pois Édipo é um *tyrannos* e a comparação entre a *tyrannis* e o poder divino é lugar comum na literatura grega. "Ele louva a *tyrannis*", diz Adimanto, na *República* de Platão, "como se fosse igual à divindade". O possuidor do anel de Giges, na fábula de Glauco nesta mesma obra, é descrito como alguém que detém o poder para levar a cabo qualquer ato imaginável (e ilegal), e a relação de seus poderes termina com as palavras "[...] e age em outros aspectos como um igual aos deuses entre os homens"[6].

O *tyrannos* individual é igual aos deuses em seu poder, em sua prosperidade e em seu sucesso. Atenas, a *polis tyrannos*, assume esta mesma quase-divindade; nos discursos de Péricles em Tucídides, a cidade passa a substituir os deuses como objeto da veneração e devoção do homem. Nos três magníficos e longos discursos atribuídos a Péricles nos dois primeiros livros da *História*, a palavra *theos*, "deus", não ocorre sequer uma vez[7]. O que mais ali se aproxima a um senti-

---

2. Ver Earle, *op. cit.*

3. Ver W. Ax, "Die Parodos des Oidipus Tyrannos", *Hermes*, 67, 1932, pp. 413-437, em especial 421: "Die Liturgische Form des Inhalts".

4. 216-218: αἰτεῖς· ἃ δ᾽ αἰτεῖς [...] λάβοις ἄν. Acerca das conotações religiosas de αἰτεῖν, cf. a definição de oração de Eutífron (Platão, *Eutífron* 14c): τὸ δ᾽ εὔχεσθαι αἰτεῖν τοὺς θεούς.

5. Heródoto i. 66: ἡ δὲ Πυθίη σφι χρᾷ τάδε. Ἀρακαδίην μ᾽ αἰτεῖς; μέγα μ᾽ αἰτεῖς· οὔ τοι δώσω. Eusébio, *Preparação Evangélica*, 5, 27: ἥκεις δ᾽ εὐνομίην αἰτεύμενος· αὐτὰρ ἐγώ τοι δώσω. Cf. os oráculos que supostamente foram dados a Laio (*Oedipus Tyrannus Hypothesis* iii., Antologia Palatina xiv. 67): Λάιε Λαβδακίδη παίδων γένος ὄλβιον αἰτεῖς, e a Alcméon (*Ath.* vi. 232 e ss.): τιμήν μ᾽ αἰτεῖς δῶρον [...]. Cf. também Píndaro, *As Ístmicas* 6.52.

6. Platão, *A República* viii. 568b: ἰσόθεον [...] τυραννίδα, *idem*, ii. 360c: ἐν τοῖς ἀνθρώποις ἰσόθεον ὄντα. Cf. Também Platão, *Fedro* 258c: βασιλεὺς [...] ἆρ᾽ οὐκ ἰσόθεον ἡγεῖται αὐτός τε αὐτὸν ἔτι ξῶν; Eurípides, *As Troianas* 1169: ἰσοθέου τυραννίδος.

7. Aparece no sumário do relatório financeiro de Péricles (ii. 13. 5) mas numa referência ao ouro removível da estátua da deusa Atena, que Péricles diz aos atenienses

DEUS 143

mento religioso pode ser encontrado naquela parte da Oração Fúnebre em que Péricles conclama os atenienses a "contemplar diariamente o poder da cidade e transformarem-se nos amantes de Atenas". "Atenas", diz ele, em palavras mais apropriadas para um deus do que para um Estado,

somente Atenas mostra sua superioridade mesmo antes do teste, somente Atenas permite que o inimigo atacante não fique irritado com o caráter do inimigo pelo qual está sendo derrotado e ao súdito nenhum motivo para acusar seu senhor de indigno de governar [...][8].

A cidade que no século V se torna o objeto da veneração do homem é, em primeiro lugar, uma criação do ser humano, das "atitudes que lhe permitem viver em comunidades" (*astynomous orgas*), conforme as palavras de Sófocles no coro da *Antígona*. Se é possível falar de Atenas em tom de veneração, o que dizer do homem, que criou a cidade?[9] O desenvolvimento da nova perspectiva humanista tendia, inevitavelmente, a substituir o deus pelo homem como verdadeiro centro do universo, a verdadeira medida da realidade; é a isso que Protágoras se referia ao dizer "o homem é medida de todas as coisas". A mente científica racionalista, procurando uma explicação da realidade em termos humanos e pressupondo que tal explicação fosse possível e logrável, rejeita o conceito de deus como irrelevante. Se a realidade é plenamente explicável em termos humanos, os deuses serão automaticamente descartados quando a explicação completa for concluída; entrementes, o importante é procurar pela explicação. A questão da existência ou inexistência dos deuses é secundária e deve ser postergada; é também um beco sem saída, pois a resposta à pergunta depende da resposta a outra pergunta, que a inteligência humana *tem* alguma esperança de responder. "Quanto aos deuses", diz a sentença de abertura (que é tudo que possuímos) da famosa obra de Protágoras, *Sobre os Deuses*, "não tenho meio de saber se existem ou não e qual pode ser sua forma. Muitas coisas impedem [a obtenção] deste conhecimento, a obscuridade [do tema] e o fato da vida do homem ser breve". A palavra traduzida por "obscuridade" (*adêlotês*) descarta o tema dos deuses como um assunto que não permite o método científico:

pode ser usado se outras fontes de renda escassearem: αὐτῆς τῆς θεοῦ τοῖς περικειμένοις χρυσίοις. Em contraste marcante à ausência da palavra θεός nos discursos de Péricles é sua ocorrência freqüente nos discursos atribuídos aos espartanos (*e.g.*, Brasidas iv. 87, Arquidamo ii. 74, Sthenelaidas i. 86), os platéios (iii. 58, 59, ii. 71), os coríntios (i. 71, 1232), os beócios (Pagondas iv. 9) e Nícias (vii. 69, 77). Por outro lado, a palavra nunca é atribuída a Cleon, Diódoto ou Alcibíades.

8. Tucídides ii. 41. Péricles fala de seu elogio a Atenas como um ὕμνος: *idem*, 42: ὃ γὰρ τὴν πόλιν λόλιν ὕμησα [...].

9. Cf. Êupolis, Fr. 117 (Δῆμοι) 6 e ss.: ἀλλ' ἦσαν ἡμῖν τῇ πόλει πρῶτον μὲν οἱ στρατηγοὶ ἐκ τῶν μεγίστων οἰκιῶν πλούτῳ γένει τε πρῶτοι, οἷς ὡσπερεὶ θεοῖσιν ηὐχόμεσθα· καὶ γὰρ ἦσαν.

144 ÉDIPO EM TEBAS

nada pode ser "esclarecido", "provado" (*dêlon, dêloun*). Tudo que estiver relacionado aos deuses é *adêlon*; eles estão, por natureza e definição, além do alcance da compreensão e da discussão científicas. E a frase final – "a brevidade da vida humana" – não é, como parece à primeira vista, uma ironia cínica no que tange à impenetrabilidade do tema e à conseqüente futilidade em discuti-lo; é a declaração séria de um homem que vê outras coisas que devem ser compreendidas e que *podem* ser compreendidas pelos esforços da inteligência humana, ainda que a vida possa não ser longa o suficiente para se atingir o objetivo. "A vida é breve", diz o primeiro aforismo hipocrático, "a arte é longa"[10]; temos aqui a mesma sensação de pressão – há tanta coisa para ser aprendida e tão pouco tempo para aprendê-la. Para tal postura, a existência ou inexistência dos deuses não é a questão mais urgente; é, na verdade, uma questão que deve ser excluída. E é exatamente isso que Platão faz Protágoras dizer no *Teeteto*, onde Sócrates imagina o grande sofista censurando-o e a seus co-debatedores pela irrelevância de suas discussões. "Sentais em grupo fazendo discursos, trazendo à discussão os deuses, ao passo que eu excluo [*eksairô*], tanto da discussão falada quanto da escrita, toda a questão de sua existência ou inexistência"[11].

Com os deuses excluídos da discussão, e o homem como a medida de todas as coisas, a tentativa do ser humano para compreender seu ambiente e sua natureza, caso bem-sucedida, o tornará "igual aos deuses". "O médico que é também um filósofo", diz o tratado hipocrático *Do Decoro*, "é igual aos deuses"[12]. "Muitos milagres há", canta o coro da *Antígona*, "mas o mais portentoso é o homem". O homem, porém, ao obter a compreensão total, seria mais que o igual aos deuses, pois se a explicação científica do universo fez com que o conceito do poder divino fosse desnecessário ou demonstravelmente falso, o homem se revelaria como criador dos deuses. Esse estágio final é representado por um famoso fragmento dramático de Crítias, líder dos Trinta Tiranos; ele descreve a invenção dos deuses por um homem de sabedoria e inteligência, cujo objetivo era estabilizar a sociedade impondo, sobre os seres humanos transgressores, um superior do qual era impossível escapar, e o medo da visão e da retribuição sobre-humanas.

---

10. Hipócrates, *Aphorismi* 1: ὁ βίος βραχύς, ἡ δὲ τέχνη μακρή. Diels-Kranz, Protágoras B4: βραχὺς ὢν ὁ βίος τοῦ ἀνθρώπου.

11. Platão, *Teeteto* 162d: θεούς τε εἰς τὸ μέσον ἄγοντες, οὓς ἐγὼ ἔκ τε τοῦ λέγειν καὶ τοῦ γράφειν περὶ αὐτῶν ὡς εἰσὶν ἢ ὡς οὐκ εἰσίν, ἐξαιρῶ. Isso corresponde muito bem à declaração de abertura do livro de Protágoras, *Sobre os Deuses*; é difícil ver como Platão pode ter coadunado isso com o relato altamente teológico do progresso humano que ele atribui ao sofista no *Protágoras*.

12. Hipócrates, *De Decenti Habitu* 5: ἰητρὸς γὰρ φιλόσοφος ἰσόθεος. Cf. Platão, *Teeteto* 161c: ἡμεῖς μὲν αὐτὸν [sc. Protágoras] ὥσπερ θεὸν ἐθαυμάζομεν ἐπὶ σοφίᾳ.

DEUS   145

Houve um tempo em que a vida do homem era indisciplinada, selvagem e sujeita à lei do mais forte, onde não havia recompensa para o bom e nem punição para o iníquo. Foi então, a meu ver, que os homens criaram as leis como corretivos, para que a Justiça fosse *tyrannos* [...] e tivesse a violência como sua escrava. Uma punição era administrada a todo aquele que agisse mal. Então, quando as leis impediram-nos de atos explícitos de violência, eles as fizeram secretamente. Neste momento, parece-me, algum homem de sabedoria e inteligência profundas [*sophos gnomên*] inventou [*ekseurein*] para a humanidade o temor aos deuses [...] foi esta sua razão para introduzir a divindade.

Muito antes de Crítias escrever estas palavras, que levam as doutrinas do iluminismo a um extremo cínico, desapareceu o estado de ânimo esperançoso de seus estágios anteriores – a visão do homem num universo que ele podia compreender plenamente e, talvez, eventualmente controlar. A confiança ateniense no destino inconquistável de sua cidade e no sonho do homem da época, de um mundo compreendido e controlado pela inteligência humana – desmoronaram nos horrores do flagelo inesperado e inexplicável, na crescente miséria e anarquia causadas pela guerra implacável e destituída de sentido. O programa "liberal" protagórico, de educar o homem para a justiça política, revelou-se uma ilusão idealista pelo *Walpurgisnacht* da carnificina e do cinismo que Tucídides analisa clinicamente em seus relatos dos massacres políticos na Córcira e das "negociações" atenienses com Melos. O universo parecia ter se revelado não como um cosmos, uma ordem, governado pelos deuses ou por leis naturais que podem ser descobertas, mas como um caos desesperado, governado pelo acaso cego. "Estamos acostumados a atribuir ao acaso", disse Péricles no discurso feito pouco antes de a guerra irromper, "o que quer que se revele contrário ao cálculo"[13]. Ele está lembrando aos atenienses que, apesar de sua superioridade financeira e técnica diante do inimigo, podem sofrer reveses. Suas observações, contudo, foram assustadoramente proféticas. Muitas coisas "acabaram por revelar-se contrárias ao cálculo"; o flagelo, que Péricles descreve como "repentino, inesperado e contrário a todo cálculo"[14], foi apenas o precursor de uma série de acontecimentos que pareciam zombar do cálculo humano ou da previsão de qualquer espécie[15].

---

13. Tucídides i. 140: τὴν τύχην ὅσα ἂν παρὰ λόγον ξυμβῇ εἰώθαμεν αἰτιᾶσθαι. Cf. Diels-Kranz, Demócrito B119: ἄνθρωποι τύχης εἴδωλον ἐπλύσαντο πρόφασιν ἰδίης ἀβουλίης.

14. Tucídides ii. 61: τὸ αἰφνίδιον καὶ ἀπροσδόκητον καὶ τὸ πλείστῳ παραλόγῳ ξυμβαῖνον.

15. A palavra παράλογος (que expressa esta característica dos eventos da guerra) é muito comum em Tucídides; cf. ii.61 (o flagelo), ii. 85 (a vitória de Fórmio), iii. 16 (a expedição ateniense contra os peloponesos), vii. 55 (a derrota naval ateniense em Siracusa), vii. 28 (a expedição ateniense contra a Sicília, ao mesmo tempo em que estava sob ataque peloponeso), vii. 61 (Nícias relembra aos atenienses a imprevisibilidade da guerra), viii. 24 (os erros de cálculo dos Quios).

146 ÉDIPO EM TEBAS

As peças de Eurípides refletem o crescimento, em Atenas, de uma sensação de imprudência crescente, de que, como diz Jocasta, "o acaso governa todas as coisas". Mesmo na obra *Alceste*, escrita antes da guerra (438 a.C.), Eurípides interpreta profeticamente o estado de ânimo desesperado característico dos anos de guerra no filosofar do ébrio Héracles. "O curso do acaso – ninguém pode ver para onde irá – não é algo que possa ser ensinado, ou apreendido pela técnica [...] Desfrutai a vida, bebei, calculai que a vida deste dia é vossa – o resto pertence ao acaso"[16]. Nas peças posteriores, o estado de espírito é ainda mais assustador. Este mesmo Héracles, numa outra obra de Eurípides, é golpeado por uma série de calamidades que desafia a expectativa humana e a explicação racional; ele rejeita a solução que essa situação terrível parece exigir, o suicídio, e decide prosseguir vivendo, mas num mundo que ele redefine como sujeito ao acaso inexplicável. "Agora, parece-me, devo agir como um escravo do acaso"[17]. Menelau, na *Oréstia* euripidiana, descreve sua situação nos mesmos termos: "Agora se faz necessário que os sensatos sejam escravos do acaso"[18]. A expressão mais inflexível desta doutrina é colocada nos lábios de Hécuba, nas *Troianas*, quando ela pranteia o corpo mutilado de Astíanax.

> Qualquer mortal que, parecendo prosperar, se regozija como se sua prosperidade fosse solidamente fundamentada, é um tolo. Pois as viradas do acaso assemelham-se às de um homem enlouquecido, que pula uma vez para um lado, outra vez para outro [...][19].

Este acaso, que as personagens de Eurípides identificam como a força governante do universo, é claramente o "acaso" filosófico de Tucídides, uma abstração da ausência de qualquer causalidade compreensível em termos humanos. Mas seria de se esperar que na Grécia do século V, esta abstração, que agora parecia a muitos o fator dominante na vida humana, fosse personificada, se tornasse na realidade um deus, ou melhor, uma deusa (já que a palavra *tykhê*, "sorte", é feminina em grego). Assim, Édipo se denomina "o filho da Sorte" (*paida tês tykhês*), e Íon, em Eurípides, dirige-se à Sorte como a um ser divino. "Ah!, Sorte, tu que mudastes as fortunas de dezenas de milhares de mortais, tornando-os desafortunados e depois prósperos [...]"[20].

Esta personificação tinha seus precedentes; de fato, o que não tinha precedentes era a abstração filosófica. A Sorte, nos poetas gregos

16. Eurípides, *Alceste* 785-786, 788-789.
17. *Idem, Héracles Furioso* 1357: νῦν δ᾽ ὡς ἔοικε τῇ τύχῃ δουλευτέον.
18. *Idem, Orestes* 715-716: νῦν δ᾽ ἀναγκαίως ἔχει, δούλοισιν εἶναι τοῖς σοφοῖσι τῆς τύχης. Menelau está falando sobre a impossibilidade de predizer a reação da assembléia popular argiva, à qual ele está prestes a se dirigir em nome de Orestes.
19. *Idem, As Troianas* 1203-1205: αἱ τύχαι, ἔμπληκτος ὡς ἄνθρωπος [...] Cf. Chaeremon Fr. 2 (Nauck²): τύχη τὰ θνητῶν πράγματ᾽ οὐκ εὐβουλία.
20. Eurípides, *Íon* 1512 e ss.

DEUS 147

mais antigos[21], e mesmo em Heródoto, é freqüentemente personificada e, em geral, não indica uma ausência de causalidade e ordem, sendo associada à Providência divina*. No relato feito por Heródoto da fundação da dinastia real cita (uma história contada a ele pelos colonos gregos em Ponto), Héracles chega à Cítia levando o gado de Gérion e, quando está adormecido, o gado desaparece "pelo acaso divino" (*theiai tykhêi*, iv. 8). Não é, em outras palavras, nenhum acaso, e o resultado do desaparecimento do gado, ou seja, o nascimento do filho de Héracles e primeiro rei cítio era, como a frase indica, o propósito divino por detrás do desaparecimento aparentemente fortuito do gado. Assim, também no relato de Heródoto da fundação da tirania cipsélida em Corinto (v. 92). Cípselo, que mais tarde seria *tyrannos* de Corinto, é poupado, quando criança, por seus dez executores porque quando o primeiro deles o tomou nos braços, a criança, "por acaso divino" sorriu, e o executor não teve coragem de matá-la, bem como nenhum dos outros. A criança sorriu "por acaso", mas não era este o acaso cego, pois se tivesse sido morta, os oráculos que prediziam sua eventual tomada do poder em Corinto não se teriam concretizado[22]. Esta Sorte, instrumento da vontade divina, é denominada por Píndaro de "filha de Zeus, o libertador, a sorte salvadora"[23], e o poeta Álcman a chamou, numa frase surpreendente, de "irmã do bom governo, e de Persuasão, a filha da Presciência"[24].

Não há nada de novo em que a Sorte, Tykhe, fosse personificada e deificada na explosão confiante de Édipo e em outras passagens; a novidade é a natureza da Sorte que agora a divindade assume. Não é mais o antigo instrumento do propósito divino, "a filha da Presciência", mas uma deusa autônoma, que personifica a ausência de ordem causal no universo. Ela é o princípio do caos. Não preside, como os deuses mais antigos, um universo ordenado e sim uma desordem na qual "não há previsão clara de nada". E esta deusa não pode meramente coexistir com outros deuses. Ela deve ser, como filha da Previsão, a Sorte divina, sua serva; ou, como a ausência de causalidade, sua

---

21. A palavra τύχη não figura naturalmente em Homero (h. *Home.* ii. 420 é certamente posterior). Sua primeira aparição parece ser em Arquíloco 8. Diehl³.

* Como fica claro nos comentários de B. Knox, *Tykhe*, em grego, é um substantivo que significa "sorte", "acaso", "fortuna", além de ser o nome da deusa Fortuna. Essas noções confluentes aparecem imbricadas no termo. (N. da T.)

22. Cf. também Heródoto i. 126: θείη τύχη γεγονώς (Ciro), Platão, *A República* ix.592a, *As Leis* vi. 759c.

23. Píndaro, *Odes* xii. 1-2. De acordo com Pausânias (vii. 26.8), Píndaro declarou também que a Fortuna era uma das Moiras (Μοιρῶν) e mais poderosa que suas irmãs.

24. Diehl, Fr. 44: Εὐνομίας <τε> καὶ Πειθῶς ἀδελφὰ καὶ Προμαθείας θυγάτηρ. (Tykhe como irmã de Peitho aparece também em Hesíodo, *Teogonia* 360; são ambas irmãs de Oceano e Tétis). Pausânias (iv. 30) menciona uma estátua de Tykhe feita por Búpalo, em geral considerado do século VI. Cf. Greene (1), p. 66.

148   ÉDIPO EM TEBAS

amante, a Sorte cega. A própria existência dessa nova deusa torna a existência dos deuses antigos sem significado. A lógica disso era aparente no século V, conforme demonstrado por uma passagem na obra satírica de Eurípides, *O Cíclope*. Odisseu, preparando-se para furar o olho de Polifemo, apela a Hefesto e ao Sono para que o ajudem. "Não", ele diz, "destruais Odisseu e sua tripulação, após seus labores gloriosos em Tróia, nas mãos de um homem que não se preocupa com os deuses ou com os mortais. Caso contrário, devemos pensar que a Sorte é uma divindade e" – segue-se aqui a conclusão lógica – "que o poder das outras divindades é inferior ao dela"[25].

Isto é exatamente o que deveria acontecer no final das contas; as outras divindades recuaram diante da figura da nova deusa Tykhe. O espírito pessimista característico de finais do século V aprofundou-se no IV quando a Grécia, dilacerada pela guerra incessante, sucumbiu ignobilmente à persistência, às intrigas e à agressão do rei macedônio. Nesta atmosfera de impotência e derrota, a deusa Fortuna parecia reinar suprema. Apesar dos esforços dos filósofos, de reduzir o acaso a uma posição subordinada (Platão, por exemplo, reage à idéia de que "praticamente todas as questões humanas são casuais" com uma nova versão da relação arcaica entre o "acaso divino" e a vontade divina – "Todas as coisas são deus, e com deus, sorte e ocasião")[26], a deusa Fortuna, que simbolizava o "senso de orientação" do século[27], continuou a ser o refrão obsessivo das orações e especulações do homem comum[28]. Nos últimos anos do século IV, Demétrio de Falero escreveu um livro sobre a Sorte, e o historiador Políbio cita dele uma passagem em que identifica a Sorte como a força governante na história humana: "A Sorte, que não faz contratos com essa nossa vida, faz com que todas as coisas novas sejam contrárias ao nosso cálculo e exibe

25. Eurípides, *O Cíclope* 603-607. Os dois últimos versos dizem: ἢ τὴν τύχην μὲν δαίμον' ἡγεῖσθαι χρεών, τὰ δαιμόνων δὲ τῆς τύχης ἐλάσσονα. Cf. Nauck, adesp. 169: εἰ μὲν θεοὶ σθένουσιν, οὐκ ἐστιν τύχη· εἰ δ' οὐ σθένουσιν οὐδὲν, ἐστιν ἡ τύχη. (A vírgula de Nauck, após σθένουσιν em 2 torna os versos sem sentido e a correção de G. Wolff, ἐστιν ἡ τύχη, é desnecessária). Cf. também *idem*, adesp. 506, Eurípides, *Hécuba* 488 e ss., Fr. 901: εἴτε τύχα εἴτε δαίμων τὰ βρότεια κραίνει [...]
26. Platão, *As Leis* 709a-b: τύχας δ' εἶναι σχεδὸν ἅπαντα τὰ ἀνθρώπινα πράγματα [...] θεὸς μὲν πάντα καὶ μετὰ θεοῦ τύχη καὶ καιρὸς τἀνθρώπινα διακυβερνῶσι σύμπαντα. Sobre Platão e θεία τύχη, ver referências na nota 22, *supra*.
27. W. S. Ferguson, "The Leading Ideas of the New Period", *CAH* VII, Cambridge University Press, p. 2. Ele usa a frase acerca do século III, mas ela é igualmente adequada para o IV; não se pode encontrar descrição melhor do espírito apático contra o qual Demóstenes trava uma disputa tão valente. Cf. Demóstenes ii. 22 sobre τύχη, e sobre o "senso de orientação" ateniense no século IV, cf. Demóstenes iv. 10-11, 40-42.
28. Isso fica claro pelas comédias de Menandro. A respeito deste tema, cf. C. F. Angus, *CAH*, VII, pp. 226, 229 e (*e.g.*) Menandro, Koerte-Thierfelder, 1959, Fr. 249, 296, 395, 420, 630 etc. Fr. 417 (dos *Hypobolimaeus*) lê como uma expansão do discurso de Jocasta; cf. especialmente 5-6 acerca de πρόνοια.

DEUS 149

seu poder no inesperado"[29]. Ainda que tivesse menos templos[30], a deusa Tykhe substituiu os deuses olímpicos na mente do homem comum; ela era o único ícone apropriado de um universo que persistentemente zombava do cálculo humano e da lógica no qual ele se baseava. Este foi o final paradoxal de uma busca pela verdade que começou pela crítica e prosseguiu abandonando as deidades olímpicas como representantes inadequadas de uma ordem cósmica. A busca pelo princípio racional e por personificações religiosas apropriadas de um universo racional terminou na deificação da anarquia. O movimento de mais de um século de pensamento investigativo brilhante é um retrocesso ao ponto de partida, de deuses para deusa, dos deuses olímpicos de Homero para a deusa Fortuna. Contudo, esse progresso circular não é plano; o ponto de retorno está num nível inferior. O movimento é uma espiral descendente[31].

Tal progresso autodestrutivo de busca por uma ordem inteligível no universo encontra seus paralelos na tragédia de Sófocles e no progresso intelectual de Édipo e Jocasta. Suas mudanças de atitude sucessivas, com relação aos deuses e aos oráculos que representam a presciência divina na peça, brilhantemente motivados pela situação inicial e pelas reviravoltas do enredo e totalmente apropriadas às respectivas personagens dramáticas, simbolizam as agonias mentais de uma geração que abandonou uma ordem tradicional de crença, com uma visão esperançosa de um universo inteligível, para finalmente acabar se encontrando face a face com um futuro incompreensível, com um desespero tenuemente disfarçado de imprudência.

O Édipo das cenas de abertura, formalmente reverencial em ação e discurso mas revelando, frase após frase, uma confiança no valor do homem como igual ao dos deuses, é simbólico do espírito da Atenas imperial, e se assemelha claramente a Péricles, figura representativa que estabeleceu o tom naquela era e deu-lhe seu nome. Como funcionário do Estado ateniense, Péricles realizava atos religiosos (entre os quais

29. Políbio xxix. 21: ἡ πρὸς τὸν βίον ἡμῶν ἀσύνθετος τύχη καὶ πάντα παρὰ τὸν λογισμὸν τὸν ἡμέτερον καινοποιοῦσα καὶ τὴν αὑτῆς δύναμιν [...].

30. Ela era a deusa protetora de Antíoco nos tempos helenísticos. Acerca das listas e discussão dos cultos a Tykhe, ver L. Ruhl, "Tyche: Kult", no *Lexikon* de Roscher, 5, 1344-1356.

31. Isso foi escrito antes de eu ter visto o livro *Theology of the Early Greek Philosophers*, da autoria de Werner Jaeger, no qual ele fala (p. 174) do "mais alto estágio do ciclo espiral" e remete o leitor à sua Aquinas Lecture de 1943 (em *Humanism and Theology*, p. 54), para sua análise da "espiral como o símbolo mais adequado do desenvolvimento histórico do pensamento filosófico grego". A "espiral descendente" da qual falo é, naturalmente, um símbolo não tanto do desenvolvimento do pensamento filosófico quanto do sentimento filosófico-religioso vulgar do homem comum; os progressos feitos pelos filósofos nos séculos IV e III correspondem ao (e constituíram uma tentativa para interromper o) retrocesso do raciocínio, que era o espírito dominante da população grega de forma geral.

150 ÉDIPO EM TEBAS

estava presumivelmente a consulta ao oráculo de Delfos)[32], mas se o apoio firmemente expresso do oráculo à causa espartana contra Atenas em 431 a.C. causou-lhe quaisquer dúvidas, estas não se refletem nos discursos confiantes a ele atribuídos por Tucídides nos livros de abertura de sua *História*. Em sua Oração Fúnebre, Péricles comparou os atenienses mortos aos deuses, e a linguagem que utilizou é típica do espírito racionalista da época. Os atenienses mortos são imortais, como os deuses – é assim que o historiador Stesimbroto relata seu argumento – "pois não vemos os deuses, mas inferimos [*tekmairometha*] sua imortalidade a partir das honrarias que recebem e dos favores que nos concedem"[33]. Esta é uma declaração que ilustra claramente a aplicação do dito protagórico, "O homem é a medida de todas as coisas". A imortalidade dos deuses é deduzida do fato de que o homem os honram (apesar de sua invisibilidade) e de que eles concedem benefícios ao homem. Por meio dos mesmos símbolos, Péricles prova a imortalidade dos atenienses mortos que deram suas vidas pela cidade.

O estado de ânimo da liderança ateniense no início da guerra era de um conformismo exterior e um ceticismo interior. O ceticismo se revelaria apenas forçado pelas circunstâncias; todavia, as surpresas calamitosas da guerra rapidamente alcançaram precisamente este efeito. No inferno produzido pelo flagelo, que não discriminou entre justos e injustos, cresceu a convicção de que "não fazia diferença cultuar ou não os deuses"; e nos ataques freqüentes de Eurípides ao oráculo de Delfos (em peças produzidas num festival religioso em nome da cidade), temos alguma idéia da forte reação ateniense contra o encorajamento entusiasta de Delfos aos espartanos no início da guerra.

Assim também com Édipo. Seus sentimentos verdadeiros não encontram expressão explícita até que o profeta de Apolo o acusa de assassinar Laio. O tom respeitoso, quase que adulatório, que caracteriza a primeira conversa de Édipo com Tirésias (300-315) é substituído, de imediato, pela fúria incrédula e desdenhosa. Todos os epítetos ultrajantes que Atenas poderia ter inventado para cínicos vendedores ambulantes de superstições são lançados sobre a cabeça do profeta cego: "charlatão intrigante", Édipo chama o representante de Apolo, "comerciante ludibriador, que só tem olhos para o lucro e nada mais"[34].

---

32. De acordo com Plutarco (*Péricles* xxi), liderou uma expedição contra Delfos, restaurando aos atenienses seu προμαντεία, o direito de consultar o oráculo primeiro. (sobre a interpretação "o direito de consultar o oráculo também em nome de outros" [B. Perrin, trad., *Plutarch's Lives*, Londres, Loeb Classical Library, 3, 1916, 65], ver a análise e a bibliografia em How e Wells, *Commentary on Herodotus*, 1, p. 75).

33. Plutarco, *Péricles* viii: ἀθανάτους ἔλεγε γεγονέναι καθάπερ τοὺς θεούς· οὐ γὰρ ἐκείνους αὐτοὺς ὁρῶμεν ἀλλὰ ταῖς τιμαῖς ἃς ἔχουσι καὶ τοῖς ἀγαθοῖς ἃ παρέχουσιν ἀθανάτους εἶναι τεκμαιρόμεθα.

34. *Oedipus Tyrannus* 387-389: μάγον [...] μηχανορράφον, δόλιον ἀγύρτην, ὅστις ἐν τοῖς κέρδεσιν μόνον δέδορκε [...] Alguns destes epítetos são encontrados

DEUS   151

Um rei atacando um profeta não é algo novo na literatura grega. No primeiro livro da *Ilíada*, Agamêmnon ameaça Crises, sacerdote de Apolo, com a violência física (i. 26-28) e insulta o profeta Calcas por ficar ao lado do sacerdote (i. 105 e ss.). Mas o ataque de Édipo contra o profeta não é como o de Agamêmnon. Agamêmnon insulta Calcas chamando-o de "profeta do mal" mas não questiona a veracidade da declaração do profeta (ainda que o acuse de fazer o mal), e acaba seguindo o seu conselho. Édipo não só rejeita a declaração do profeta como também continua atacando as alegações da própria profecia. Ele contrasta o fracasso de Tirésias em resolver o enigma da Esfinge com seu próprio sucesso; suas palavras implicam uma comparação desdenhosa entre as fontes de informação abertas ao profeta (os pássaros, 395, e o deus, 396), e sua própria inteligência que, sem nenhuma fonte de informação, venceu a Esfinge. Édipo rejeitou a declaração de um profeta "único", de acordo com o coro, "que carrega verdade" (299), que "vê as mesmas coisas que o Magno Apolo" (284-285), e nas palavras orgulhosas de Édipo podemos vislumbrar o esboço do próximo passo em seu progresso, a rejeição de toda profecia, inclusive a de um deus.

Para o coro, no entanto, o primeiro passo já é bastante perturbador. No início, ele "não aceita nem tampouco rejeita" (485-486) as palavras do profeta; "nada encontra para dizer". Mas no fim chega a uma fórmula que parece apropriada: Tirésias, afinal, é um homem e, portanto, falível – e rejeitar suas palavras não significa necessariamente que se esteja rejeitando Apolo. "Zeus e Apolo possuem o tino e conhecem as ações dos mortais. Mas, entre os homens, é juízo descabido pensar que um profeta possa estar mais certo do que eu!" (498-501). Deste modo, o complexo ritmo do desenvolvimento é estabelecido: quando as palavras de Édipo revelam que ele está pronto a dar o próximo passo em direção à rejeição total da profecia, o coro fixa seu limite – aceitará, com relutância, a rejeição de um profeta humano, mas não da profecia divina.

Jocasta é a primeira a cruzar esta linha; e a natureza decisiva do passo que ela toma é enfatizada dramaticamente pelo modo hesitante e complicado em que o faz. Ao ouvir que o fundamento do suposto ataque de Creonte contra Édipo não é o conhecimento pessoal dos fatos, nem tampouco um informante (704), mas a declaração de um profeta (705), ela leva o argumento adiante, a um estágio intermediário. Um profeta pode estar equivocado, dizia o coro, e um profeta

---

no tratado hipocrático *De Morbo Sacro*, onde são aplicados a médicos charlatães que reivindicam poderes mágicos de cura e utilizam encantações. Cf. especialmente 2: μάγοι τε καὶ καθάρται καὶ ἀγύρται καὶ ἀλαζόνες, 3: περικαθαίρων [...] καὶ μαγεύων [...] τοιαῦτα [...] μηχανώμενοι [...] 4: μαγεύων καὶ θύων [...] ἄθρωποι βίου δεόμενοι πολλὰ καὶ παντοῖα τεχνῶνται. Cf. Também Platão, *A República* ii. 364b: ἀγύρται δὲ καὶ μάντεις [...].

152 ÉDIPO EM TEBAS

pode ser mais sábio que outro (502), mas Jocasta alega que nenhum profeta humano pode ser melhor que outro – todos eles estão errados. "Ouve atentamente e saberás que jamais criatura humana possui a arte da profecia" (709). Ela alega poder provar essa proposição geral sem muita demora.

A prova, entretanto, consiste no fracasso de uma profecia, não de Tirésias, mas de Apolo. É o oráculo dado a Laio. "Outrora um oráculo chegou a Laio [...]" (711); a fórmula vaga é própria de Heródoto, onde é utilizada quando o meio de comunicação entre o deus e o receptor é desconhecido ou irrelevante – uma ênfase exclusiva é colocada sobre o conteúdo do oráculo e a reação a ele[35]. O que deve se seguir na fórmula é o lugar do qual o oráculo veio, porém Jocasta continua com a qualificação: "[...] veio [...] não do próprio Febo, mas de seus sacerdotes" (hyperetôn, 712). O oráculo disse que Laio seria assassinado por seu próprio filho, mas Laio foi assassinado por malfeitores e seu filho, de três dias de idade, os pés espetados, há muito tinha sido abandonado nas montanhas.

Neste caso, Apolo não realizou as predições de que o filho fosse o assassino de seu pai, nem de que Laio sofresse o que mais temia, nas mãos de seu filho. Estas foram as formulações precisas das vozes proféticas [diôrisan, 723]. Portanto, não te preocupes com profecias. Tudo o que o deus procura e necessita ele o evidencia por si mesmo (720-725).

Esta é uma declaração extraordinária. O oráculo falso não veio de Apolo, mas de seus "sacerdotes". Quem eram eles? Desta vez, não Tirésias, ou Jocasta teria dito seu nome – o caso contra a falibilidade do profeta estaria claro e seria suficiente. Ela deve estar se referindo aos "sacerdotes" de Apolo em Delfos, os sacerdotes ou sacerdotisas responsáveis pela entrega da profecia. Os sacerdotes deram voz à profecia[36], mas Apolo não a concretizou; não era sua profecia. Se ele tiver de dizer algo, o revelará pessoalmente, não por meio de "sacerdotes". Aqui há uma doutrina sutil. Evita acusar Apolo mas desfere um golpe mortal contra a profecia apolínea, que há tempos imemoráveis era transmitida por intermédio de seus sacerdotes em Delfos. Como deveria Apolo profetizar senão por meio de seres humanos que o servem? "Jamais criatura humana", disse Jocasta, "possuiu a arte da profecia"; à medida em que explica essa declaração, torna-se claro que bem poderia ter acrescentado "nenhum deus tampouco".

Antes que a cena termine é precisamente isso que ela diz, ampla e claramente. Como seria de se esperar do enredo superlativo desta peça,

35. Cf. Heródoto ii. 133: ἐλθεῖν οἱ [i.e., Miquerinos] μαντήιον ἐκ βουτούς πόλιος, viii. 114: χρηστήριον ἐληλύθεε ἐκ Δελφῶν Λακεδαιμονίοισι [...] Pausânias ix. 5. 10: μάντευμα ἦλθεν ἐκ Δελφῶν [...].

36. φῆμαι (723) é a palavra adequada para isso.

DEUS 153

Jocasta o faz, reagindo a uma nova revelação. Seu primeiro ataque contra a profecia, que tivera por intuito confortar Édipo, teve o efeito paradoxal de fazê-lo mergulhar no medo de que Tirésias possa estar certo. Ele não se impressiona com o argumento geral de Jocasta; nada pode ver exceto o detalhe acidental: o fato de que Laio foi assassinado na confluência dos três caminhos. Para explicar seus temores a Jocasta, ele faz um relato de sua vida antes de chegar a Tebas, que inclui a profecia dada a ele por Apolo em Delfos: ele mataria seu pai e geraria filhos de sua própria mãe. Édipo não tenta depreciar esta profecia atribuindo-a aos "sacerdotes" de Apolo. "Febo", ele diz inequivocamente, "pronunciou e previu terríveis infortúnios" (788-790).

Jocasta descartou o profeta Tirésias e expôs a falsidade da profecia feita pelos "sacerdotes" de Apolo; para que suas palavras possam servir de conforto a Édipo, ela agora deve ampliar sua acusação de modo a incluir o que o próprio Édipo chama de a palavra de Febo. Ela não hesita: faz agora uma correção significativa de sua primeira formulação, declarando abertamente o que antes deixara implícito. A testemunha ocular da morte de Laio, diz ela, possivelmente pode voltar atrás no que disse, mas não pode demonstrar que a morte de Laio tem a ver com a profecia. "Lóxias disse claramente que ele morreria nas mãos do meu filho"[37]. O oráculo dado a Laio, diz ela agora, não veio dos "sacerdotes" mas do próprio deus. Para se contrapor às palavra de Tirésias, tudo que ela necessitava era de um oráculo falso dos sacerdotes humanos de Apolo; para neutralizar o oráculo dado a Édipo por Apolo, ela precisa de um oráculo falso do próprio Apolo; e com esta correção audaciosa, ela faz com que o mesmo oráculo sirva para ambos os argumentos. O oráculo, dado pelo homem ou por um deus, é falso e sempre será falso, pois o filho que deveria matar seu pai morreu primeiro. Quando ela resume seu argumento com o famoso desafio à profecia – "Deste dia em diante", diz ela, "oráculo nenhum me fará voltar a cabeça para aqui ou acolá" (857-858) – ela está descartando todas as profecias até então reveladas: as acusações de Tirésias, o oráculo dado pelos sacerdotes de Apolo, ou melhor, por Apolo, a Laio e o oráculo dado por Apolo a Édipo. A lógica da mudança de situação a conduz à postura que de todo modo já estava implícita na sua primeira declaração, a rejeição de toda profecia, tanto a humana quanto a divina[38].

---

37. 853-854: ὃν γε Λοξίας διεῖπε χρῆναι παιδὸς ἐξ ἐμοῦ θανεῖν.

38. O comentário de Jebb acerca desta cena realiza prodígios de sutileza na tentativa de defender a devoção fundamental de Jocasta. "Em 853 (ὃν γε Λοξίας διεῖπε)", diz ele em sua observação sobre 711, "o nome do deus meramente representa a de seu sacerdócio délfico". Com a palavra "meramente", Jebb justifica a pergunta de forma verdadeiramente olímpica, pois a distinção entre o deus e seu sacerdócio délfico é fundamental para seu ponto de vista acerca da atitude de Jocasta. (Ver sua nota sobre 708: "[...] uma convicção profunda e amarga de que nenhum mortal, seja ele sacerdote ou profeta, compartilha da presciência divina".)

154 ÉDIPO EM TEBAS

O coro poderia duvidar de Tirésias, mas não de Apolo. Reage, pois, com violência ao desafio de Jocasta contra a profecia e sua atitude é colorida por outros aspectos da cena que acabou de testemunhar. Desde que manifestara sua lealdade irrestrita a Édipo (691 e ss.), muito aprendeu. Ouviu que o filho de Jocasta e de Laio foi abandonado nas montanhas e ali ficou cruelmente exposto, e que isso foi feito para evitar a concretização do oráculo délfico; que Édipo, salvador de Tebas, chegou à cidade manchado de sangue, possivelmente o sangue de Laio; que Édipo é um fugitivo de um oráculo délfico que predisse para ele o mesmo destino profano vaticinado para o filho de Laio. Todas estas revelações terríveis de impureza, real e ameaçada, combinadas com a orgulhosa rejeição que Jocasta faz da profecia e com a aprovação explicitamente expressa que Édipo faz de sua declaração[39], impele o coro a dissociar-se dos governantes de Tebas. Ele apela a autoridades e leis superiores em termos que rejeitam, implícita e explicitamente, toda a perspectiva filosófica na qual Édipo e Jocasta fundamentam agora suas esperanças e ação.

"Possa o destino [*moira*, 863] agora estar comigo", canta o coro. A palavra é escolhida cuidadosamente; é a mesma utilizada por Jocasta ao descrever a profecia dada a Laio, "segundo a qual o destino [*moira*, 713] lhe traria a morte pelas mãos de seu filho". A profecia e o destino estão conectados; Jocasta rejeita explicitamente a primeira e implicitamente o segundo; o coro, que terminará por justificar a profecia, começa aceitando o destino. Roga pela "sagrada pureza em palavras e ações" (*hagneian*, 864). Ambos, Édipo e Jocasta, um como o ator principal, a outra como sua cúmplice no tirar a vida humana, são "impuros" e irreverentes em suas palavras. Ninguém em Tebas ousa questionar suas ações, mas o coro apela às "leis de altos pés que sejam proclamadas, geradas [*teknôthentes*, 867] no claro éter celestial, cujo pai é o Olimpo e só o Olimpo – nenhum mortal de natureza humana as criou" [*etikten*, 870]". As imagens aqui refletem o horror do coro no que diz respeito aos nascimentos maculados previstos nos oráculos dados a Édipo; o apelo a lei superiores enfatiza a inadequação da lei feita pelo homem – a lei em Tebas é Édipo, ele é *tyrannos*.

O coro percebe que deve enfrentar uma escolha mais difícil que a anterior; outrora teve de escolher entre Édipo e Tirésias, agora entre Édipo e Apolo. Não hesita: "Não deixarei de considerar o deus como meu paladino" (*prostatên*, 882). A palavra que utiliza é o termo político ateniense empregado para descrever a posição da personalidade dominante nos assuntos da cidade, e seu aparecimento aqui acentua o fato de esta declaração ser uma transferência de lealdade. Entretanto, para ser seu paladino, Apolo deve vindicar-se; os oráculos precisam

---

39. καλῶς νομίξεις, 859, imediatamente após sua mais geral e extrapolada denúncia contra a profecia.

DEUS   155

ser concretizados (902-903). Os antigos oráculos dados a Laio (que Jocasta, aparentemente, provou que nunca poderiam ser concretizados em quaisquer circunstâncias) estão "morrendo"; Édipo e Jocasta estão "excluindo" (*eksairousin*, 907) os oráculos, do mesmo modo que Protágoras fez com os deuses. Apolo não mais "se manifesta pelas honras que lhe são conferidas"[40]. O poder dos deuses é destruído.

O coro, no entanto, está superestimando a confiança de seus governantes. Apesar das demonstrações reconfortantes de Jocasta acerca da falsidade da profecia, Édipo é uma presa da agonia e do medo e, com o piloto transtornado, a própria Jocasta tem medo. Ela vem com guirlandas e incenso, anunciando sua intenção de visitar "os templos dos deuses" (911). Porém, cada palavra que diz demonstra que não se trata, em qualquer sentido, de uma abjuração. Jocasta não mudou sua opinião a respeito dos oráculos, antigos ou novos (915-916); é uma ação errática, a expressão irracional do medo[41]. "Ocorreu-me a idéia [*doksa moi parestathê*, 911]", diz ela, "de vir como suplicante aos templos dos deuses". O motivo (*gar*, 914) é a agitação de Édipo, que ela considera como sinal que ele perdeu o controle de si mesmo (915-916), e que ela tentou superar pelo conselho (918). Veio suplicar aos deuses apenas quando sua tentativa de reforçar a resolução de Édipo falhou. Agora se dirige ao altar no qual o sacerdote prostrou-se em súplica no início da peça. "Venho a ti em súplica, Apolo Lício, com essas oferendas, pois teu altar está mais próximo de nós"[42]. Esta é, seguramente, uma forma de oração bastante inusual. É verdade, o altar de Apolo é o mais próximo, e é natural que a visita de Jocasta aos "templos dos deuses" comece por ele, mas dizer isso na oração demonstra, no mínimo, uma insensibilidade religiosa.

Com as notícias eletrizantes trazidas pelo mensageiro coríntio, a confiança de Jocasta ressurge, pois aqui está uma prova adicional do que ela tentava demonstrar a Édipo por inferência: os oráculos "novos" dados a ele em Delfos comprovaram-se tão falsos quanto os oráculos "antigos" dados a Laio em Tebas[43]. "Oráculos dos deuses!", ela exclama, "onde estais?" e mais ainda: "Vê a que ficaram reduzidos os terríveis oráculos dos deuses" (952-953)[44].

---

40. 909: κοὐδαμοῦ τιμαῖς Ἀπόλλων ἐμφανής. Cf. a "prova" de Péricles da imortalidade dos deuses: τοὺς θεοὺς [...] ταῖς τιμαῖς ἃς ἔχουσιν [...] ἀθανάτους εἶναι τεκμαιρόμεθα. (Plutarco, *Péricles viii*).

41. Cf. 922.

42. 919: ἄγχιστος γὰρ εἶ. Cf. Σ. πρὸ τῶν θυρῶν γὰρ ἵδρυτο.

43. Cf. 916: τὰ καινὰ τοῖς πάλαι [...]

44. A nota de Jebb (sobre 946), quanto ao fato de que "o escárnio de Jocasta não é dirigido aos deuses em si mas aos μάντεις que alegam falar em seu nome" e sua declaração (nota sobre 708) de que "em 946, 953, θεῶν μαντεύματα são oráculos que *professaram* vir dos deuses" é inconsistente. Jocasta está falando sobre uma profecia que Édipo atribui inequivocamente ao próprio Apolo (788 e ss.).

156 ÉDIPO EM TEBAS

As provas agora parecem definitivas e Édipo une-se ao escárnio de Jocasta. "Qual o sentido de observar cuidadosamente a morada da profetisa pítica ou as aves que piam sobre nossas cabeças [...]?" Ele descarta a arte profética de Tirésias e de Apolo num só fôlego: "Pólibo levou consigo todos esses oráculos ao Hades, onde está oculto – eles não têm valor nenhum" (971-972)[45].

Isto não é totalmente verdadeiro, como ele de pronto percebe. Pólibo levou consigo apenas metade das profecias; resta ainda o medo do casamento com sua mãe. E aqui, como antes, Jocasta está um passo adiante de Édipo e lhe apresenta um fundamento filosófico para libertar-se deste e de quaisquer outros temores. "O que teria a temer o homem, cuja vida é governada pelo acaso?"[46]

Esta palavra, *tykhê*, "acaso", foi utilizada com freqüência antes, no curso da peça; sua epifania explosiva nesses versos foi bem preparada. Nas cenas anteriores, ela é empregada no sentido antigo: a sorte, boa ou má, vista como expressão, e não negação da ordem divina. "Nos trouxeste outrora a sorte com presságios auspiciosos dos pássaros" (*tykhên*, 52), diz o sacerdote a Édipo, associando a libertação de Tebas com a arte divinatória dos pássaros de Tirésias, e colocando a grande realização de Édipo num contexto de relação significativa entre os sinais dados pelos deuses e a inteligência e a ação humanas[47]. Édipo logo negará este contexto (398) mas, no momento, ele mesmo ora, quando Creonte retorna de Delfos com a resposta oracular: "Oh, Apolo, possa ele nos trazer a sorte salvadora, como imaginamos por sua aparência radiosa" (*tykhei... sôtêri*, 80-81), associando pois *tykhe* diretamente ao deus e ao oráculo pelo qual aguarda com impaciência[48]. Mais tarde, ele utiliza por duas vezes esta palavra, acerca dos infortúnios de Laio (102, 263), a segunda delas numa personificação extraordinária: "agora Tykhe caiu sobre sua cabeça", uma metáfora extraída do *pancration*, o combate implacável que fazia parte dos jogos atléticos gregos[49]. A palavra é empregada aqui num sentido dife-

---

45. Leio παρόντα com os MSS. Édipo quer dizer que as profecias "atuais" (*i.e.*, as profecias dadas a ele por Apolo) comprovam-se como destituídas de valor com a morte natural de Pólibo, tão destituídas de valor quanto as profecias "antigas" dadas a Laio; ele está falando em termos da distinção que Jocasta faz entre τὰ καινά e τὰ πάλαι.

46. A mesma expressão (τὰ τῆς τύχης) é encontrada em Tucídides iv. 55, 3. Cf. *idem*, 18.3: τὸ τῆς τύχης. Ela enfatiza a natureza despersonificada, abstrata, desta concepção do acaso. Cf. Eurípides, *Alceste* 785: τὸ τῆς τύχης.

47. Ver a definição de Platão da esfera de ação da profecia, *Simpósio* 188b: καὶ οἷς μαντικὴ ἐπιστατεῖ–ταῦτα δ᾽ ἐστὶν ἡ περὶ θεούς τε καὶ ἀνθρώπους πρὸς ἀλλήλους κοινωνία [...].

48. De acordo com Simplício sobre Aristóteles, *Física* ii. 4, 75, ambos Tykhe e Lóxias eram invocados em Delfos: ἐν Δελφοῖς δὲ καὶ προκατῆρχεν ἐν ταῖς ἐρωτήσεσιν᾽Ω τύχη καὶ Λοξία, τῷ δὲ τινι θεμιστεύεις.

49. 263: νῦν δ᾽ ἐς τὸ κείνου κρᾶτ᾽ ἐνήλαθ᾽ ἡ τύχη. Cf. Pólux Γ 150:

DEUS   157

rente, uma vez que a morte de Laio não é, tanto quanto Édipo pode
ver, um evento associado ao plano ou à ordem divinos: é algo terrível
que simplesmente "aconteceu" (*etykhen*). À medida que a ação se de-
senrola, esta palavra passa a expressar o sentimento de ambos, Édipo
e Jocasta, no que concerne a acontecimentos que não podem compreender; começa a assumir o significado para ela atribuído por
Péricles – "ao acaso atribuímos tudo aquilo que se revela contrário ao
cálculo". Assim, quando o coro pede a Jocasta que leve Édipo para
dentro do palácio, ela responde: "Sim, o farei, quando conhecer a natureza do que aconteceu por acaso" (*tykhê*, 680). Ela está se referindo
à altercação aparentemente irracional entre Édipo e Creonte. "Em
quem mais eu deveria confiar", diz Édipo mais tarde, pouco antes de
contar a Jocasta sua história, "ao deparar-me com tal acaso?" (*tykhês*,
773). Ele está se referindo à descoberta casual[50] de que o lugar onde
Laio foi assassinado é o mesmo da cena de sua própria ação sangrenta
há tantos anos. E poucos versos mais tarde, ao falar do insulto do
bêbado que fez com que se pusesse a caminho de Delfos e de Tebas,
ele diz: "Um acontecimento casual [*tykhê*, 776] me ocorreu, surpreendente de fato, indigno de toda a atenção que eu lhe dei".

A transição deste uso da palavra *tykhê*, de descrever acontecimentos inesperados, para a abstração filosófica no famoso discurso de
Jocasta é feita por meio do contraste entre o acaso e o oráculo, apresentado por Jocasta ao ouvir as notícias da morte de Pólibo. "Eis o
homem do qual Édipo, no temor de um dia poder matá-lo, fugiu há
tantos anos. E agora ele está morto, pelo acaso [*pros tês tykhês*, 949] e
não por suas mãos". Pólibo morreu "no curso da natureza", como Jebb
traduz corretamente esta frase[51], mas também em desafio ao oráculo;
tykhê opõe-se à predição divina. Daí é apenas um passo para procla-
mar o domínio universal do acaso, a ausência do divino e a futilidade
da previsão humana, um mundo de caos onde a regra de ouro é "viva
pelo incerto, da melhor forma possível". Num mundo assim, Édipo
nada tem a temer das profecias.

Jocasta prossegue apontando para Édipo que a profecia sobre o
casamento com sua mãe, assim como aquela sobre o assassinato de
seu pai, podem ser julgadas tendo por referência profecias similares,
cuja falsidade foi comprovada. Muitos homens receberam tais profecias acerca de suas mães, pois sonharam com esta consumação (e os
sonhos, ainda que sujeitos a uma variedade de interpretações, eram

παγκράτιον [...] λὰξ ἐνάλλεσθαι. Plutarco, *Morália* (*Non posse suaviter...*) 1087b:
εἰς τὴν γαστέρα, Sófocles, Fr. 756.

50. Dependia de Jocasta mencionar a natureza do local onde Laio fora assassinado; isso ela não tinha que fazer, ela o mencionou "por acaso".

51. Acerca deste significado, cf. Andócides i. 120: ἡ παῖς τύχη χρησαμένη
ἀπέθανεν.

158   ÉDIPO EM TEBAS

geralmente considerados proféticos no século V)[52]. Jocasta descarta também essas profecias; "o homem que dá pouco valor a essas coisas suporta o ônus da vida mais facilmente" (982-983). Édipo não está totalmente convencido. Muito embora, como ele diz, Jocasta tenha apresentado um bom caso[53], não é tão bom quanto aquele contra o oráculo sobre seu pai; isso aconteceria se sua mãe, Mérope, estivesse morta[54]. Enquanto ela continuar vivendo, ele não pode banir o medo. Por mais forte que seja a evidência, ele ainda não pode aceitar o universo do fortuito.

É o mensageiro coríntio que agora apresenta o argumento convincente. Édipo não é filho de Pólibo e de Mérope. Toda a sua história de vida é um exemplo extraordinário de como o acaso opera. Encontrado na encosta por um pastor (assim o mensageiro coríntio acredita), entregue a outro, dado ao rei Pólibo, que não tinha filhos, criado como herdeiro de um reino, Édipo foi a Delfos como resultado da observação casual feita por um bêbado, para ouvir uma profecia terrível que fez com que ele se auto-exilasse de Corinto para sempre. Chegou a Tebas, um errante sem lar, solucionou o enigma da Esfinge e ganhou a *tyrannis* da cidade e a mão de uma rainha. Até mesmo o seu nome se deve ao acaso. "Deves teu nome a este acaso" (*ek tykhês tautês*, 1036), o mensageiro lhe recorda. Toda a história, cujo início só agora é trazido à luz, parece uma demonstração poderosa do quão Jocasta estava certa. Uma série de coincidências tão fantástica parece expressamente designada para zombar da idéia de que o destino humano é previsível; é um paradigma da anarquia inconseqüente do universo.

Jocasta estava certa, mas para Édipo, em seu estado de ânimo atual, ela parece ter apenas chegado à beira da verdade total. Ele aceita o domínio do acaso mas, para ele, não se trata de um acaso cego que invalida a ação humana e condena o homem a viver a esmo. A Sorte é uma deusa, e Édipo seu filho[55]. Ela é "a boa prove-

---

52. Cf. Sófocles, *Electra* 498 e ss.: ἤτοι μαντεῖαι βροτῶν οὐκ εἰσὶν ἐν δεινοῖς ὀνείροις οὐδ' ἐν θεσφύτοις, εἰ μὴ τόδε φύσμα νυκτὸς εὖ κατασχήσει. O autor hipocrático de *Vict.* iv encara seriamente os sonhos como advertências proféticas e o tratado *Sobre a Profecia no Sonho*, de Aristóteles (*Parva Naturalia* 426[b]) inicia sua discussão sobre o tema como segue: "Não é fácil descartar ou aceitar a proposição" (οὔτε καταφρονῆσαι ῥάδιον οὔτε πεισθῆναι) e continua admitindo que "todas as pessoas, ou a maior parte delas, supõem que os sonhos possuem algum significado" (ἔχειν τι σημειῶδες).

53. 986: κεἰ καλῶς λέγεις. Cf. seu καλῶς νομίξεις anterior, 859.

54. Ele expressa o que é quase como que um desejo que ela estivesse: ἀλλὰ τῆς ξώσης φόβος, 988.

55. 1080: παῖδα τῆς τύχης. Cf. Eurípides, Fr. 989: ὁ τῆς τύχης παῖς κλῆρος. Segundo Pausânias, havia em Tebas um templo de Tykhe com uma estátua de uma deusa carregando seu filho Ploutos (ix. 1-2: Τύχης ἐστιν ἱερόν· φέρει μὲν δὴ Πλοῦτον

DEUS 159

dora"[56], e Édipo não será desonrado quando sua identidade real for finalmente estabelecida. É típico dele aceitar uma doutrina que lhe é oferecida como garantia para "viver a esmo" e transformá-la num fundamento para uma ação controlada; como filho de Tykhe, ele insistirá na busca até o fim – sua origem é uma garantia de sucesso. Ele transforma o acaso niilista de Jocasta numa deusa que controla o universo e que o selecionou como seu vassalo eleito: ele é parente das luas que assinalam os meses para todos homens e, para Édipo, o declínio e a ascensão de seu próprio grande destino[57].

Este magnífico discurso de Édipo implica, claramente, que ele é igualado aos deuses. O coro, empolgado com as revelações repentinas e (aparentemente) auspiciosas, inspirado pela coragem de Édipo e contagiado por seu entusiasmo pelas paisagens inimagináveis que agora se descortinam diante dele, prossegue para deixar a idéia explícita[58]. Édipo, canta o coro, não será revelado um forasteiro mas, para sua grande alegria, um tebano; sua ama e mãe é o tebano monte Citero (1089 e ss.). Mas sua ascendência verdadeira deve ser ainda superior. Qual das ninfas da montanha o gerou com Pã? Com Apolo? Ou teria sido Hermes o seu pai? Ou a divindade tebana Dionísio?[59]

Estas especulações exultantes, apresentadas como proféticas (*mantis*, 1086) e dirigidas a Apolo para sua aprovação (1096-1097), constituem o penúltimo passo na longa busca pelas origens de Édipo.

παῖδα [...] ἐσθεῖναι Πλοῦτον ἐς τὰς χεῖρας ἄτε μητρὶ ἢ τροφῷ τῇ Τύχῃ. Cf. *Oedipus Tyrannus* 1092). Os escultores eram Xenofonte, o ateniense e Callistonicus, o tebano; a estátua pode, portanto, ser atribuída aos primórdios do século IV, mas a concepção pode estar fundamentada numa tradição antiga (muito embora Pausânias fale como se fosse invenção dos artistas). Sobre Édipo e Ploutos, cf. *Oedipus Tyrannus* 380. Ruhl (no *Lexikon* de Roscher, 5, 1350) fala de um "Relief der Tyche von Melos mit dem Plutos Knaben".

56. 1081: τῆς εὖ διδούσης. Sobre esta fórmula religiosa, cf. Platão, *Crátilo* 404b: Δημήτηρ [...] διδοῦσα, Isócrates 4. 28: Δήμητρος [...] δούσης δωρεὰς διττὰς [...] Eurípides, *Alceste* 1005: χαῖρ᾽ ὦ πότνι᾽ εὖ δὲ δοίης, idem, *Orestes* 667.

57. μῆνες (1083) pode ser uma referência à conexão entre Tykhe e a lua: cf. Roscher, *Lexikon*, 5, 1330 (CIG 7304), uma pedra preciosa na qual estava gravado Τροφίμου. Σελήνη τύχη [ν] [κ] υβερν [ω] σα. Cf. *idem*, 1331 sobre uma discussão acerca da identificação posterior entre Tykhe e Selene (Luna). Estrabão (xii. 3. 31) fala do assim denominado "juramento real" em Ponto, no templo dos *homens* de Farnaces – τύχην βασιλέως καὶ Μῆνα Φαρνάκου – e acrescenta "este também é o templo de Selene". O escólio sobre Eurípides, *As Fenícias* 26 acrescenta mais uma informação interessante: ἔνιοι δὲ καὶ ῾Ηλίου φασιν αὐτὸν [*i.e.*, Édipo] εἶναι παῖδα.

58. A respeito da motivação dramática desta ode coral, ver M. Bowra, *Sophoclean Tragedy*, Oxford, 1944, p. 199.

59. O entusiasmo do coro e também seu compromisso pleno com a causa de Édipo são indicados por sua proclamação de que dançará (χορεύεσθαι, 1093); antes dessa cena começar, o coro perguntava, "Por que deveria eu dançar?" τί δεῖ με χορεύειν; (896). Se Édipo acabasse por se revelar filho de um deus e de uma ninfa, poderia ter sido classificado como um *daimon*. Cf. Platão, *Apologia* 27d: εἰ δ᾽ αὖ οἱ δαίμονες θεῶν παῖδές εἰσιν νόθοι τινες ἢ ἐκ νυμφῶν ἢ ἐκ τινων ἄλλων [...].

160   ÉDIPO EM TEBAS

"Meu pai", Édipo disse a Jocasta, "era Pólibo de Corinto, minha mãe Mérope, uma Dória". Mas isso foi antes de o mensageiro coríntio libertar Édipo do medo. Desde então sua mãe, em sua mente e na do coro, surge na imaginação numa vasta gama de identidades, da menor à maior: uma escrava de terceira geração (1063), a deusa Tykhe, o monte Citero, uma ninfa de vida longa, uma ninfa do Hélicon. E a imagem de seu pai, outrora estável na figura de Pólibo de Corinto, foi provisoriamente identificada com o mensageiro coríntio[60], com Apolo, com Pã, com Hermes e com Dionísio. À medida que as últimas notas da alegre ode coral se extinguem, Édipo começa a investigação final que levará a busca pela verdade ao fim; ele logo conhecerá seus pais como sendo Jocasta, que já se dirigiu ao palácio para se enforcar, e Laio, que ele assassinou na encruzilhada há tantos anos[61]. Ele não é o filho da Fortuna, mas do infortúnio, como lhe diz o pastor (1181)[62]; a revelação de sua ascendência não o eleva ao nível dos deuses, ao contrário, o reduz abaixo do nível de toda a humanidade normal. E as vicissitudes de sua carreira surpreendente são reveladas não como obra do acaso cego de Jocasta, nem tampouco da deusa anárquica Fortuna, e sim do antigo "acaso divino", *theia tykhê*, a expressão na ação da presciência divina, a forma de realização do oráculo de Apolo.

Este progresso intelectual de Édipo e Jocasta, postos em paralelo ao progresso intelectual da era do iluminismo, foi cuidadosamente estabelecido num contexto dramático irônico, onde está exposto como equivocado desde o início. Num ponto após outro, as palavras que caracterizam o poder, a decisão e a ação de Édipo encontram eco significativo em contextos que enfaticamente contrapõem à esta grandeza humana o poder, a decisão e a ação dos deuses. A pressuposição de estatura divina, implícita na atitude de Édipo, é pois, tornada explícita e ao mesmo tempo exposta como falsa. O sacerdote, por exemplo, dirige-se a Édipo como "aquele no poder" (*all' ô kratynôn*, 14) e o coro, muito mais tarde, ao transferir sua lealdade do *tyrannos* para o deus, utiliza exatamente as mesmas palavras quando se dirige a Zeus (*all' ô kratynôn*, 904). O sacerdote saúda Édipo como "salvador"

---

60. Leio τεκὼν em 1025, com os manuscritos. Édipo teme que o coríntio possa ter sido seu pai; o verso enigmático dito pelo mensageiro em 1018 é por ele interpretado como uma insinuação nessa direção, como está claro a partir do tom veemente de sua resposta reprobatória (1019). O mensageiro não seria incapaz de mentir com relação a este ponto, se julgasse que isso fosse seguro e vantajoso; ele mente mais tarde, ao alegar ter "encontrado" Édipo no Citero (εὑρὼν, 1026), uma mentira da qual se retrata (1038) apenas ao perceber que Édipo quer mais informação do que ele pode fornecer. Ver a nota de Campbell sobre esta passagem.

61. Muito embora o pastor pudesse corroborar a verdade sobre a questão do assassinato de Laio, isso nunca lhe é solicitado; a prova da veracidade dos oráculos "antigos" é suficiente para garantir a verdade dos "novos".

62. 1181: ἴσθι δύσποτμος γεγώς.

DEUS   161

(*sôtêra*, 48), título por ele aceito (*eksesôs'*, 443)[63]; o sacerdote, entrementes, orou para que "Apolo venha como salvador" (*sôtêr*, 150). Édipo reivindica ter "detido" a Esfinge (*epausa*, 397) mas é a Apolo que o sacerdote pede para "deter" o flagelo (*paustêrios*, 150). Édipo alega "exercer o poder" em Tebas (*kratê* [...] *nemô*, 237), porém Zeus, canta o coro, "exerce o poder do relâmpago" (*astrapan kratê nemôn*, 201). Édipo se autodenomina "magno" (*megan*, 441; cf. 776), mas o deus, diz o coro, é "grande" em suas leis (*megas theos*, 872)[64]. Édipo tem um "império" (*arkhê*, 259, 383), mas o "império" de Zeus é imortal (*athanaton arkhan*, 905). Édipo promete "força" (*alkên*, 218; cf. 42) porém é a Atena que o coro roga por "força" (*alkan*, 189). Édipo fala com os tebanos como um pai com seus filhos (*tekna*, I; cf. 6)[65], mas o coro finalmente apela ao "pai Zeus" (*Zeu pater*, 202). Édipo "destruiu" a Esfinge (*phthisas*, 1198), mas é a Zeus que o coro apela para "destruir" o flagelo (*phthison*, 202)[66]. Todos esses ecos são como que uma zombaria das pretensões de Édipo[67], e além disso, a linguagem da peça utiliza trocadilhos sardônicos com o seu nome, que parece encontrar caminho no discurso das personagens como ecos de uma gargalhada cruel. *Oidipous* – "pés inchados" – o nome enfatiza a mácula física que deixa marcado o corpo do *tyrannos* esplêndido, um defeito que gostaria de esquecer[68], mas que nos faz recordar da criança pária que foi outrora e prenuncia o pária adulto que logo deverá se tornar. A segunda parte de seu nome, *pous*, "pé", ocorre com freqüência em passagens que, muito embora o locutor não esteja em geral consciente da força de seu discurso, referem-se à identidade verdadeira de Édipo como o assassino de Laio. "A Esfinge", diz Creonte, respondendo à censura velada de Édipo de que ele não se esforçou o suficiente na busca original pelo assassino de Laio, "A Esfinge nos forçou a olhar ao que estava aos nossos pés" (*to prois posi skopein*, 130). Tirésias invoca a maldição "de sua mãe e de seu pai, que provoca terror nos pés" (*deinopous ara*, 418). E duas das odes corais enfatizam esta pala-

---

63. O uso correto desse título é sugerido por Xenofonte, *Agesilau* xi. 13: οἱ γε μὴν συγκινδυνεύοντες [ἐκάλουν αὐτὸν] μετὰ θεοὺς σωτῆρα.

64. Acerca dessa antítese, cf. o discurso de Iris em Eurípides, *Héracles Furioso* 841: ἢ θεοὶ μὲν οὐδαμοῦ, τὰ θνητὰ δ' ἔσται μεγάλα, μὴ δόντος δίκην.

65. Σ *ad loc.* εἰκότως οὖν κεχρῆται τῷ τέκνα ὡσπερεὶ πατήρ.

66. Cf. também o θρόνος de Édipo (237) e o θρόνος de Ártemis (161); δεῖ κἀμὲ βουλεύειν (619) e ὦ Ζεῦ τί μου δρᾶσαι βεβούλευσαι πέρι (738); ἐφέστιοι (32) e τῇςς Πυθόμαντιν ἑστίαν (965); ξυνίηυ' (346) e Ζεὺς ὅ τ' Ἀπόλλων ξυνετοί (498); τὰ Πυθικὰ [...] ὡς πύθοιθ' ὅ τι (70-71); ἀλεξόιμην (539) e ἀλεξίμοροι (163; cf. 171).

67. Tal sentimento não é não-sofocleniano; comparar o modo implacável com que Atena zomba de Ajax na frente de seu inimigo, no prólogo do *Ajax*.

68. Cf. 1033. Francis Fergusson, *The Idea of a Theater*, Princeton, Princeton University Press, 1949, p. 19, tece um comentário perspicaz: "A entrada de Édipo (majestosa, a não ser pelos sinais de sua claudicação) [...]".

vra repetindo-a em sua estrofe e antístrofe. "É hora [de que o assassino desconhecido] ponha seus pés em fuga" (*phygai poda nôman*, 468), ele canta, e na antístrofe correspondente descreve o assassino como "um animal selvagem, solitário, isolado", *meleos meleôi podi chêreuôn* (479) – uma expressão que pode ser compreendida metaforicamente, como o faz Jebb, ("miserável em seu caminho infeliz"), mas que significa literalmente "desgraçado e miserável com seus pés desgraçados". Na próxima ode coral, na qual abandona Édipo e roga pela concretização dos oráculos, as palavras do coro repetem o mesmo padrão: "As leis de Zeus são de altos pés" (*hypsipodes*, 866) é respondida na antístrofe por "o orgulho [...] precipita-se na mais absoluta necessidade, onde os pés em nada lhe servirão" (a tradução de Jebb para *ou podi chrêsimôi chrêtai*, 877). Estas palavras significam literalmente "onde usa um pé inútil"; elas repetem, de uma forma negativa, o "pé miserável" (*meleôi podi*) da ode anterior. Todas estas expressões apontam, com ironia terrível, para o pé mutilado de Édipo, que constitui a base de seu nome e a chave de sua identidade; duas delas, *hypsipodes* e *deinopous*, são trocadilhos com seu próprio nome.

Estas repetições zombeteiras da segunda parte do nome do herói evocam o Édipo que será revelado, o assassino caçado. As repetições igualmente enfáticas do primeiro componente do seu nome realçam a característica dominante do *tyrannos* imponente. *Oidi* significa "inchado", mas é muito semelhante a *oida*, "eu sei"[69], e esta é uma palavra que nunca está longe dos lábios de Édipo; é seu conhecimento que faz dele um *tyrannos* decisivo e confiante. A palavra *oida* repete-se por todo o texto da peça com a mesma persistência assustadora que *pous*[70], e a alusão inerente ao nome do *tyrannos* é ironicamente apontada num grupo de três finais de linhas assoantes que, na ênfase cruel de seu trocadilho, certamente não têm paralelos na tragédia grega. Quando o mensageiro de Corinto vem para dizer a Édipo que seu pai Pólibo está morto, pergunta por Édipo, que está no palácio, nos seguintes termos (924-926):

> Estrangeiros, de vós poderei *saber onde*
> fica o palácio do *tyrannos Oidipous*,
> ou melhor ainda, onde ele mesmo se encontra, se *sabeis onde*.
> E no original:

69. Isso é assinalado por Jebb (Prefácio, p. xix, nota 2): "No verso 397, ὁ μηδὲν εἰδὼς Οἰδίπους sugere uma brincadeira com οἶδα". Masqueray observa a respeito de 397: "Une étymologie du mot Οἰδίπους. Celle que l'on trouve couramment est donné au vers 1036. Mais Oedipe n'était-il pas aussi l'homme εἰδὼς τὸ περὶ τῶν ποδῶν αἴνιγμα?" Isso foi antecipado por Earle (p. 40): "Como 'Pé-sabido' (εἰδὼς τοὺς πόδας) ele soluciona o enigma sobre os pés".

70. Cf. *e.g.* 43: οἶσθά πον, 59: οἶδ' ὅτι, 84, 105, 397, 498, 745 e cf. cap. 3, pp. 111-112.

DEUS 163

Ar'an par'hymôn ô ksenoi mathoim'hopou
ta tou tyrannou dômat' estin *Oidipou*
malista d' auton eipat' ei kat*oisth' hopou*[71].

Esses trocadilhos violentos[72], que sugerem uma conjugação fantástica do verbo "saber onde", formado do nome do herói que, conforme Tirésias lhe disse, não sabe onde ele próprio está – esta é a gargalhada irônica dos deuses que Édipo "exclui" em sua busca pela verdade. Eles observam a inteligência crítica trabalhar laboriosa e corajosamente até obter uma visão clara e absoluta que, uma vez encontrada, não suporta encarar. Sua presença se manifesta, neste padrão irônico e inoportuno, na linguagem das personagens, que é um lembrete enigmático de que existe um padrão, que está além do homem, pelo qual Édipo é medido. Como Édipo descobre no fim, o homem não é a medida de todas as coisas; ao contrário, conforme Platão diria muito mais tarde, "a medida de todas as coisas é – o deus"[73].

71. Os registros L lêem κάτοισθ' ὅπου em 926. Isto tornaria o trocadilho ainda mais claro, e bem pode ser o que Sófocles escreveu. A mudança de número (o plural é somente insinuado em ὑμῶν ὦ ξένοι, não expresso claramente) não é incomum em discursos dirigidos ao coro. (Cf. 7. *Electra* 175: φίλαι [...] 184: σκέψαι, *idem*, 215, 218, 751, 757 etc.).

72. As rimas foram percebidas freqüentemente, porém descartadas. "Provavelmente não intencionais" (Earle); "ὅπου no final de dois versos e Οδίπου descuidadamente rimando entre eles" (H. D. F. Kitto, *Greek Tragedy*, 2ª ed., London, Methuen, 1950, p. 182, nota 1). A existência de trocadilhos em Sófocles é geralmente ignorada ou justificada. A. C. Pearson (3) reluta em admiti-lo, mas não encontra alternativa. Acerca de *Oedipus Tyrannus* 70 (Πυθικὰ [...] πύθοιτο) ele comenta como a seguir: "Nos parece estranho que Sófocles tenha tido o mau gosto de introduzir um trocadilho etimológico neste estágio da ação. O fato, porém, é indiscutível [...]".

73. Platão, *As Leis* iv. 716c: ὁ δὴ θεὸς ἡμῖν πάντων χρημάτων μέτρον ἂν εἴη μάλιστα [...].

5. Herói

A peça, contudo, não termina com a prova da onisciência divina e da ignorância humana. Termina, assim como começa, com Édipo. "Igual a zero" – a avaliação do coro, proposta no momento em que Édipo sabe quem ele é parece correta e, na verdade, inevitável. Mas é difícil de aceitar. Significa que a ação heróica de Édipo, com tudo o que representa, nada mais é que uma zombaria oca, uma armadilha, uma cilada e uma ilusão. Sugere que o homem não deve procurar, por medo do que possa encontrar. Renuncia às qualidades e ações que distinguem o ser humano dos animais e aceita um estado de aquiescência cega e muda, não menos repugnante ao espírito humano que a imprudência exigida pelo universo do acaso de Jocasta. Ainda assim, naquele momento parece a única conclusão possível. Com Édipo como seu paradigma, é difícil ver que outra avaliação o coro poderia fazer.

Uma estimativa diferente é proposta, não em palavras mas na ação dramática, pela cena final da peça. Pois Édipo, o paradigma, no qual a avaliação desesperadora do coro se baseia, supera a catástrofe e se reafirma. Ele está tão longe de ser igual a zero que nos últimos versos da peça[1]. Creonte tem de lhe dizer que não tente "dominar tudo"

---

1. Como Pearson e muitos outros, não posso acreditar que a peça tenha terminado com os tetrâmetros insípidos e ininteligíveis de 1524-1530. Conforme diz o escoliasta (acerca de 1523): καὶ αὐτάρκως ἔχει τὸ δρᾶμα· τὰ γὰρ ἐξῆς ἀνοίκεια γνωμολογοῦντος Οἰδίποδος. Com isso creio que ele quer dizer que estes versos são inadequados para Édipo (e de fato, todos os MSS atribuem-nos ao coro) e impossíveis para o coro (que

166 ÉDIPO EM TEBAS

(1522). Esta última cena da peça, criticada com tanta freqüência como anticlimática ou insuportável é, muito pelo contrário, vital para a peça e o desenvolvimento que torna possível sua aceitação. Ela nos mostra a recuperação de Édipo, a reintegração do herói, a reconstituição da figura imperiosa, dinâmica e inteligente das cenas de abertura.

Trata-se de um desenvolvimento surpreendente, pois Édipo, ao sair do palácio, é uma visão tão terrível que o coro nem consegue olhar para ele (1303), e sua situação é tal que o coro expressa o desejo de nunca tê-lo conhecido (1348). Aprova seu desejo de que bem poderia ter morrido nas montanhas antes de atingir a idade adulta (1356), e lhe diz que estaria melhor agora morto do que vivo e cego (1368). Esse desespero reflete-se nas palavras do próprio Édipo: são as palavras de um homem alquebrado.

Os primeiros versos apresentam-nos um Édipo que fala em termos que dificilmente poderíamos reconhecer: ele fala acerca de seus movimentos, de sua voz e de seu destino como coisas alheias, que estão totalmente além de seu controle. "Para onde estou sendo levado? Para onde voa minha voz, carregada pelos ares? Ah! meu destino, a que ponto te precipitaste?" (1309-1311)[2]. Estas são as palavras de um homem cego que desperta para a percepção de sua terrível impotência, contudo expressa também um sentimento de que Édipo não é mais uma voz ativa e sim puramente passiva. Esta impressão é reforçada por suas próximas palavras, um apelo às trevas nas quais ele agora se moverá para sempre, e uma referência à dor que penetra igualmente em seus olhos e em sua mente (1313-1318). O clímax dessa passividade anormal é atingido quando Édipo se torna consciente, pela primeira vez, da presença do coro (1321). Sua percepção assume a forma de um reconhecimento grato pela constância em "cuidar de um homem cego" (1323). É uma expressão de sua dependência absoluta de outros; ele agora está tão longe da ação que precisa de ajuda até mesmo para existir. Realmente parece um zero, igual a nada.

É precisamente neste ponto que o coro nos lembra, e a ele, que de todo modo, parte de seu estado calamitoso atual, sua cegueira, é resultado de sua própria escolha, de sua ação independente após o reconhecimento da verdade. Isso não foi exigido pela profecia de Apolo, tampouco pelas instruções oraculares acerca da punição do assassino ou

---

dificilmente poderia dizer ὦ πάτρας Θήβης ἔνοικοι, palavras que seriam plausíveis apenas se o coro não consistisse de tebanos, como o coro de *As Fenícias*, de Eurípides). À parte essa indicação óbvia de que estes versos infelizes tivessem sido escritos para o final de *As Fenícias* (se Eurípides de fato os escreveu ou não é uma outra questão), o plural αἰνίγματα em 1525 não tem sentido algum e 1526 e os três últimos versos desafiam tanto o sentido quanto a sintaxe.

2. φέρομαι e φοράδην. Sobre φοράδην, ver a nota de Jebb: "na maneira daquilo que é carregado". Jebb comenta: "Ele sente como se sua voz tivesse sido transportada pelo ar, numa direção sobre a qual ele não tem controle".

HERÓI 167

da maldição sobre ele pronunciada pelo próprio Édipo. Foi uma ação autônoma de Édipo e o coro agora lhe pergunta por quê ele o fez: "Terríveis atos praticaste" (*deina drasas*, 1327). O coro utiliza a palavra que denota ação e que era peculiarmente dele quando *tyrannos*, e a pergunta que lhe faz sugere uma explicação. "Qual das divindades te incitou?" A resposta de Édipo defende sua ação e rejeita a fórmula do coro, que tiraria a responsabilidade pela cegueira de seus ombros. Apolo, diz ele, fez com que meus sofrimentos se concretizassem, mas "nenhuma outra mão vazou meus olhos, senão a minha" (1330-1331). Ele confirma o que o mensageiro já nos havia dito; a ação foi "autoescolhida" (*authairetoi*, 1231), e poucas linhas depois, o coro o reprova por isto. Foi de fato uma ação típica do Édipo *tyrannos*, que antecipava a reação, o conselho e a objeção de outrem, um *fait accompli*, um ato rápido e decisivo pelo qual ele assume responsabilidade total e que passa a defender. E agora, como se o lembrete do coro acerca de sua própria ação tivesse interrompido a desintegração de sua personalidade, que era tão terrivelmente explícita no primeiro discurso após sua entrada, o antigo Édipo emerge. Ao rejeitar a alusão do coro de que a responsabilidade não era sua, Édipo fundamenta sua ação de forma lógica e (à medida que seus versos fazem a transição da lírica do lamento ao iambo do discurso racional) ao rejeitar suas reprovações, todos os traços de seu caráter magnífico ressurgem. Não decorre muito tempo antes que ele seja reconhecidamente o mesmo homem de outrora.

Édipo ainda é um homem de ação decisiva, e ainda exibe a coragem que sempre inspirou aquele modo de agir. Sua atitude frente à nova e terrível situação na qual agora se encontra é caracterizada pela mesma coragem que exibia antes: ele aceita todas as conseqüências da maldição que impôs sobre si mesmo, e insiste obstinadamente, face à oposição de Creonte, que seja condenado à morte ou exilado de Tebas. Repele o acordo oferecido por Creonte com a mesma coragem que descartou as tentativas de Tirésias, de Jocasta, e do pastor para que interrompesse a investigação. Ao contrário, a rapidez e a impaciência de sua vontade crescem; *takhys*, "rápido", ainda é sua palavra. "Levai-me depressa para longe daqui" (*hoti takhista*, 1340). "Ocultai-me sem demora longe daqui" (*hopôs takhista*, 1410). "Manda-me embora logo desta terra" (*hoson takhisth'*, 1436).

Como antes, ele não tem paciência com meias medidas ou postergações; o oráculo e sua própria maldição exigem seu exílio ou sua morte, e ele vê que nada pode ser ganho prolongando a inação. A mesma inteligência analítica opera; ele está certo e, como sabemos, Creonte finalmente faz mais tarde o que Édipo queria que fosse feito antes – o exila de Tebas. A mesma inteligência enérgica que insistia em clareza total e em todos os fatos é exibida na exploração e formulação cruéis, sem quaisquer remorsos, da situação atemorizante na qual se encontra. Ele não poupa nenhum detalhe das conseqüências de sua

168 ÉDIPO EM TEBAS

impureza para si próprio e para suas filhas. Ao passo que a reação de Creonte é encobrir e ocultar (1426 e ss.), Édipo, numa conduta tipicamente sua, tudo revela, analisando em minúcias dolorosas sua situação e a de seus filhos. A inteligência de Édipo atua até mesmo na alta intensidade do pesar semi-histérico[3]; mesmo no rompante de lamentações, ele distingue entre o que considera a responsabilidade dos deuses e a sua. E algo de extraordinário surge quando Édipo abandona o lamento selvagem de sua primeira reação pelo discurso equilibrado da última parte da peça: fica aparente que mesmo a cegueira auto-infligida baseou-se na deliberação e na reflexão que, no Édipo *tyrannos*, sempre precederam a ação[4]. Em resposta à reprovação do coro de que ele "tomara uma decisão ruim" (1367) ao cegar-se, retruca com a mesma antiga impaciência e um toque da antiga cólera. "Não me venhas com lições ou conselhos, que o que fiz não era o melhor a ser feito" (1369-1370). E ele prossegue, descrevendo detalhadamente o raciocínio por meio do qual chegou à decisão de furar seus olhos (1370-1383). Sófocles deixa claro que este é um relato de uma reflexão passada, que precedeu a ação (e não uma racionalização atual dela), por meio do uso do verbo no tempo passado ao longo de todo o discurso[5]. Édipo está totalmente confiante no caráter justo da ação e do pensamento que a precedeu e a produziu. E, no decorrer de toda esta cena, ele delineia o futuro para si próprio e para sua família, dando a Creonte instruções para o enterro de Jocasta, sua própria expulsão de Tebas e a criação de seus filhos e filhas.

A antiga confiança em sua própria inteligência e ação ainda está ali, mas a esperança exagerada e grandiosa se foi. Mesmo assim, existe uma espécie de esperança; após o desejo inicial de morrer, ele está convicto de que está destinado a viver, de que num certo sentido é indestrutível. "Isso ao menos sei: [*oida*]: nem a doença, nem nada mais pode me destruir. Pois eu nunca teria sido salvo da morte em primeiro lugar [*i.e.*, quando criança nas montanhas] exceto para um mal estranho e terrível" (*deinôi kakôi*, 1457). Ele se sente tão eminente no desastre como o fora na prosperidade – "meus sofrimentos são tais que ninguém além de mim poderia suportá-los" (1414-1415); qualquer que seja seu fim, não será comum, como tudo o mais a seu respeito. "Que meu destino siga o seu caminho, qualquer que seja ele" (1458).

3. Para o qual o veículo é a métrica lírica de seu canto de abertura, após seu reaparecimento no palco: ele não retorna ao iambo do discurso racional, até começar a discutir em 1369.

4. No que concerne à cegueira como "intenção deliberada", ver Sir Richard Livingstone, "The Exodus of the *Oedipus Tyrannus*", em *Greek Poetry and Life* (Oxford, 1936), p. 160.

5. ἂν προσεῖδον, 1372; ὄψις ἦν, 1375; ἔμελλον [...] ὁρᾶν, 1385. O que Édipo diz agora sobre o que pensou então é corroborado pelo relato do mensageiro a respeito do que ele havia dito na época (1271-1274).

HERÓI 169

Seria de se esperar que a dedicação aos interesses da cidade, que era uma característica tão acentuada da atitude do *tyrannos*, se tornasse dormente no homem que é agora um pária impuro da sociedade mas, ao contrário, ela ainda é ativa em Édipo. Sua ansiedade, em ter os termos de sua própria maldição e da ordem oracular exata e imediatamente realizadas, brota em parte dessa sua consciência da necessidade que a cidade tem de se libertar do flagelo, o que só poderá acontecer com a punição do assassino de Laio. É nestes termos, do interesse da cidade, que ele declara seu desejo de ser exilado, falando dessa vez não como *tyrannos* mas com a percepção de sua recém revelada posição de monarca hereditário: "Que a cidade de meus ancestrais não seja condenada a me ter como seu habitante vivo" (1449-1450).

Édipo ainda possui a capacidade de adaptação, alinha-se rapidamente com as circunstâncias modificadas. O processo de seu ajustamento rápido à cegueira é delineado com cuidado. Depois do desespero impotente dos versos de abertura, quando ele ignora qualquer realidade externa a si próprio, se dá conta de que ainda tem algum poder de percepção e reconhecimento – ele pode ouvir. "Percebo tua presença", diz ele ao coro; "Reconheço claramente [*gignôskô saphôs*, 1325] tua voz, mesmo mergulhado nas trevas". E a partir do ponto em que reconhece as possibilidades, bem como as limitações, de seu novo estado, ele nunca retrocede. Começa a se adaptar aos aspectos mais amplos da situação, fazendo a transição do passivo de volta para o ativo.

A adaptabilidade de Édipo supera as mais terríveis reversões de relacionamentos imagináveis. Édipo é agora um pária e, como Tirésias lhe disse que seria, um mendigo. O rico *tyrannos* expressava seu desejo como uma ordem, mas o mendigo vive por meio de apelos insistentes, súplicas enfáticas e, em geral, inoportunas. Quando Creonte aparece, Édipo revela-se o mendigo mais insistente que já existiu; as fórmulas de súplica saem de seus lábios com tanta facilidade quanto as palavras autoritárias, carregadas da mesma energia. Tão logo Édipo ouve que Creonte não veio para zombar dele, revela-se um perito em seu novo papel; o apelo e a súplica sucedem-se rapidamente – a Creonte não é dado nenhum fôlego. "Em nome dos deuses [...] faz o que eu peço", diz ele (1432), implorando para ser expulso da cidade e Creonte reconhece o tom de seu discurso, pois retruca "Me importunas" (*lipareis*, 1435), a palavra apropriada para definir o comportamento de um mendigo. No apelo subseqüente, para que lhe seja permitido dizer adeus a seus filhos, Édipo chega a uma impertinência aduladora que é enfatizada formalmente pelas quebras na regularidade dos versos: 1468, 1471 e 1475 são interrompidos antes do fim do primeiro metro. "Deixa-me tocá-las e lamentar os seus infortúnios. Atende-me, senhor. Atende-me, tu que és nobre de nascimento". Esta última expressão é uma referência à sua própria paternidade impura; é o contraste característico do mendigo, entre a nobreza inata do seu patrono e a natureza humilde de sua pró-

170 ÉDIPO EM TEBAS

pria condição. Édipo saúda a concessão a seu pedido com a bênção típica do mendigo ao seu benfeitor – "Que sejas afortunado [...]" (1478) – e o mesmo contraste adulador de circunstâncias – "Protejam-te os deuses mais que a mim" (1479). Mais tarde, ele faz outro apelo à piedade de Creonte, desta vez em nome de suas filhas: "Impede que andem ao léu, à míngua, sem marido, não lhes cause infelicidade igual à minha" (1505-1507) – uma frase que indica sua concepção acerca de seu próprio *status* como mendigo. "Tem pena delas", ele continua (1508); "Faz um sinal de assentimento, nobre senhor, toca-me com tua mão" (1510). Édipo fez uma adaptação rápida e extraordinariamente bem-sucedida a seu novo papel. Como mendigo, ele é irresistível[6].

Pois esta súplica abjeta e insistente está cheia de uma arrogância que recorda o *tyrannos*. Quando ouve pela primeira vez a voz de Creonte, a quem havia equivocadamente condenado à morte, fica constrangido e sem palavras (1419), mas em poucos momentos está discutindo obstinadamente com ele, acabando por dar-lhe instruções numa frase magnífica, que combina a atitude do *tyrannos* com a do mendigo: "Te ordeno e te imploro [...]" (*episkêpto te kai prostrepsomai*, 1446). A primeira palavra é a mesma que ele utilizara antes como *tyrannos*, quando ordenou ao povo de Tebas que cooperasse com ele em sua busca pelo assassino de Laio.

Trata-se de uma palavra surpreendente e mais surpreendente ainda é o fato de Creonte não protestar. A última cena da peça nos apresenta uma situação imprevisível: apesar de sua enorme reversão, Édipo ainda é a força ativa que sujeita homens e circunstâncias à sua vontade. Sua reflexão e inteligência lhe asseguram que deve partir imediatamente para o exílio, e ele se prende a este ponto de vista com teimosia, pressionando Creonte com persistência, até que o homem que agora tem o poder de "decidir e agir" (1417) cede à vontade do mendigo cego. No último momento, quando Creonte ordena que volte ao palácio, Édipo impõe condições (1517); é a mesma exigência que ele repetiu com pertinácia por toda a cena – que Creonte o expulse imediatamente de Tebas (1518). A tentativa de Creonte de transferir a responsabilidade, consultando Delfos, é rejeitada por Édipo, e ele está certo; de acordo com o conselho oracular original e também com a maldição proferida por ele mesmo, o assassino de Laio deve ser exilado. "Sou quem os deuses mais odeiam", diz Édipo (1519). Creonte

---

6. O mendigo é desavergonhado em sua importunação (κακὸς δ' αἰδοῖος ἀλήτης, diz Penélope, *Odisséia* xvii. 578, "um mendigo modesto não é bom"); ele elogia o homem que espera transformar em seu patrono (Odisseu para Antino, *idem*, 415 e ss.); ele compara sua própria condição miserável com a prosperidade esplêndida de seu patrono (*idem*, 419 e ss.); ele pede que as bênçãos recaiam sobre a cabeça de seu benfeitor (Odisseu a Eumeu, *Odisséia* xiv. 53-54). Cf. Também xvii. 354-355. Todas essas fórmulas do mendigo podem ser encontradas nos apelos de Édipo a Creonte.

HERÓI 171

cede às suas exigências, mas numa frase ambígua: "Por esta razão terás rapidamente o que queres" (1519) – que pode significar "eu te expulsarei" ou "os deuses, uma vez que te odeiam, ordenarão teu banimento por intermédio do oráculo". Édipo exige uma promessa mais explícita: "Consentes, então?" (1520). E Creonte finalmente consente, e muito embora os termos de seu consentimento ainda sejam ambíguos, eles o comprometem muito mais que sua declaração anterior. "Não é meu costume falar em vão o que não penso" (1520)[7]. Esta é uma frase digna de Creonte, o político, porém Édipo a toma como uma promessa definitiva e permite que o conduzam ao palácio. Antes, faz uma tentativa de levar seus filhos com ele, mas neste ponto Creonte finalmente se faz valer e separa as crianças de seu pai. Ele aproveita a ocasião para censurar Édipo por seu tom arrogante. "Não queiras exercer o poder [*kratein*, 1522] em tudo. Pois o poder que ganhaste [*hakratêsas*, 1522] não te acompanhou até o fim de tua vida". Ele não tem a última palavra em tudo, mas tem na maioria das vezes, incluindo a questão mais importante de todas, sua expulsão; nisso, o mendigo cego impôs sua vontade sobre o rei.

A frase final de Creonte – "Não queiras exercer o poder em tudo" – acaba por fechar o círculo; é um eco das primeiras palavras dirigidas a Édipo na peça; "Édipo, tu que exerces o poder em meu país", disse-lhe o sacerdote no início (*kratynôn*, 14). Creonte, na verdade, tem de lembrar ao homem cego e impuro que ele não é mais um *tyrannos*; a vontade de Édipo se reafirma e Creonte vê de repente que a "ação e a deliberação", funções que assumiu depois que Édipo foi revelado como filho de Laio, estão escapando de suas mãos. A rapidez e a força da recuperação de Édipo do choque do auto-reconhecimento podem ser avaliadas pelo fato de que no último verso da peça, ele tem de ser lembrado de sua reversão.

Esta recuperação é ainda mais surpreendente porque não há nenhuma referência nos versos de Sófocles à justificação de Édipo e sua elevação ao *status* de herói divino, que é o tema da peça posterior *Édipo em Colono*[8]. Existe, no máximo, uma sensação de que Édipo

---

7. Ver a nota de Jebb. A expressão é completamente ambígua, pois φρονῶ pode significar "compreensão" (*i.e.*, "Não digo futilmente coisas que não compreendo – e não compreenderei até que tenha consultado o oráculo novamente") ou "intenção" (e nesse caso, trata-se de uma concessão definitiva para Édipo). Mesmo assim, Jebb seguramente está certo em adotar este último sentido (assim como o faz evidentemente Édipo), e aí não há contradição entre esta passagem e a referência ao exílio de Édipo em *Édipo em Colono* 765 e ss. Com base em *Édipo em Colono*, parece que Creonte, na verdade, nunca consultou o oráculo de Apolo a respeito do exílio de Édipo; a decisão de exilá-lo foi tomada por Creonte sozinho, em conluio com os filhos de Édipo. As palavras οὐκ ἤθελες, *Édipo em Colono* 767 não significam "recusaram", porém simplesmente "estavam relutantes", como claramente Creonte está no *Oedipus Tyrannus*.

8. Ver "Sophocles' Oedipus", em *Tragic Themes in Western Literature*", ed. Cleanth Brooks, New Haven, 1955, pp. 23-29.

172 ÉDIPO EM TEBAS

tem um destino especial, uma invulnerabilidade frente a calamidades comuns, mas esse destino especial Édipo pode apenas chamar de "um mal terrível" (*deinôi kakôi*, 1457). A reafirmação de sua personalidade forte baseia-se no fato de não haver mudança em sua condição, nenhuma promessa ou garantia, humana ou divina; como cada uma de suas ações e atitudes, ela é autônoma, a expressão de uma grande personalidade que desafia a expectativa humana, do mesmo modo que outrora desafiou a profecia divina.

A nota de encerramento da tragédia é uma insistência renovada na natureza heróica de Édipo; a peça termina como começou, com a grandeza do herói. Mas é um tipo de grandeza diferente. Ela agora se fundamenta no conhecimento e não na ignorância[9], e este novo conhecimento é, como o de Sócrates, o reconhecimento da ignorância do ser humano. "Apolo e Zeus", cantava o coro, "têm a compreensão e o conhecimento do afazer humano" (497-499); e Édipo agora dirige toda a força de sua inteligência e ação para a concretização da ordem oracular, que o assassino de Laio seja morto ou exilado. Creonte, que resiste aos apelos de Édipo, pode insultá-lo por sua falta de crença anterior – "Agora terias fé no deus" (1445) – mas Édipo nem se digna a responder a esta censura sarcástica. Ele bate sempre na mesma tecla, insistindo em sua exigência de que a ordem oracular seja literal e imediatamente concretizada. As qualidades heróicas do *tyrannos*, outrora exercidas contra a profecia e o destino do qual é a expressão, colocam-se agora ao seu lado. E a recusa de Creonte em cumprir a ordem do oráculo, apresenta-nos uma situação na qual a aceitação de Édipo, do que antes rejeitara, exige e produz não a passividade e sim a ação, não a aquiescência, mas a luta. As qualidades heróicas de Édipo ainda estão presentes e atuantes, mas agora ao lado dos poderes que configuram o destino e governam o mundo, e não contra eles. "Que o Destino esteja comigo [...]", cantou o coro ao abandonar Édipo (863); aquela oração é concretizada para o herói. O Destino está com ele; a confiança, que antes se baseava unicamente nele próprio, agora está fundamentada mais firmemente; ela procede de um conhecimento acerca da natureza da realidade e das forças que a governam, e de sua identificação com sua vontade. Na última cena, Édipo defende a ordem oracular contra a vontade de Creonte, o novo governante de Tebas; agora é Creonte quem exibe uma atitude política com relação ao oráculo de Delfos, e Édipo o que insiste em sua concretização literal. Ele agora é cego como Tirésias, e como ele, possui uma visão mais penetrante que a do governante ao qual se opõe; nesta cena, de fato, se tornou o portavoz de Apolo, "vendo", como o coro dizia a respeito de Tirésias, "as

---

9. Dion Crisóstomo lxiv. 6 diz, acerca de Édipo: ἡ τύχη γὰρ αὐτῷ τὸ μηδὲν παθεῖν περιποιουμένη τὸ ἀγνοεῖν ἔδωκεν, ὅπερ ὅμοιον ἦν τῷ μὴ παθεῖν· εἶτα ἅμα τῆς εὐτυχίας ἐπαύσατο καὶ τοῦ γιγνώσκειν ἤρξατο.

mesmas coisas que Apolo". Agora que sua vontade se identifica com a *moira*, o "destino", sua ação deixa de ser autoderrotista, uma vez que se baseia no verdadeiro conhecimento. A grandeza de Édipo em sua ruína não é menor, e num certo sentido é maior, do que a grandeza do *tyrannos*.

Édipo é um paradigma de toda a humanidade bem como da cidade que é a maior criação do homem. Seu ressurgimento na última cena da peça é uma visão profética de uma Atenas derrotada que ascenderá a uma grandeza que está além de tudo que alcançara na vitória, uma visão do homem, superior à reversão trágica de sua ação e ao sucesso terrível de sua busca pela verdade, confirmando desta vez sua grandeza não em desafio aos poderes que configuram a vida humana, mas em harmonia com eles. "Todas as coisas nascem para depois desaparecer", lembrara Péricles aos atenienses; a visão trágica de Sófocles aceita este reconhecimento melancólico e o transcende, para ver além da derrota da ambição do homem, a verdadeira grandeza da qual apenas os derrotados são capazes.

O *Oedipus Tyrannus* de Sófocles combina dois temas aparentemente irreconciliáveis, a grandeza dos deuses e a grandeza do ser humano, e a combinação desses temas é inevitavelmente trágica, pois a grandeza dos deuses é demonstrada de forma mais explícita e poderosa pela derrota do homem. "O deus é grande em suas leis e não envelhece". Mas o homem envelhece, e também morre. Em contraposição aos deuses, ele existe no tempo. A beleza e o poder de sua moldura física estão sujeitos à enfermidade, à morte e à corrupção; a beleza e o poder de suas realizações intelectuais, artísticas e sociais sujeitos ao declínio, à destruição e ao esquecimento. Sua grandeza e beleza despertaram em nós orgulho por sua magnificência, que é inseparável de nosso sofrimento, e por ele aumentado diante de sua morte imanente e iminente. Édipo simboliza toda a realização humana: sua magnificência conquistada às duras penas, ao contrário da magnificência eterna do divino, não pode perdurar, e enquanto vive, reluz cada vez mais brilhante contra o pano de fundo sombrio de sua impermanência. A tragédia de Sófocles nos apresenta uma terrível afirmação da posição subordinada do ser humano no universo, e ao mesmo tempo, uma visão heróica da vitória do homem na derrota. O homem não é igual aos deuses, mas em sua grandeza, como Édipo, é capaz de algo que os deuses, por definição, não podem vivenciar; a visão trágica e orgulhosa de Sófocles vê na fragilidade e na derrota inevitável da grandeza do homem a possibilidade de um heroísmo puramente humano, que os deuses jamais poderão alcançar, pois a condição de sua existência é a vitória eterna.

Sugestões de Leitura

BUSHNELL, Rebecca W. *Prophesying Tragedy*. Ithaca, New York, 1988, pp. 67-85.

FAGLES, Robert (trad.). *Sophocles: The Theban Plays*. Introdução de Bernard Knox. Harmondsworth, England, 1984, pp. 131-153.

GELLIE, G. H. *Sophocles: A Reading*, Melbourne, Australia, 1972, pp. 79-105.

GOLDHILL, Simon. *Reading Greek Tragedy*. Cambridge, 1986, pp. 199-221.

O'BRIAN, Michael (ed.). *Twentieth-Century Interpretations of the "Oedipus Rex"*, New York, 1968.

SEGAL, Charles. *Oedipus Tyrannus: Tragic Heroism and the Limits of Knowledge*. New York, 1993. Um compêndio para o leitor que não conhece o grego, cobre o "contexto literário e histórico" e a "leitura" sensível da peça feita pelo próprio autor, oferecendo uma bibliografia extensa, com observações críticas úteis sobre cada item.

_____. *Sophocles' Tragic World*. Cambridge, Mass., 1995, pp. 138-212.

VERNANT, Jean-Pierre & VIDAL-NAQUET, Pierre. *Myth and Tragedy in Ancient Greece*. Trad. Janet Lloyd. New York, 1988, pp. 85-140, 207-236, 320-327.

WHITMAN, Cedric. *Sophocles: A Study of Heroic Humanism*. Cambridge, Mass., 1951, pp. 122-246.

WINNINGTON-INGRAM, R. P. *Sophocles: An Interpretation*. Cambridge, 1980, pp. 173-204.

Bibliografia

ANGUS, C. F. "Athens". *Cambridge Ancient History*. Cambridge, Cambridge University Press, 1928, vol. 7, cap. 7.

AX, W. "Die Parodos des Oidipus Tyrannos". *Hermes*, 67, 1932, pp. 413-437.

BONNER, R. & SMITH, G. *The Administration of Justice from Homer to Aristotle*. Chicago, 1930, 1938.

BOWRA, M. *Sophoclean Tragedy*. Oxford, 1944.

BROOKS, C. & HEILMAN, R., *Understanding Drama*. New York, 1948.

BRUHN, E. "Sophokles", 2ª ed., Berlin, 1910, vol. 2: *König Oedipus*.

BURNET, J. *Plato's Eutyphro, Apology of Socrates, and Crito*. Oxford, 1924.

CAMPBELL, L. *Sophocles*. Londres, 1879.

CARROLL, J. P. "Some Remarks on the Questions in the Oedipus Tyrannus". *CJ*, 32, nº 7, abr. 1937, pp. 406-416.

CROISET, A. & M. *Histoire de la littérature grecque*, 2ª ed., Paris, 1898, vol. 2.

DEUBNER, L. *Attische Feste*. Berlin, 1932.

DIANO, C. "Edipo figlio della Tyche". *Dioniso*, 15, 1952, pp. 56-89.

DIEHL, E. *Anthologia Lyrica Graeca*. Leipzig, 1925, vol. 2.

DIELS, H. & KRANZ, W. *Die Fragmente det Vorsokratiker*, 10ª ed., Berlin, 1961.

EARLE, M. L. *The Oedipus Tyrannus*. New York, 1901.

EHRENBERG, V. (1) *The People of Aristophanes*, 2ª ed., Oxford, 1951. (2) *Sophocles and Pericles*. Oxford, 1954.

ERRANDONEA, I. "El estasimo segundo del Edipo Rey". *Textos y Estudios*. Eva Perón (La Plata), Argentina, 1952.

FARNELL, L. R. *Cults of the Greeks States*. Oxford, 1896-1909.

FERGUSON, W. S. "The Leading Ideas of the New Period". *Cambridge Ancient History*. Cambridge University Press, 1928, vol. 7, cap. 1.

FERGUSSON, F. *The Idea of a Theater*. Princeton, 1949.

178 ÉDIPO EM TEBAS

FRAENKEL, E. *Aeschylus Agamemnon*. Oxford, 1950.

FRÄNKEL, H. *Dichtung und Philosophie des Frühen Griechentums*. New York, 1951.

FRAZER, Sir James G. *The Golden Bough*, 3ª ed., Londres, 1935, vol. 2: *The Magic Art*.

FREEMAN, K. (1) *The Pre-Socratic Philosophers*. Oxford, 1946. (2) *Ancilla to the Pre-Socratic Philosophers*. Cambridge, Mass., 1948.

FREUD, S. *The Interpretation of Dreams*. New York, 1938.

FRITZ, Kurt von. "ΝΟΥΣ, NOEIN, and Their Derivatives", Parte II, *CP*, *41*, 1946, pp. 12-34.

GOODWIN, W. W. *Syntax of the Moods and Tenses of the Greek Verb*. Boston, 1890.

GREENE, W. C. (1) *Moira*. Cambridge, Mass., 1948. (2) "Fate, Good, and Evil in Pre-Socratic Philosophy". *HSCP*, *47*, 1936, pp. 85-129.

GRENE, D. *Three Greek Tragedies in Translation*. Chicago, 1942.

HELMBOLD, W. C. "The Paradox of the *Oedipus*". *AJP*, 72, 1951, pp. 239 e ss.

HOW, W. W. & WELLS, J. *A Commentary on Herodotus*. Oxford, 1912.

JAEGER, W. *The Theology of the Early Greek Philosophers*. Oxford, 1947.

JEBB, Sir Richard. *Sophocles, Oedipus Tyrannus*. Cambridge, 1887.

JONES, W. H. S. & WITHINGTON, E. T. *Hippocrates*. Londres, 1923-1931.

KAMERBEEK, J. C. *The Plays of Sophocles. Part I, Ajax*. Leiden, 1953.

KITTO, H. D. F. *Greek Tragedy*, 2ª ed., London, 1950.

KLEINGÜNTHER, A. πρῶτος εὑρέτης, *Phil. Suppl.*, 26, Heft 1, Leipzig, 1933.

KNOX, B. M. W. (1) "The Date of the Oedipus Tyrannos". *AJP* 77, 1956, pp. 133-147. (2) "The *Hippolytus* of Euripides". *YCS*, 13, 1952, pp. 1-31. (3) "Sophocles Oedipus". *Tragic Themes in Western Literature*. Cleanth Brooks, New Haven, 1955.

LIVINGSTONE, Sir Richard. "The Exodus of the *Oedipus Tyrannus*". *Greek Poetry and Life*. Oxford, 1936, pp. 158-163.

MAIDMENT, K. J. *Minor Attic Orators*. Londres, 1951, vol. 1.

MASQUERAY, P. *Sophocle* (Budé). Paris, 1929.

MEIER, M. H. E. & SCHÖMANN, G. F. *Der Attische Process*, (Neu bearb. von J. H. Lipsius), Berlin, 1883-1887.

MILLER, H. W. "Medical Terminology in Tragedy". *TPAPA*, 87, 1944, pp. 156-167.

MITCHELL, T. *The Oedipus Tyrannus of Sophocles*. Oxford, 1841.

MURRAY, G. *The Rise of the Greek Epic*, 3ª ed., Oxford, 1924.

NESTLÉ, W. "Hippocratica". *Hermes*, 73, 1938, pp. 1-38.

NILSSON, M. (1) *Greek Popular Religion*. New York, 1940. (2), *Geschichte der Griechischen Religion²*. Munich, 1955, vol. 1.

PACK, R. A. "Fate, Chance, and Tragic Error". *AJP*, 60, 1939, pp. 350-356.

PAGE, D. L. (1) "Thucydides' Description of the Great Plague". *CQ*, *47*, 1953, pp. 97-119. (2), *Euripides. Medea*. Oxford, 1938.

PALEY, F. A. *The Tragedies of Aeschylus⁴*. London, 1879.

PEARSON, A. C. (1) *Sophoclis Fabulae*. Oxford, 1924. (2) *The Fragments of Sophocles*. Cambridge, 1917. (3) "Sophoclea II". *CQ*, 23, 1929, pp. 87-95. (4) "Sophoclea III". *CQ*, 23, 1929, pp. 164-176.

PICKARD-CAMBRIDGE, A. W. *The Dramatic Festivals of Athens*. Oxford, 1953.

POWELL, J. E. *A Lexicon to Herodotus*. Cambridge, 1938.

BIBLIOGRAFIA 179

ROBERT, C. *Oidipus*. Berlin, 1915.
ROSCHER, W. H. (ed.) *Ausführliches Lexikon der Griechischen und Römischen Mythologie*. Leipzig, 1884-1937.
SHEPPARD, J. C. *The Oedipus Tyrannus*. Cambridge, 1920.
THOMSON, G. *Aeschylus, Prometheus Bound*. Cambridge, 1932.
WALDOCK, A. J. A. *Sophocles the Dramatist*. Cambridge, 1951.
WHITMAN, C. H. *Sophocles*. Cambridge, Mass., 1951.
WORMHOUDT, A. *The Muse at Length*. Boston, 1953.
WYSE, W. *The Speeches of Isaeus*. Cambridge, 1904.

Índice Remissivo

ABE – 36
ABRAÃO – 99
ACRÓPOLE, a – 82n
ADIMANTO – 142
AELIANO – 67n
AFRODITE – 26
AGAMÊMNON – 27, 151
AGAVE – 110
AGÊLATEIN – 64, 64n
AGENOR – 45, 46
AGORATO – 74
AGOSTINHO, Santo – 30, 30n
AHNFRAU, die – 2
AJAX – 26, 161n. Ver também
Sófocles, *Ajax*
AKATHARTOS – 124, 124n
ALCIBÍADES – 17, 34, 57n, 70n, 84, 137n, 143n
ALCMAN – 147
ALCMÉON – 142n; de Cróton – 107, 107n
AMAZONAS, as – 58n
AMIPSIAS – 110n
Anacronismo – 51, 51n, 52, 52n
ANARITHMOS – 133, 133n
ANAXÁGORAS – 109, 127n

ANÁXILAS – 102n
ANDÓCIDES – 70, 70n, 73n, 74n, 75n, 76n, 78, 79n, 83n, 84n
ANÊKESTON – 91
Anfitrião – 52, 52n
ANGUS, C. F. – 148n
Anthrôpos tyrannos – 93, 95
ANTÍFON, orador – 74, 75, 76, 77, 78, 79n, 80, 82n, 84n, 116n; sofista – 35, 35n
ANTÍGONA – 44n. *Ver também* Sófocles, *Antígona*
ANTINO – 170n
ANTÍOCO – 149n
APHIENAI – 72, 79
APOKLEISAI – 129, 129n
APOLO – 37n, 41n, 68, 69, 75, 77, 82, 96, 103, 123, 142, 150, 150n, 151, 153, 154, 155, 156, 160, 161, 171n; "sacerdotes de" – 152, 153, 153n; A. *mênytês* – 69, 69n; e Creso – 27, 29; e Édipo – 41, 159, 160, 172-173; e Jocasta – 152, 153, 155, 155n; e Laio – 87, 108; e o flagelo – 6, 6n, 7, 7n; Lício –

141, 155; na *Oréstia* – 29, 32n; no
Íon – 34, 34-35n; profecias de – 3,
31, 32, 32n, 38, 38n 125, 135, 139,
152, 153, 155n, 156, 156n,
166; responsabilidade de – 5, 6n,
167
APOLÔNIO de Rodes – 124n
AQUEU – 124n
AQUILES – 28n
Arcádia – 142, 142n
AREÓPAGO, o – 67
ARES – 7, 7n
ARETEUS – 122n, 125n
ARGINUSAS – 66
ARGOS – 29, 51, 146n
ARISTÓFANES – 35, 54, 110, 116; *A
Paz* – 65, 65n, 91; *As Aves* –
35n, 48, 56n, 62n; *As Mulheres
celebram as Tesmofórias* – 48,
48n; *As Nuvens* – 67, 67n, 103,
105n, 106, 110, 110n, 111n,
115n, 119, 127n, 134n, 136n;
As Rãs – 105n , 116; *As Vespas*
– 48, 65, 65n, 74n; Fragmentos
– 53n; *Os Acarnianos* – 74n,
91, 134n; *Os Cavaleiros* – 35n,
50n, 54, 56n, 65, 65n
ARISTOGEITON – 81, 82n, 83; o
tiranicida – 49n
ARISTÓTELES – 9, 23, 24, 39, 43, 44n,
67, 67n, 105n, 130, 136n; *Da
Geração dos Animais* – 122n;
Das Partes dos Animais –
123n, 129n; *De Mirabilibus
Ascultationibus* – 128n; *Física*
– 134n, 156n; *Metafísica* – 105n,
117n, 127n; *Meteorologica* –
128n; *Parva Naturalia* – 158n;
Poética – 23n, 44n; *Política* –
43, 45n; *Problemata* – 122n,
123n, 125n; *Retórica* – 85n;
Retórica a Alexandre – 73n, 85n;
Tópicos – 130n
ARITHMOS – 130, 130n
ARKHÊ – 56, 161
ARQUIDAMOS – 54, 54n, 58n, 143n
ARQUÍLOCO – 47n, 147n
ARQUIMEDES – 112
ARQUITAS – 103

ARTÁBANO – 26
ÁRTEMIS – 7, 142, 161n
ASTÍAGES – 28
ASTÍANAX – 146
ATENA – 7, 26, 35n, 67, 90, 142,
142n, 161, 161n
ATENÁGORAS – 58n
Atenas – 27, 34, 35, 35n, 52n, 53,
53n, 55n, 56n, 77, 80, 86, 88,
89, 90, 109, 149, 150; caráter
ateniense – 56-66, 56n, 57n,
58n, 59n, 60n, 61n, 62n, 63n; e
a lei – 67-68, 70-71, 67n; e
Édipo – 51, 56-57, 86-91; e o
Iluminismo – 93-94, 119; e os
sofistas – 118; habilidade – 54-
55, 54-55n; muralhas e navios
– 53n; riqueza – 54, 54n;
tyrannos – 50-51, 67, 93-94,
142
AUDEN, W. H. – XVII
AUTHAIRETOS – 4n, 167
AX, W. – 142n

BACO – 114
BÁKIS – 28, 34, 35n
BASILEUS – 44, 45, 45n, 46
BDELYCLEON – 48, 65
BEÓCIOS – 143n
BONNER, R. e SMITH, G. – 71n
BOTHE – 137n
BOUTOPOLIS – 25n, 29, 152n
BOWRA, M. – 159n
BRASIDAS – 143n
BROOKS, C. – 39n, 171n
BRUHN, E. – 86
BRUNCK – 5, 6, 6n
BÚPALO – 147n
BURNET, J. – 111n

CADMO – 12, 45, 46, 119
CALCAS – 151
CALLISTONICUS – 159n
CAMARINA – 50
CAMPBELL, L. – 160n
CARROLL, J. P. – 106n
"Casamento sagrado" – 100, 100n
CEBES – 137n
CÉFALO – 80

ÍNDICE REMISSIVO

CÉTICO – 105
CHAEREMON – 146n
CHEIMAZEIN – 123, 123n
CÍCERO – 67n
CILO – 53
CÍPSELO – 49n, 147
CIRO – 27, 28, 147n
CITERO – 2n, 14, 74, 114, 129, 138, 159, 160, 160n
CÍTIA – 147
CLEÔMENES – 29, 64
CLEON – 35n, 50, 54, 64, 66, 89, 143n
CLEONAS – 7n
CLÍSTENES – 64
CLITEMNESTRA – 49n
CONNOS – 110n
Constituição de Atenas, A – 67
CÓRCIRA– 145; Córciros – 59n
CORINTO– 4, 31, 32, 46, 46n, 80, 81, 98, 115, 129, 135, 136, 147, 158, 160, 162; coríntio – 104, 138; mensageiro coríntio – 10, 14, 22, 44n, 83, 84, 106, 107n, 111, 114, 114n, 117, 119, 120, 125, 136n, 137, 137n, 155, 158, 160, 160n, 162
CORO, o – 9, 11, 12, 16, 16n, 17, 19, 20, 21, 23, 47, 50, 72, 74n, 78, 79, 87, 98, 99, 105, 118, 124, 127, 128, 134, 138, 151, 157, 160, 161, 165, 166, 167, 168, 169, 172; PÁRODOS – 7, 110, 111, 123, 133, 142n, 161; 1º estásimo – 18, 32, 53, 74, 75, 97, 151, 161, 172; 2º estásimo – 36, 37, 37-38n, 41, 47, 81, 82, 83, 86, 87, 88, 89, 90, 91, 136, 154, 155, 159n, 161, 172; 3º estásimo – 17, 41, 109, 114, 114n, 159, 160; 4º estásimo – 15, 39, 46, 85, 86, 91, 94, 98, 99, 100, 119, 139
CRATINO – 53, 53n
CRATO – 65
CREONTE – 6, 12, 13, 13n, 14, 22, 23, 40n, 47, 49, 54, 64, 77n, 113, 114, 132, 151, 156, 157; no prólogo – 8-10, 14, 16, 18, 19, 49, 50, 68, 69, 96, 102n, 103,

105n, 106, 111n, 115, 122, 123n, 133, 135n, 161; altercação com Édipo – 9-10, 11-14, 18-20, 21, 22-23, 49, 50, 51n, 63n, 75, 76, 77, 78, 79, 97, 98, 106, 117, 118-119, 124, 134, 156, 157; cena final – 24n, 40, 134, 167-172; em *Édipo em Colono* – 72n
CRESO – 27, 28, 29
CREÚSA – 34n, 35n
Crises – 151
CRISIPO – 87
CRISÓTEMIS – 49n
CRÍTIAS – 144, 145
CROISET, M. – 62n, 105n
CRONOS – 53

DÁMON – 54n
DARIO – 27
Data do *Oedypus Tyrannus* – 7n
DEIKNYMI – 117, 117n, 118
DEJOCES – 17
DELFOS – 6, 8, 9, 13, 18, 22, 25, 32, 36, 98, 113, 138, 150, 152, 153, 155, 156, 157, 158, 170; délfico – 153n; oráculo délfico (Creso) – 8, 11, 11n, 18n, 27, 28, 40, 46n, 150, 154, 172
DÊLOS, Dêloô – 97n, 117, 118, 144
DEMÉTRIO – 53n, 100n, 159n
DEMÉTRIO DE FALERO – 148
Democracia ateniense – 34, 50-51, 53-54, 62-66, 77
DEMÓCRITO – 109n, 110n, 136n, 145n
DEMOFONTE – 44n, 56n
DÊMOS – 35n, 50n, 65
DEMÓSTENES (estrategista) – 60n, 62; orador – 11n, 70n, 71n, 72n, 74n, 76, 76n, 77n, 78n, 79, 79n, 80, 80n, 81, 81n, 82n, 83, 83n, 84n, 85n, 86n, 148n
DEMOSTRATO DE MÉLITE – 80
DEUBNER, L. – 100n
DIANO, C. – 127-128n
DIDASKEIN – 118, 119
DIKÊ PHONOU – 70
DINARCO – 56n
DIO CRISÓSTOMO – 33n, 172n

184   ÉDIPO EM TEBAS

Dióporo (*ap*. Tucídides) – 64, 143n;
  (*ap*. Lísias) – 80
Diofanto – 131, 131n
Diogeiton – 80
Diógenes Laércio – 67n, 94n
Dionísio – 7, 37, 66, 100, 100n,
  114n, 142, 159, 160; dionisíaco
  – 110
Diorizein – 131, 135, 135n, 138, 152
Dória; Dórica – 34, 80, 103
Dran – 11, 11n, 57n, 167

Éaco – 60
Earle, M. L. – 49n, 86n, 97n, 99n,
  101n, 102n, 128n, 138n, 142n,
  162n
Édipo – caráter – 10-22, 10n, 21n, 31,
  32, 167-169; cólera – 4, 20, 21,
  22; como acusado – 75, 79, 81,
  82; como caçador – 96, 97;
  como descobridor – 112-116,
  114n; como interrogador – 105-
  107, 106n, 107n; como
  investigador –68-70, 76-85,
  102-108, 132; como lavrador –
  99-101; como libertador – 119-
  120; como matemático – 129-
  139; como médico – 120-129;
  como mendigo – 169-170, 170n;
  como *paradeigma* – 39-40, 85,
  119-120, 139; como piloto – 98;
  como professor – 118-119;
  como revelador – 114-117;
  como salvador – 119-120;
  complexo de – 3; e a Esfinge –
  15, 41, 108, 115, 117, 131; e a
  profecia – 25, 31, 33, 152-154,
  155-156, 155n, 156n; e Atenas
  – 50-51, 53-67, 56n, 86-91; e
  clareza – 116-118; e Creonte –
  8, 11, 12-14, 13n, 16, 18-20, 21,
  22, 22n, 23, 40, 40n, 45, 49, 50,
  75, 76, 77, 78, 79, 106, 111n,
  118-119, 124, 133, 135n, 165-
  166, 168, 169, 170, 171, 172; e
  Jocasta – 10, 12, 14, 17, 23, 36,
  49-50, 79, 80, 81, 99, 105, 107-
  108, 115, 119, 124-125, 127-
  128, 135-137, 138, 138n, 151-

160; e o 2º estásimo – 86-91; e o
  acaso – 156-159; e o coríntio –
  14, 83-84, 111, 119, 125, 136,
  160n; e o espírito científico –
  101-102; e o pastor – 14, 83-
  85; e os deuses – 160-163; e
  Péricles – 16n, 17, 53-54, 66; e
  Pólibo – 28; e Tirésias – 4, 5, 6,
  16-17, 18, 20-21, 21n, 22-23,
  72-75, 106, 114, 116-117, 118,
  133-134, 150; *Édipo de* Aqueu
  – 124n; grandeza – 40-41;
  hamartia – 22-23; independência
  de ação – 3, 4, 7, 8, 9, 22, 30, 31,
  32, 42; no exílio – 40, 165-173,
  168n, 171n; nome – 161-163,
  162n; *peripeteia* – 24, 24n;
  progresso intelectual – 38-39,
  149n; responsabilidade – 3, 4-
  5, 8-11, 13n, 24-25, 32n, 87,
  166-167; *tyrannos* – 8, 10, 11,
  15, 43, 44, 44n, 45, 46, 47, 48,
  48, 50, 51, 52, 53, 54, 55, 56,
  60n, 87, 88, 130, 141, 142
Egina – 60
Egisto – 49
Egito – 28n, 29, 132
Ehrenberg, V. – 37n, 51n, 62n, 89n,
  95n
Eikê – 127, 127n, 137n
Eksairô – 144, 144n, 155
Eksekinêsas – 96, 96-97n
Eleatas, os – 103
Electra – 149n. *Ver também*
  Sófocles, *Electra*, *e* Eurípides,
  Electra
Elêusis – 100n
Elpis – 16, 62n
Embateusai – 72n, 81
Empédocles – 99 n, 116n
Ennous – 110, 110n
Enthymion – 79
Epicarmo – 109, 109n, 130n
Eratóstenes – 80, 83
Erínias – 29n
Erôtêsis – 83
Errandonea, I. – 87
Escoliasta – 9n, 19, 19n, 141, 165n
Esfactéria – 62

ÍNDICE REMISSIVO   185

Esfinge – 15, 32, 51n, 73, 111, 115, 117, 120, 132, 134, 151, 161; enigma da – 11, 15, 18, 41, 62, 101-102, 102n, 108, 118, 131, 151, 158. *Ver também* Édipo.

Esparta –28, 34, 50, 55, 57n, 58, 59, 61; espartano – 53, 55, 56, 57, 57n, 61, 62, 64, 150; espartanos – 28, 35n, 56, 58, 64, 142, 143n, 150

Espiral – 149, 149n

Estrabão – 159n

Estrepsíades – 67, 106, 110, 115n, 119, 119n

Ésquilo – 31n, 32n, 67, 87, 103, 111n, 116, 124, 124n, 129n, 130n, 131n, 133n; *Agamêmnon* – 49, 102n, 111n, 133n; *As Coéforas* – 26n, 49n; *As Eumênides* – 51, 67n; *As Suplicantes* – 7n, 111n; *Oréstia* – 29n; *Os Persas* – 111n; *Palamedes* – 135n; *Prometeu Acorrentado* – 51, 52n, 94, 95, 102n, 107n, 108, 108n, 109n, 110, 113, 117n, 119, 121n, 127, 130; *Sete Contra Tebas* – 32n

Estácio – 67n

Etéocles – 131

Eubéios – 28

Euclides – 131, 135n

Euenus – 242n

Eufemo – 50

Êufron – 49n

Eumeu – 170n

Êupolis – 54n, 110n, 143n

Eurípides – 31n, 34, 44, 44n, 48, 56n, 132, 135n, 146, 148, 150, 166n; *Alceste* – 146, 146n, 156n, 159n; *Andrômaca* – 57; *As Bacantes* – 110, 110n; *As Fenícias* – 32n, 34, 102n, 131, 131n, 159n, 166n; *As Suplicantes* – 52n; *As Troianas* –102n, 146, 142n, 146n; *Efigênia em Áulisv* – 34n; *Electra* – 34n, 44n, 49n, 127n, 163n; *Hécuba* – 122n, 148n; *Helena* – 34n, 35, 35n, 98n, 107n; *Héracles Furioso* –

146, 161n; *Hipólito* – 26, 26n; *Íon* – 34, 49n, 146n; *Medéia* – 122n; *O Cíclope* – 148, 148n; *Orestes* – 116n, 122n, 125n, 130n, 146, 146n, 159n; *Os Heráclidas* – 4n, 9n, 44n, 52, 56n

Euristeu – 58n

Euxiteus – 80

Farnaces – 159 n

Farnell, L. R. – 100n

Febo – 34n, 86n, 152, 153

Ferguson, W. S. – 148n

Fergusson, F. – 161n

Fídias – 89, 90

Fídipo – 119

Filoctetes – 128n

Filocleão – 65

Filolau – 130, 130n

Flagelo, o – Apolo e – 6, 6n, 7, 7n, 161; Édipo e –16, 111, 121, 123, 129; em Atenas – 16n, 53, 64, 123, 129n, 145, 150; em Tebas – 19, 52, 99, 133; na Ilíada – 6

Fórmio – 58, 59, 145n

Fortuna – 126, 147n, 148, 149, 160. *Ver também* Sorte, Acaso e *Tykhê.*

Fraenkel, E. – 102n, 133n

Fränkel, H. – 107n

Frazer, Sir James G. – 100n

Freeman, K. – 35n, 103n, 130n

Freud, S. – 2, 2n, 133n

Frínico – 37n

Fritz, Kurt von – 35n

Galeno – 125n, 129n

Garnet, Padre – 52

Gérion – 147

Giges – 28, 47, 142

Gignôskô – 108, 108-109n, 169

Glânis – 35n

Glauco – 142

Gnômê – 15, 32, 108, 108n, 109, 109n, 145

Golden Bough, The – 100n

186 ÉDIPO EM TEBAS

GOODWIN, W. W. – 46n
GÓRGIAS – 95, 101, 113, 115;
Górgias, Palamedes – 72n,
73n, 74n, 75n, 76n, 77n, 78n,
79n, 83n, 95, 130n, 131n
GREENE, W. C. – 6n, 23n, 26n, 30n
GRENE, David – 8n

HADES – 156
HAGNEIA – 82, 154
HÁLIS – 27
HAMARTIA – 22, 23
Hamlet– XVII, 1; Hamlet – 7
HARMÓDIO – 49n
HÉCUBA – 146
HEFESTO – 148
HEILMAN, R. – 39n
HELENA – 115
HÉLICON – 2n, 114, 160
HELMBOLD, W. C. – 24n, 32n
HERA – 100n
HÉRACLES – 20n, 26n, 67n, 146, 147;
Heráclida – 28
HERÁCLITO – 127n
HERMANN – 102n
HERMAS – 64, 65, 70
HERMES – 34n, 52, 159, 160
HERMÓCRATES – 56n
HERO ALEXANDRINO – 135n
HERODES – 66, 75, 78, 85
HERÓDOTO – 17, 17n, 25n, 26, 26n,
27, 27n, 28, 28n, 29, 29n, 33,
34, 34n, 35n, 44n, 49n, 53n,
56n, 57n, 58, 58n, 60, 60n, 61n,
64, 64n, 65, 105, 105-106n,
107, 107n, 112n, 116n, 117n,
119n, 121n, 128n, 131n, 132,
133n, 134n, 142, 147, 152
HESÍODO – 98n, 102n, 147n
HESÍQUIO – 124n
HEUREIN – 112, 112n, 113, 114, 114n,
145
HÍPIAS – 29; sofista – 47n, 93
HIPÓCRATES, pai de Pisístrato – 27;
hipocrático – 95, 104, 121, 122,
123, 124, 125; médico – 125n;
Tratados Hipocráticos –
Aforismos – 122n, 123n, 128n,
144n; Da Antiga Medicina – 95,

104, 104n, 108n, 113, 113n,
115n, 116n, 121, 121n, 123n,
124, 124n, 126, 139n; Da Arte –
108n, 122n, 126, 126n, 130n; Da
Dieta nas Doenças Agudas –
123n, 124n; Da Doença Sagrada
– 121, 123n, 124n, 151n; Das
Articulações – 122n, 123n, 125n,
129n, 130n; Das Doenças – 89n,
122n, 123n, 124n, 128n, 130n;
Das Doenças das Mulheres –
124n; Das Doenças Internas –
122n, 123n, 128n, 129n, 130n;
Das Epidemias – 122n, 123n,
124n, 125, 125n, 127, 127n,
128n; Das Fístulas – 128n; Das
Fraturas – 122n, 124n, 125n,
128n, 130n; Das Hemorróidas –
124n; Das Úlceras – 124n, 128n;
De Affectionibus – 124n; De
flatibus – 108n, 122n, 128n, 129n;
De officina medici – 129n; De
victu salubri – 124n; De victus
ratione – 129n, 158n; Do Decoro
– 122n, 123n, 144, 144n; Do
Médico – 122n, 125n, 129n; Do
Prognóstico – 107n, 123, 123n,
124n, 125, 125n, 129n; Do Uso
dos Líquidos – 123n; Dos Ares,
Águas e Lugares – 105n, 122n,
123n, 124, 124n, 129n; Dos
Lugares no Homem (Anatomia)
– 126, 126n; Prorrheticus – 108n,
125n, 128n
HISTOREIN – 105, 105-106n
HOMERO – 102n, 116, 147n, 149;
Hinos – 7n, 47n, 100n, 116n,
147n; Ilíada – 6, 6n, 28n, 102n,
151; Odisséia –46n
HOMOSPORON – 100
HYBRIS – 44, 88, 89
HYPOBOLIMAEUS, Os – 148n
HYPOULOS – 129, 129n;

Igualdade – 129, 130, 131, 132, 133,
134, 135, 136, 137, 139;
Equação – 131, 132, 133, 134,
135, 136, 137, 138, 139. Ver
também Isos.

ÍNDICE REMISSIVO

Íon – 34-35n, 146. *Ver também* Eurípides, *Íon.*
Iris – 161n
Isaeus – 81n
Iságoras – 64
Ismênia – 44n
Ismênio – 7, 141
Isócrates – 55n, 56n, 58n, 60n, 67n, 119n, 159n
Isos, isoô, etc – 130, 131, 131n, 132, 134, 135, 136, 136n, 139
Itália – 103
Ítome – 58

Jaeger, W. – 105n, 149n
Jâmblico, *De communi mathematica scientia* – 103n, 133n, 135n; In *Nicomachi Arithmetican introductio* – 137n, 138n
Jebb, Sir Richard – XVIIIn, 5n, 29n, 37n, 44, 47, 49n, 96-97n, 100n, 109n, 114n, 117n, 118n, 120n, 127n, 128, 128n, 129n, 132n, 134n, 136n, 137n, 153n, 155n, 157, 162, 162n, 166n
Jesus – 30, 31
João, São – 31
Jocasta – 2n, 4, 10, 12, 17, 21, 32, 36, 38, 38n, 39, 49, 50, 62, 78, 81, 86, 99, 104, 105, 106, 107, 108, 109, 110, 111, 115, 117, 118, 119, 124, 125, 127n, 134, 135, 136, 136n, 137, 137n, 138, 138n, 146, 149, 153n, 155n, 156n, 157, 157n, 158, 159, 160, 165, 168; e a previsão – 125, 126; e os oráculos – 25n, 152, 153, 154, 155, 156; em Eurípides, *As Fenícias* – 131, 131n, 132; suicídio de – 3, 97; tentativa de deter Édipo – 9n, 10, 14, 23, 42, 58, 167
Jones, W. H. S. – 104n, 125n
Jônico – 105

Kakotekhnia – 78, 78n
Kamerbeek, J. C. – 97n
Kitto, H. D. F. – 163n
Kleingünther – 112n

Kolazein – 84, 84n
Komizein – 24n, 124, 124n
Kouphizein – 122, 122n
Kratynein, Kratos, etc. – 160, 161, 171
Ksenos – 15, 15n, 44

Lábdaco – 45, 46, 75
Laio – 2n, 4, 8, 9, 10, 12, 13n, 14, 18, 36, 37, 40, 66, 68, 69, 71, 75, 79, 81, 82, 96, 98, 106n, 113, 114, 132, 136, 153, 154, 156, 157, 160, 161, 170, 172; assassinato de – 13, 16, 17, 19, 20, 21, 23, 32, 47, 68, 71n, 73, 80, 83, 106, 107, 113, 114, 115, 116, 123, 125, 134, 135, 138; basileus – 45, 46; e o 2°estásimo – 87, 87n; oráculo dado a – 25, 31, 32n, 36, 37, 37n, 38n, 108, 142n, 152, 153, 155, 156n
Leônidas – 28, 28n
Leontes – 99n
"Libertador" – 119, 120, 131
Liga Délia – 90
Liparein – 190
Lícidas – 65
Lico – 52, 52n
Licurgo – 142
Licurgo, orador – 53n, 65n, 83n
Liddell e Scott – XVIIn, 115n, 116n, 127n, 130n, 135n
Lídia – 28, 47
Lísias – 53n, 73n, 74, 74n, 75n, 76n, 78n, 79n, 80, 80n, 83, 83n, 84n, 85n; [Lísias] – 59n, 60, 60n
Lisístrato – 28
Littré – 126n
Livingstone, Sir Richard – 168n
Loxias – 41n, 153, 153n
Lucas, São – 31n
Lucrécio – 67n

Macaria – 4n, 9n
Macedônia – 148
Magos – 27, 28
Maidment, K. J. – 77n
Manthanein – 118, 119

188 ÉDIPO EM TEBAS

Maratona – 57n, 58, 58n, 60, 63
Marcos, São – 31n
Mardônio – 35n
Masqueray, P. – 51n, 137n, 162n
Massagetas – 27
Matemática – 112, 130, 131, 131n, 133n, 134n, 135n, 136, 139
Mateus, São – 30, 31n
Medicina – 120-121, 122, 123, 124, 125, 126, 127, 128, 129
Medida – 35, 95, 121, 132, 139, 143, 150, 163. *Ver também Metron.*
Meier-Schömann – 69n
Meleto – 83
Melissos – 133n, 136n
Melos – 145; Melianos – 85n
Menandro – 148n
Menelau – 27, 57, 146, 146n
Mênyein – 69
Mérope – 80, 134, 158, 160
Metron, etc. – 131n, 132, 134, 135, 135n, 139
Mídias – 76
Miller, H. W. – 122n, 123n, 128n
Miquerinos – 25n, 29, 33, 152n
Mitchell, T. – 99n
Mitilene – 50n, 53n, 59, 64; mitilênios – 61n
Moira – 147n, 154, 173
Murray, G. – 5n

Naupacto – 55, 58
Neoptólemo – 122, 128n
Nestlé, W. – 11n
Nicanor – 124n
Nícias – 34, 58, 62, 143n, 145n
Nicômaco – 131n, 137n, 138n
Nilsson, M. – 36, 36n, 99n, 100n
Nous – 109, 109n

O tan – 83, 84, 84n
Oceano – 147n
Odisseu – 99, 148, 170n
Oida – 111, 112, 132, 162, 162n, 168
Olímpia – 36; olímpicos – 51, 149
Olimpo – 81, 88, 101, 136, 154
Ômos – 81, 81n

Onomácrito – 35n
Oração Fúnebre (Péricles) – 50, 59, 61, 143
Orestes – 26n, 49n, 51, 146n

Pã – 44n, 159, 160
Pack, R. A. – 9n
Page, D. L. – 122n, 123n, 124n
Pagondas – 143n
Palamedes – 113, 130, 132, 139n
Paley, F. A. – 133n
Palas – 7
Pancration – 156
Paradeigma – 67, 67n. *Ver também* Édipo, como *paradeigma*
Paralogos – 145n
Parnaso – 2n, 97
Partenon – 90
Pastor, o – 12, 24n, 42, 80, 102, 112, 114, 117, 138; interrogatório do – 14, 49n, 83, 84, 85, 106, 107, 107n
Pausânias – 7n, 147n, 152n, 158n, 159n; imperador – 57n, 58
Pearson, A. C. – 5n, 98n, 134n, 163n, 165n
Pedro, São – 30, 31
Peitho – 147n
Pelasgos – 107, 107n
Peloponeso, Guerra do – 6, 34, 35, 48, 64, 107
Penélope – 46n, 170n
Pérdicas – 59
Péricles – 16n, 17, 50, 50n, 53, 53n, 54, 54n, 55, 56, 57, 58, 58n, 59, 59n, 60, 60n, 61,62, 63, 64, 65, 66, 80, 89, 90, 91, 93, 93n, 142, 142n, 143, 143n, 145, 149, 150, 155n, 157, 173. *Ver também* Édipo.
Peripeteia – 24, 104, 115. *Ver também* Édipo.
Persas – 26, 48, 59, 60, 65; Persa – 53n, 57n, 58; Guerras Persas – 28, 55, 58
Phainein – 115, 115n, 116
Phêmê – 8, 150n,
Phragmos – 129, 129n
Phrontis – 110, 110n, 111, 111n
Physis – 124, 124n

ÍNDICE REMISSIVO

PICKARD-CAMBRIDGE, A. W. – 100n
PÍLADES – 26n, 49n
PÍNDARO – 56n, 102n, 116n, 147
PISÍSTRATO – 27, 54, 60; Pisistrátidas
– 35n
PÍTON – 77, 105; Pítia – 142, 156
PLATÃO – 84, 94, 95, 110, 144, 148,
163; *A República* – 44n, 49n,
89n, 103n, 104n, 133n, 142,
142n, 147n; *Alcibíades* – 45n;
Apologia – 72n, 79n, 83n, 103n,
159n; *As Leis* – 71, 71n, 75n,
78n, 84n, 122n, 123n, 133n,
139n, 147n, 148n, 163n;
Crátilo – 35n, 104n, 159n;
Crítias – 82n, 98n; *Epinomes* –
138n; *Eutidemo* – 86n; *Eutífron*
– 46n, 86n, 134n, 142n; *Fedro*
– 112n, 131n, 133n, 142n;
Filebo – 127n; *Górgias* – 53n,
72n, 119n, 130n, 131n; *Ménon*
– 103n, 134n; *O Político* –
103n; *O Sofista* – 103, 103n,
104n; *Parmênides* – 131n;
Protágoras – 93, 113; *Simpósio*
– 156n; *Teeteto* – 35n, 103,
104n, 144, 144n; *Timeu* –
110n, 117n, 129n
Platéia – 58, 65; platéios – 146n
PLAUTO – 52
PLOUTOS – 158n, 159n
PLUTARCO – 17n, 50, 53, 54, 70;
Alcibíades – 70n; *Da Fortuna
dos Romanos* – 103n; *Da
Glória dos Atenienses* – 55n;
De cur. – 98n, 104, 104n, 106n;
non posse suav. – 157n;
Péricles – 50n, 53n, 54n, 60n,
150n, 155n
POHLENZ – 38n
POLÍBIO – 148, 149n
PÓLIBO – 4, 28, 75, 80, 83, 106, 134,
136, 137, 138, 156, 156n, 157;
morte de – 10, 20, 22, 28, 125,
136, 162
POLÍCRATES –49n
POLÍDORO – 45, 46
POLIFEMO – 148
POLINICES – 2n

Polis – 43, 88; *Polis tyrannos* – 89
(ver Atenas, *tyrannos*)
PÓLUX – 96n, 98n, 156n
POMPEIUS – 28n
Ponto – 147, 159n
POUS – 132, 161, 162
POWELL, J. E. – 105n
PRASSEIN – 11, 11n
Profecia – 3, 4, 25, 27, 28, 29, 30,
31, 32, 33, 34, 35, 36, 37, 108,
119, 125, 136, 138, 139, 151,
152, 153, 154, 155, 156, 157,
158. *Ver também* Édipo, *e* Laio
Progresso – 94, 95, 101, 120, 132
PROLEGEIN – 125, 125n, 127
PROMANTEIA – 150n
PROMETEU – 51, 52, 94, 95, 108, 110,
119, 121, 127, 130. *Ver também*
Ésquilo, *Prometeu Acorrentado*.
PRONOIA – 125, 125n
PROSTATÊS – 73, 89, 89n, 154, 250n
PROTÁGORAS – 34, 35n, 94, 95, 102,
113, 121, 132, 143, 144, 144n,
150, 155; Condições Primitivas
– 94; Sobre os Deuses – 143,
144n. *Ver também* Platão,
Protágoras
PYLOS – 35n, 60n
PYTHONICUS – 137n

QUIOS – 145n
Quatrocentos, os – 77

Rêgnymi, etc. – 128, 128n
RIMAS – 163n
ROBERT, C. – 9n, 114n
ROSCHER, W. H. – 149n, 159n
RUHL, L. – 149n, 159n

Sacerdote – 6, 7, 8, 11, 15, 16, 52, 106,
108, 110, 111n, 113, 118, 119,
121, 122, 129, 130, 131, 132,
141, 155, 156, 160, 161, 171
SALAMINA – 28, 34, 58, 59
"Salvador" – 119, 120, 120n, 131,
160, 161, 161n
SAMOS – 53n, 88
SAPHÊS – 116, 116n, 117, 117n, 126,
169

190 ÉDIPO EM TEBAS

SARDES –63

SCHWEIGHAEUSER, J. – 105n

SELENE – 159n

SÊNECA – 97n

Sérvio – 28n

Sexto Empírico – 35n

SHAKESPEARE – 52, 52n, 99n

SHEPPARD, J. C. – 6n, 87

Sicília – 36, 36n, 50, 54n, 59, 64, 65, 145n

SÍCION – 49n

SIMPLÍCIO – 136n, 156n

SIRACUSA – 58, 60, 60n, 62, 80, 112, 145n

SKOPEIN – 104, 105, 105n

SÓCRATES – 79, 79n, 83, 103, 103n, 110, 110n, 144, 172

Sofista – 52, 93, 95, 101, 102, 117, 118, 119, 144

SÓFOCLES – 3, 6, 7, 8, 20n, 25, 26, 28, 32, 33, 41, 42, 43, 44, 51, 54, 80, 87, 88, 94, 95, 96n, 97n, 103, 107n, 108n, 109n, 110, 113, 122, 124, 125, 128n, 129, 129n, 130, 132, 135n, 136n, 137n, 143, 149; *Ajax* – 26, 56n, 97n, 98n, 102n; *Antígona* – 44n, 53n, 61n, 88, 94, 95n, 98n, 101, 120, 143; *As Traquínias* – 97n, 102n; *Édipo em Colono* – 20n, 56n, 72n, 102n, 108n; *Electra* –49n, 72n, 96n, 109n, 131n, 158n; *Filoctetes* – 20n, 37n, 122, 124n, 128n; Fragmentos – 56n, 102n, 103n, 108n, 129n, 130n, 138n; *Náuplio* – 113, 113n, 130; *Os Investigadores* – 98n, 123n; *Palamedes* – 113, 113n

Sonhos – 157-158, 158n

Sorte – 9n, 17, 37n, 38, 39, 61, 126, 127, 137, 138, 145, 146, 147, 147n, 148, 156, 157, 158, 159, 160. *Ver também* Fortuna *e* Tykhê

Sthenelaidas – 143n

Stesimbroto – 150

"Tragédia de Destino" – 1, 2, 3

TAKHYS – 12, 167

TANAGRA – 63

TASOS – 53n, 122, 127

Tebas – XVII, 6n, 7, 8, 9, 13, 15, 17, 19, 24, 28, 31, 40n, 44, 46, 47, 49, 50, 52, 52n, 53, 63, 65, 66, 68, 69, 73, 81, 99, 117, 118, 119, 129, 131, 132, 153, 154, 155, 158, 158n, 161, 167. *Ver também* Flagelo

TEGEANOS – 58

TEKMAIRESTHAI – 104, 107, 107n, 108, 108n, 150

TEMÍSTOCLES – 11n, 53n, 60n, 62, 63

TEÓCRITO – 98n

TEOFRASTO – 122n

TEÓGNIS – 133n

TERMÓPILAS – 28, 57n

TESEU – 44n, 52n, 56n, 72n

TÉTIS – 147n

THEIOS – 37, 37n

THOMSON, G. – 52n

Tiranos, Os Trinta – 144

Tirésias – 5n, 6n, 9, 12, 13, 15, 16, 17, 18, 19, 20, 21, 21n, 22, 23, 34, 35, 36, 38n, 39, 41, 44n, 51n, 54, 58, 60n, 62, 64, 70, 72, 73, 74, 74n, 75, 76, 79, 80, 96, 98, 100, 105, 106, 108, 109, 114, 115, 116, 117, 118, 119, 120, 124, 133, 134, 138, 150, 151, 152, 153, 154, 156, 161, 163, 167, 172; em Eurípides, *As Fenícias* – 34. *Ver também* Édipo

Tortura de escravos – 84-85, 85n

Tróia – 104, 148; Troianos – 58n

TUCÍDIDES – 6n, 11n, 16n, 18n, 34, 34n, 36n, 44, 49n, 50, 50n, 53, 53n, 54n, 55n, 56n, 57, 57n, 58, 58n, 59, 59n, 60, 60n, 61, 61n, 62, 62n, 63, 63n, 64, 64n, 65, 65n, 66n, 68n, 70, 70n, 77n, 90n, 91, 91n, 93n, 98n, 104, 104n, 107, 107n, 108n, 112, 114n, 116, 116n, 123, 123n, 124n, 129n, 142, 143n, 145, 145n, 146, 150, 156n

Tykhê – 125n, 146, 147, 147n, 148, 149, 149n, 156, 156n, 157, 158, 158n, 159, 159n, 160

ÍNDICE REMISSIVO

Tyrannos Péricles – 53, 54; Cípselo – 147. *Ver também* Atenas *e* Édipo

VIRGÍLIO – 112n
Vitrúvio – 112n

WALDOCK, A. J. A. – 10n
WHITMAN, C. H. – 20n, 22n, 37n, 38n, 39n, 63n
WILAMOWITZ – 134n
WOLFF, G. – 148n
WORMHOUDT, A. – 2n
WYSE, W. – 81n
WYTTENBACH – 17n

[Xenofonte] *A Constituição de Atenas* – 55n, 67, 67n

XANTIAS – 48
XENÓFANES – 109, 136n
Xenofonte – *História Grega* – 49n, 66n; *O Simpósio* – 139n; *Hiero* – 49n; *Memorabilia* – 67n, 108n, 130n; *Agesilau* – 161n; *Cinegético (Da Caça)* – 96n, 97n
XENOFONTE, escultor – 159n
Xerxes – 26, 27
XUTO – 34n, 35n

ZENÃO – 133n
Zêtein, etc. – 69, 96n, 102, 102n, 103, 103n, 104, 132, 139
ZEUS – 7, 29, 29n, 37, 37n, 38n, 51, 52, 75, 79, 82, 95, 100n, 136, 141, 142, 147, 151, 160, 161, 162, 172

TEATRO NA PERSPECTIVA

O Sentido e a Máscara
Gerd A. Bornheim (D008)
A Tragédia Grega
Albin Lesky (D032)
Maiakóvski e o Teatro de Vanguarda
Angelo M. Ripellino (D042)
O Teatro e sua Realidade
Bernard Dort (D127)
Semiologia do Teatro
J. Guinsburg, J. T. Coelho Netto e
Reni C. Cardoso (orgs.) (D138)
Teatro Moderno
Anatol Rosenfeld (D153)
O Teatro Ontem e Hoje
Célia Berrettini (D166)
Oficina: Do Teatro ao Te-Ato
Armando Sérgio da Silva (D175)
*O Mito e o Herói no Moderno Teatro
Brasileiro*
Anatol Rosenfeld (D179)
*Natureza e Sentido da Improvisação
Teatral*
Sandra Chacra (D183)
Jogos Teatrais
Ingrid D. Koudela (D189)
*Stanislávski e o Teatro de Arte de
Moscou*
J. Guinsburg (D192)
O Teatro Épico
Anatol Rosenfeld (D193)

Exercício Findo
Décio de Almeida Prado (D199)
O Teatro Brasileiro Moderno
Décio de Almeida Prado (D211)
*Qorpo-Santo: Surrealismo ou
Absurdo?*
Eudinyr Fraga (D212)
Performance como Linguagem
Renato Cohen (D219)
*Grupo Macunaíma: Carnavalização
e Mito*
David George (D230)
Bunraku: Um Teatro de Bonecos
Sakae M. Giroux e Tae Suzuki
(D241)
No Reino da Desigualdade
Maria Lúcia de Souza B. Pupo
(D244)
A Arte do Ator
Richard Boleslavski (D246)
Um Vôo Brechtiano
Ingrid D. Koudela (D248)
Prismas do Teatro
Anatol Rosenfeld (D256)
Teatro de Anchieta a Alencar
Décio de Almeida Prado (D261)
A Cena em Sombras
Leda Maria Martins (D267)
Texto e Jogo
Ingrid D. Koudela (D271)

O Drama Romântico Brasileiro
Décio de Almeida Prado (D273)
Para Trás e Para Frente
David Ball (D278)
Brecht na Pós-Modernidade
Ingrid Dormien Koudela (D281)
João Caetano
Décio de Almeida Prado (E011)
Mestres do Teatro I
John Gassner (E036)
Mestres do Teatro II
John Gassner (E048)
Artaud e o Teatro
Alain Virmaux (E058)
Improvisação para o Teatro
Viola Spolin (E062)
Jogo, Teatro & Pensamento
Richard Courtney (E076)
Teatro: Leste & Oeste
Leonard C. Pronko (E080)
Uma Atriz: Cacilda Becker
Nanci Fernandes e Maria T.
Vargas (orgs.) (E086)
TBC: Crônica de um Sonho
Alberto Guzik (E090)
*Os Processos Criativos de
Robert Wilson*
Luiz Roberto Galizia (E091)
*Nelson Rodrigues: Dramaturgia
e Encenações*
Sábato Magaldi (E098)
José de Alencar e o Teatro
João Roberto Faria (E100)
Sobre o Trabalho do Ator
Mauro Meiches e Silvia Fernandes
(E103)
Arthur de Azevedo: A Palavra e o Riso
Antonio Martins (E107)
O Texto no Teatro
Sábato Magaldi (E111)
Teatro da Militância
Silvana Garcia (E113)
Brecht: Um Jogo de Aprendizagem
Ingrid D. Koudela (E117)
O Ator no Século XX
Odette Aslan (E119)
Zeami: Cena e Pensamento Nô
Sakae M. Giroux (E122)
Um Teatro da Mulher
Elza Cunha de Vincenzo (E127)
*Concerto Barroco às Óperas do
Judeu*
Francisco Maciel Silveira (E131)

*Os Teatros Bunraku e Kabuki:
Uma Visada Barroca*
Darci Kusano (E133)
*O Teatro Realista no Brasil:
1855-1865*
João Roberto Faria (E136)
Antunes Filho e a Dimensão Utópica
Sebastião Milaré (E140)
O Truque e a Alma
Angelo Maria Ripellino (E145)
A Procura da Lucidez em Artaud
Vera Lúcia Felício (E148)
*Memória e Invenção: Gerald
Thomas em Cena*
Sílvia Fernandes (E149)
*O Inspetor Geral de Gógol/
Meyerhold*
Arlete Cavaliere (E151)
O Teatro de Heiner Müller
Ruth Cerqueira de Oliveira Röhl
(E152)
Falando de Shakespeare
Barbara Heliodora (E155)
Moderna Dramaturgia Brasileira
Sábato Magaldi (E159)
*Work in Progress na Cena
Contemporânea*
Renato Cohen (E162)
Stanislávski, Meierhold e Cia
J. Guinsburg (E170)
*Apresentação do Teatro Brasileiro
Moderno*
Décio de Almeida Prado (E172)
Da Cena em Cena
J. Guinsburg (E175)
O Ator Compositor
Matteo Bonfitto (E177)
Ruggero Jacobbi
Berenice Raulino (E182)
Papel do Corpo no Corpo do Ator
Sônia Machado Azevedo (E184)
O Teatro em Progresso
Décio de Almeida Prado (E185)
Édipo em Tebas
Bernard Knox (E186)
Do Grotesco e do Sublime
Victor Hugo (EL05)
O Cenário no Avesso
Sábato Magaldi (EL10)
A Linguagem de Beckett
Célia Berrettini (EL23)
Idéia do Teatro
José Ortega y Gasset (EL25)

O Romance Experimental e o Naturalismo no Teatro
Emile Zola (EL35)
Duas Farsas: O Embrião do Teatro de Molière
Célia Berrettini (EL36)
Marta, A Árvore e o Relógio
Jorge Andrade (T001)
O Dibuk
Sch. An-Ski (T005)
Leone de 'Sommi: Um Judeu no Teatro da Renascença Italiana
J. Guinsburg (org.) (T008)
Urgência e Ruptura
Consuelo de Castro (T010)
Pirandello do Teatro no Teatro
J. Guinsburg (org.) (T011)
Canetti: O Teatro Terrível
Elias Canetti (T014)

Três Tragédias Gregas
Guilherme de Almeida e Trajano Vieira (S022)
Édipo Rei
Trajano Vieira (S031)
Teatro e Sociedade: Shakespeare
Guy Boquet (K015)
Eleonora Duse: Vida e Obra
Giovanni Pontiero (PERS)
História Mundial do Teatro
Margot Berthold (LSC)
O Jogo Teatral no Livro do Diretor
Viola Spolin (LSC)
Dicionário de Teatro
Patrice Pavis (LSC)
Jogos Teatrais: O Fichário de Viola Spolin
Viola Spolin (LSC)